Jürgen Kind

Suizidal

Die Psychoökonomie einer Suche

4. Auflage

Vandenhoeck & Rupecht

Bibliografische Information Der Deutschen Bibliothek

Die Deutsche Bibliothek verzeichnet diese Publikation in der
Deutschen Nationalbibliografie; detaillierte bibliografische Daten sind
im Internet über <http://dnb.ddb.de> abrufbar.

ISBN 3-525-45749-9

4. Auflage 2005

Druck und Bindung: Hubert & Co., Göttingen

Inhalt

7

Einleitung

Mein ursprüngliches Motiv, mich mit Suizidalität zu beschäftigen, entstand aus Angst und Unsicherheit. Unsicherheit darüber, wie eine suizidale Entwicklung bei einem Patienten zu verstehen und das aktuelle Suizidrisiko einzuschätzen sei, und Angst davor, daß ein Patient sich umbringt.

Ich denke an Situationen, in denen suizidale Patienten versuchten, mich zu bestimmten Zugeständnissen zu zwingen, wie beispielsweise eine Patientin auf einer Visite, die zu mir sagte: "Wenn Sie mir den Wochenendurlaub nicht geben, bringe ich mich um"; eine Drohung, die angesichts der geringen Möglichkeiten dieser Frau, sich durchzusetzen, durchaus ernst zu nehmen war. Jeder, der mit suizidalen Patienten zu tun hat, kennt die Gegenübertragungsgefühle, die durch solche Drohungen ausgelöst werden, die Angst, den Ärger und, bei länger währenden derartigen Interaktionen, die Wut und die Ohnmacht. Nur, wie sollte man mit solchen Gefühlen "umgehen"? Was konnte man mit ihnen anfangen, wenn nicht versuchen, sie zu unterdrücken? Erst später begriff ich, daß alle diese teilweise so schwer zu ertragenden Gefühle und Handlungsimpulse etwas sehr Wertvolles darstellen, daß in ihnen, soweit es dem Therapeuten gelingt, sie in sich zur Entfaltung kommen zu lassen, der Schlüssel zum Verständnis der Beziehung zwischen Patient und Arzt und damit der Schlüssel zum Verständnis des suizidalen Patienten liegen kann.

In der Klinik kam ich mit einem Kollegen über eine seiner Patientinnen ins Gespräch, die sich vor einigen Tagen suizidiert hatte. Zuerst sprach er von seinen Schuldgefühlen, dann, nach einigem Zögern, von seiner ohnmächtigen Wut, die er im Laufe der Therapie auf diese Patientin entwickelt hatte, und daß ihm in den letzten Wochen öfter schon der Gedanke durch den Kopf geschossen sei: "Dann soll sie es doch endlich tun, ich will und kann mich nicht länger von ihr quälen lassen".

Er berichtete von diesen Gefühlen fast wie hinter vorgehaltener Hand, so, als würde er etwas gestehen. Er fuhr fort, daß er nicht wisse, an wen er sich mit dem tatsächlichen Ausmaß dieser Gefühle wenden solle, aus Angst, man könne ihm einen Fehler nachweisen. Es sei ja auch über die sogenannte "Induktion des bösen, destruktiven Objekts" geschrieben worden. Und warum sollte dies nur vom Patienten in Richtung Therapeut erfolgen? War nicht auch der umgekehrte Vorgang denkbar: Der Therapeut verlagert seine eigenen destruktiven Anteile in den Patienten und trägt dadurch unbewußt zu dessen Selbstdestruktivität bei?

Ich kannte diese Befürchtungen auch, obwohl sie sich in der Realität nicht bestätigten. Wenn ich mit einzelnen Mitarbeitern über meine Gegenübertragungsgefühle aus Behandlungen suizidaler Patienten sprach, entspann sich meistens ein gleichermaßen lebhaftes wie ernsthaftes Gespräch. Dagegen fiel mir auf, daß in größerem Rahmen die Nutzung des aus der Arzt-Patient-Beziehung gewinnbaren Materials für Diagnostik und Therapie suizidaler Interaktionen nicht gang und gäbe war.

Ein Grund dafür scheint mir darin zu liegen, daß man den Tod durch Suizid unausgesprochen eben doch dem Therapeuten anlastet und, vielleicht entscheidender, dieser sich selbst auch. Dafür spricht die Beobachtung, daß bei Rekonstruktionen der Umstände, die zu einem Suizid führten, das Schwergewicht auf die objektivierbaren psychopathologischen Daten gelegt wird, während die Beziehungsaspekte zwischen Patient und Therapeut, Patient und Pflegepersonal tendenziell vernachlässigt werden. Dies, obwohl gerade aus diesem unter dem Stichwort "Gegenübertragung" zusammenfaßbaren Datenpool wichtige Rückschlüsse auf die Dynamik der Suizidalität und auf mögliche Konfigurationen innerer Objekte (die z.B. gestraft oder zur Reue bewogen werden mußten) gezogen werden können.

Nicht selten führt die "post-hoc-Diagnostik" eines Suizids zu einer Akzentverschiebung, zum Beispiel mit einer stärkeren Gewichtung endogen-psychotischer Anteile gegenüber neurotischen oder Borderline-Strukturanteilen. Die Betonung eines endogenen Anteils bei einem Patienten, der sich suizidiert hat, ermöglicht die diagnostische Öffnung in Richtung eines vom Beziehungsaspekt abgekoppelten Geschehens. Der Sinn einer solchen post hoc durchgeführten diagnostischen Sicht in Richtung Somatogenese liegt dann nicht mehr primär darin, zu einer patientengerechteren Einschätzung zu gelangen, sondern darin, für das Krankheitsgeschehen einen eigenständigen, von der Interaktion mit dem Therapeuten unabhängigen Verlauf zu zeichnen.

Vordergründig mag dieses Vorgehen im Sinne des Therapeuten sein, scheinen sich doch mit einem Mal die unter Umständen schweren Verwicklungen aufzulösen, die zwischen ihm und dem Patienten im Laufe der Therapie gewachsen waren. Er könnte sich entlastet fühlen. Aber eine Restbeunruhigung bleibt, da er spürt, daß er an der Entstehung dieser Verwicklungen mit beteiligt war. Und in gewissem Sinne hat er recht, es so zu sehen: Er war insofern beteiligt, als mit ihm eine pathogene frühkindliche Objektbeziehung neu inszeniert werden sollte.

Häufig meinen Therapeuten beim Auftreten von Wut und Haß, Schuld- und Ohnmachtsgefühlen in der Behandlung suizidaler Patienten etwas falsch gemacht zu haben und schließen daraus, daß bei "besserer" Therapie diese Gefühle zu vermeiden wären, da sie dann "alles getan" hätten. Dabei wird übersehen, daß das Entstehenlassen und Aushalten all dieser Gefühle ein Teil der Aufgabe des Therapeuten ist, die in der Behandlung suizidaler Patienten (und natürlich nicht nur dort) immer auf ihn zukommt, und die er nicht umgehen kann. Geht es doch bei Suizidalität in der Regel immer auch um Schuld, um ohnmächtige Wut und um aus Abhängigkeitsbeziehungen entstandenen Haß. Der Patient benötigt den Therapeuten auch als jemanden, der diese Affekte ebenso spürt wie er, aber anders als er damit umgeht, sie aushält und ihm einen Ausweg zeigt. Das ist aber nur möglich, wenn der Therapeut diese Gefühle in sich selbst, induziert durch den Patienten, entstehen läßt. Nicht möglich ist es, wenn er sie tilgt, weil er meint, sie nicht haben zu dürfen, da sie die Beziehung zum Patienten vergiften würden. Das Gegenteil ist der Fall. Die Beziehung wird entgiftet, weil diese Gefühle, die ja Ausdruck und Folge von Interaktionen mit wichtigen ehemaligen und gegenwärtigen Bezugspersonen sind, benannt und damit eingefangen und bearbeitet werden können. Auf diesen meist sehr ergiebigen Aspekt bei dem Versuch, suizidale Entwicklungen zu verstehen, verzichtet man aber, wenn man die zur Suizidalität hinführende Dynamik aus ihrer interaktionellen Bedeutung entläßt und sie zu einem eindimensionalen Geschehen zurückstuft, das sich allein im Patienten abspielt.

Hinter der "post-hoc-Psychiatrisierung" eines Suizids verbirgt sich oftmals die uneingestandene Überzeugung, daß sich Suizide von sogenannten Psychotherapiepatienten, im Gegensatz zu sogenannten psychiatrischen Patienten, prinzipiell doch vermeiden ließen (so etwas darf mir, darf auf meiner Station nicht "passieren"). Das hängt meines Erachtens mit dem schon erwähnten Fehlverständnis von *Schuld* zusammen: Schuldgefühle nicht als

Medium zum Verständnis eines entsprechenden Bereichs des Patienten, sondern als affektive Reaktion auf vermeintliches Versagen. Einen weiteren Grund sehe ich in einer Entlastung des Selbstwertgefühls dadurch, daß Suizidalität in den Bereich des Psychopathologischen verbannt wird. Man hat so diese beängstigende Möglichkeit menschlichen Handelns auch von sich selbst entfernt.

Von FREUD stammt die bekannte Formulierung: "kein Neurotiker verspürt Selbstmordabsichten, der solche nicht von einem Mordimpuls gegen andere auf sich zurückwendet" (1916, S. 438). FEDERN dagegen sagt, "daß - (in der Regel) - nur der sich mordet, den ein anderer tot wünscht" (1928/29, S. 388).

Einen anderen totwünschen, oder von einem anderen totgewünscht werden - so entgegengesetzt diese Formulierungen auf den ersten Blick auch erscheinen mögen, in der Betrachtung der Suizidalität als interpersonelles Geschehen sind sich beide Autoren einig. Es gibt Situationen, in denen das scheinbar anders ist, in denen ein Patient sich umbringen will, ohne offensichtlich einen anderen Menschen dabei mitzudenken, ohne in einem anderen etwas hervorrufen zu wollen (z.B. Schuld, Reue oder andere Gefühle), und ohne daß die Appellfunktion, die STENGEL (1952, 1961) so eindrücklich beschrieben hat, erkennbar wäre. In einer solchen Situation ist eine hohe Alarmstufe auszurufen, und es muß versucht werden, diese scheinbar lediglich intrapsychisch fortschreitende, von Bezugspersonen losgelöste Suizidalität in ihre ursprünglich interpersonelle Form zurückzuführen. Dann wird der Therapeut wieder involviert. Er wird es schwerer haben als vorher, aber der Patient *meint* wieder jemanden und hat damit die gefährlichsten Stadien der Suizidalität verlassen, da er wieder ein Objekt besetzt hat.

Die FREUDsche Suizidtheorie ist im Kern eine Objektbeziehungstheorie der Suizidalität. Auch wenn das Ich die ursprünglich gegen das Objekt gerichtete Aggression nun gegen sich selbst lenkt, so ist das Objekt über den Weg der Introjektion immer noch an dem Geschehen mitbeteiligt und mitgemeint.

Die Schwierigkeiten im Umgang mit dem eigenen aggressiven Potential spielen bei der Suizidalität eine zentrale Rolle. RINGEL hat in diesem Zusammenhang mit dem sogenannten *präsuizidalen Syndrom* (1969) ein wertvolles Instrument zur Erkennung und Einschätzung der Suizidalität vorgestellt. Dennoch stellt die Reduktion der FREUDschen Suizidtheorie auf einen rein intrapsychischen Aggressionskonflikt eine Vereinfachung dar (vgl. HENSE-LER 1984, S. 62), in der die in ihr enthaltene objektbeziehungstheoretische Dimension untergeht. Um diese Dimension aber geht es mir in diesem Buch.

Im Laufe meiner Beschäftigung mit Patienten, in deren Leben Suizidalität und Suizidversuche immer wieder eine Rolle gespielt haben und die während ihrer Therapie in bestimmten Phasen suizidal wurden, schien es mir zunehmend unumgänglich, Suizidalität nicht lediglich als Zeichen einer seelischen Dekompensation aufzufassen, sondern darüber hinaus als eine *psychische Funktion.* Diese wird als ultima ratio dann eingesetzt, wenn intrapsychische oder interpersonelle Krisen auf andere Weise nicht mehr handhabbar scheinen. Suizidalität wird von mir daher nicht als etwas Pathologisches per se betrachtet, sondern als Kürzel für einen komplexen psychischen Reorganisationsvorgang, welcher auf einen gestörten Umgang mit den inneren Objekten und Selbstimagines hinweist, den bewußten und unbewußten Bildern, die wir von uns und von anderen Menschen haben. Suizidalität ist mehr als ein Indiz für unintegrierte Aggressivität. Sie hat, wie jedes andere Symptom auch, eine *regulierende Funktion,* und, so merkwürdig es zunächst klingen mag, unter Umständen auch eine stabilisierende Funktion.

Basale und aktuelle Suizidalität

Bei näherer Betrachtung der in das Suizidrisiko eingehenden Faktoren fällt auf, daß es sich um zwei Gruppen handelt. Zunächst geht es um Risikofaktoren *im allgemeinen,* wie höheres Lebensalter, Vereinsamung, Arbeitslosigkeit, Lebenskrisen, psychiatrische Grunderkrankung, sowie eine auch bereits gelebte blande Suizidalität in Form von Alkohol-, Medikamenten- und Drogenabusus, weiterhin um Form und Umstände vorausgegangener Suizidversuche. Diese Faktoren dienen der Abschätzung des suizidalen Grundrisikos, der basalen Suizidalität. Ein Patient, bei dem man verschiedene der oben genannten Faktoren findet, muß jedoch nicht *aktuell* suizidal sein. Dies wird er erst, wenn auslösende Faktoren hinzukommen, beispielsweise der Verlust einer wichtigen Bezugsperson, eine schwere, für den Patienten nicht mehr tragbare Kränkung oder eine soziale Bloßstellung, um nur einige Faktoren zu nennen. Durch solche auslösenden

Faktoren kann eine basale Suizidalität in ihre aktuelle Form übergehen. An dieser Stelle wird der objektbeziehungstheoretische Ansatz, den ich in diesem Buch verfolge, relevant. Denn die aktuelle Suizidalität ist nicht mehr allgemein in Risikoprozenten beschreibbar. Sie manifestiert sich innerhalb einer Beziehung. Sie richtet sich häufig auf eine Zielperson (den sogenannten signifikanten Anderen). Kurz gesagt: wird aus der basalen Suizidalität eine aktuelle suizidale Krise (häufig auch von protrahiertem, langjährigem Verlauf), kommt in der Regel eine weitere Person mit ins Spiel. Durch diese neue Beziehung, in der der Patient seine spezifische Form von Suizidalität gestaltet, erlaubt er dem anderen (in der Therapie dem Therapeuten), einen Einblick in die Architektur seiner spezifischen Form von Suizidalität. Eine ergiebige Quelle zur Einschätzung, aber auch zur therapeutischen Handhabung der aktuellen Suizidalität, liegt daher in der Erforschung der vom Patienten angestrebten Beziehung.

Theoretischer Bezugsrahmen

Ich gehe davon aus, daß die jeweils aktuelle Form der Suizidalität eng mit den relevanten frühkindlichen Objekterfahrungen in Zusammenhang steht, also Ausdruck der jeweils grundlegenden internalisierten Objekterfahrungen ist, die die Psyche einst strukturierten. Was für andere psychische Symptome und spezifische Beziehungsmuster (vgl. z.B. die Kollusionsmodelle, etwa WILLI 1975) selbstverständlich geworden ist, gilt auch für suizidale Beziehungsgestaltungen, und man kann BALINT nur zustimmen, wenn er darauf hinweist "daß auch in den tiefsten, durch die Analyse eben noch erreichbaren Schichten der Seele Objektbeziehungen vorherrschen", und daß "sie [es] sind, welche das Wohl und Wehe des Individuums prinzipiell bestimmen" (zitiert nach HOFFMEISTER, 1977, S. 121). Auf die Suizidalität angewendet, ist daher hinter den suizidalen Manifestationsformen konsequent nach konflikthaften Objektbeziehungen zu suchen. Es scheint mir daher nicht möglich, Psychodynamik und Funktion von Suizidalität zu verstehen und zu entschlüsseln, ohne das Entwicklungsniveau zu berücksichtigen, in das die zur Suizidalität führende Situation eingebettet ist. So weist HENSELER (HENSELER u. REIMER, 1981) darauf hin, daß "Die bewußte Konfliktsituation, die zur suizidalen Krise führt, ... in aller Regel nur einen Anlaß dar[stellt], an dem sich eine längst vorhandene, aber unbewußte Konfliktthematik neu entzündet" (S. 156). Unter dieser Perspektive hat sich mir die psychoanalytische Objektbeziehungstheorie als derjenige Rahmen erwiesen, der die weitestreichenden Möglichkeiten für das Verständnis von Suizidalität bietet, und ich will kurz diejenigen frühkindlichen Entwicklungsetappen benennen, die in dem vorliegenden Buch wichtige Orientierungspunkte darstellen.

In den Übergangsbereichen vom präpsychotischen zum Borderline-Funktionsniveau und vom Borderline-Funktionsniveau zum Niveau der Integrationsprozesse ist die Psyche durch die zu leistenden neuen Entwicklungsschritte besonderen Anforderungen und Belastungen ausgesetzt. Dem einzelnen Patienten begegnet man ja meist nicht auf einer wie auch immer gearteten Stufe, sondern eher in einem Spannungsfeld, in einem Übergangsbereich, in dem er versucht, vorwärts zu kommen und Entwicklungsschritte zu tun, wobei er dann aber Angst vor dem Neuen und Ungewohnten bekommen kann und unter Umständen wieder frühere Bereiche aufsucht, die ihm vertrauter sind.

In beiden Übergangsbereichen (1. zwischen präpsychotischem und Borderline-Funktionsniveau, 2. zwischen Borderline-Funktionsniveau und dem Niveau der Integration) ist Suizidalität möglich, hat jedoch unterschiedliche Bedeutungen und dient unterschiedlichen Zielen.

Übergangsbereich I

Dem Bereich zwischen präpsychotischem und Borderline-Funktionsniveau lassen sich Bilder zuordnen, bei denen der Suizidalität regulierende Funktionen im hin- und herwogenden Prozeß des Auf- und Abbaus von Selbst- und Objektgrenzen zukommt. Auf diesem Entwicklungsniveau geht es um die Differenzierung von Selbst und Nichtselbst, und im Bereich des Nichtselbst um die Differenzierung von Objekten. Das Kleinkind muß unterscheiden lernen, was zu ihm gehört und was nicht. Später muß es ertragen können, daß es bei diesem "Nichtselbst", sofern es sich dabei um Menschen handelt, um eigenständige Individuen geht, die Dinge denken, planen und tun, die nichts mit ihm zu tun haben. Ein solcher Entwicklungsschritt macht in der Regel Angst, und zwar die Angst, verlassen zu werden. Ein Zurück zu dem vertrauten Vorherigen dient der Angstreduktion. Wir werden deshalb im Übergangsbereich I mit Suizidalitätsformen konfrontiert, die dem Prinzip des *Zurück zum vertrauten Ungeschiedenen* folgen und die in der Literatur unter Bezeichnungen wie "Verschmelzung", "Wiedervereinigung", "Suche nach der verlorenen Symbiose" zu finden sind. Autoren wie HENSELER (1975), MEISSNER (1977), RICHMAN (1978), um nur einige zu nennen, haben sich mit den suizidalitätsrelevanten Aspekten dieser Vorgänge beschäftigt. Die Dynamik der Suizidalität dieses Entwicklungsniveaus ist recht gut untersucht und allgemein geläufig. Hier wird im allgemeinen die These des Verschmelzungswunsches mit dem sogenannten "primären Objekt" vertreten.

Was hieße es aber, wenn tatsächlich Verschmelzung im psychischen Sinne geschähe? Eine der Triebfedern dazu ist die Hoffnung auf Geborgenheit, und zwar auf eine Geborgenheit, die keine Grenzen kennt, denn man ist ja mit dem bergenden Objekt verschmolzen, was nur eine andere Bezeichnung für "ohne Grenzen" ist. Ein solcher Wunsch ruft sinnvollerweise Angst hervor, denn er will das Ich dazu verführen, seine Abgrenzungs- und Autonomieaktivitäten einzustellen, und es reagiert mit diesem Warnsignal. In der *Angst vor Verschmelzung* können wir einen wichtigen Verbündeten zur Aufrechterhaltung der Ich-Autonomie sehen, der Selbstgrenzen, des erreichten psychischen Entwicklungsgrades, oder wie wir es auch nennen wollen.

Es ist üblich, den Verschmelzungswunsch als Ausdruck regressiver Kräfte zu werten. Damit sind Kräfte gemeint, die danach streben, früheren Stadien der Entwicklung Geltung zu verschaffen und ein interpersonelles Milieu zu suchen oder zu erzeugen, in dem diese regressivere Lebensform (der Abhängigkeit und des "Teil-von-jemandem-Seins") lebbar ist. Umgekehrt ist daher die oben beschriebene "Angst vor Verschmelzung" als Ausdruck antiregressiver Kräfte zu sehen. Über beide Kräftepole dieses regressiv-antiregressiven Spannungsfeldes verfügt jeder Mensch, und er muß es auch, wenn er in ausreichender und befriedigender Weise in der Lage sein möchte, zu genießen und zu entspannen wie auch zu arbeiten, zu planen und Entscheidungen zu treffen.

Was geschieht, wenn die gewohnten Steuerungsmittel (die üblicherweise unbewußt bleiben und über die man sich keine bewußte Rechenschaft abgeben muß) nicht mehr ausreichen, den regressiven Kräften zu begegnen, so daß die "Angst vor Verschmelzung" ihre warnende Funktion einsetzen muß? Hier kann nun derjenige psychische Zustand aktiviert werden (nämlich Suizidalität), der vorher den Verschmelzungswunsch zu realisieren verhieß. Jetzt jedoch nicht in der Phantasie eines Eingehens und Aufgenommenwerdens in einer bergenden Unendlichkeit, sondern in einer das Ich auf sich selbst versammelnden Vorstellung, etwas zu tun, was kein anderer mehr beeinflussen kann, etwas, wofür ich allein und nur für mich zuständig bin, unabhängig und abgegrenzt: ich werde suizidal und fühle mich von den Menschen getrennt.

Diese durch den Verschmelzungswunsch ausgelöste Angst vor dessen Realisierung (die Fusionsangst) wurde hinsichtlich einer möglichen Suizidgenese nach meiner Kenntnis bisher kaum diskutiert. Wohl findet sich eine breite Literatur zum Themenkomplex der "Angst vor dem Verschlungenwerden durch das primäre Objekt" (vgl. z.B. ABELIN 1975; ROTMANN 1978; ZAGERMAN 1988). Ob aber kontrapunktisch zur Funktion der Suizidalität beim Verschmelzungswunsch auch an diesem entgegengesetzten Pol Suizidalität, etwa im Sinne einer "antifusionären Reaktion", eine Rolle spielen kann, ist bisher noch wenig Gegenstand theoretischer Überlegungen und klinischer Betrachtung geworden. Ich meine, daß die psychoanalytische Objektbeziehungstheorie hier der Erforschung der Suizidalität als Steuerungsinstrument einen theoretischen Ort zuweist, der besonders unter klinisch-therapeutischen Gesichtspunkten interessante Perspektiven enthält.

So kann man die Suizidalität eines hilflos scheinenden Patienten mißverstehen und meinen, daß man ihn in besonderer Weise beschützen müsse, Schwierigkeiten und Alltagsbelastungen von ihm fernhalten solle, da er mehr nicht tragen und ertragen könne. Das mag im Einzelfall durchaus berechtigt sein, obgleich ich bezweifle, daß dieser Fall allzu oft gegeben ist. Es kann aber auch dazu führen, daß der Patient unter einer solchen therapeutischen Strategie zunehmend häufiger Suizidgedanken und -tendenzen entwickelt. In der stationären Psychotherapie ist es üblich, dem Patienten, wenn er suizidal wird, nicht nur mehr Termine anzubieten, sondern ihm auch mit mehr Vorsicht zu begegnen. Dadurch kann sich wiederum die Suizidalität verstärken. Warum? Der Grund liegt in der Entwicklung eines circulus vitiosus auf dem Boden einer Fehlinterpretation der vom Patienten ausgehenden Botschaft Suizidalität. In solchen Fällen ist das *Konzept einer antifusionären Funktion von Suizidalität* hilfreich und kann die Sicht dafür öffnen, daß dieses Symptom jetzt dazu dient, sich gegen ein Angebot, welches die zuträgliche Nähegrenze überschreitet, zu wehren. Es wäre ein Angebot, das, vorbei an den Autonomiebestrebungen des Ich, die regressiven Tendenzen des Patienten anspricht und verstärkt. In Kliniken entstehende oder sich verstärkende Suizidalität kann eine Reaktion des Patienten auf das Regressionsangebot "Klinik" sein. Der Patient wehrt sich durch Suizidalität zum Schutz seines bedrohten Ich. So paradox es klingt: Was helfen sollte, bedroht. In einer solchen Situation ist der Weg zur Autobahnbrücke und der Blick auf die Fahrzeuge, durch die man sich töten könnte, nicht mehr Ausdruck regressiver Verschmelzungstendenzen, sondern verschafft im Gegenteil dem Ich wieder mehr Kohärenz: Hier bin ich und nur ich für mich verantwortlich.

Übergangsbereich II

Die Suizidalität des Übergangsbereichs zwischen Borderline-Funktionsniveau und dem Niveau der Integrationsprozesse steht in einem anderen Funktionszusammenhang. Auf diesem Niveau geht es nicht mehr um die Aufrechterhaltung der Ich-Grenzen gegenüber dem primären Objekt. Jetzt, nach verhältnismäßig sicherer Trennung von Selbst und Nichtselbst, gibt es Objekte, denen man sich gegenüberstellen kann. Wie aber werden sie sich verhalten? Besteht nicht jetzt, da man sich nicht mehr über Verschmelzungsphantasien mit ihnen verbinden kann, die Gefahr, daß sie einen verlassen? Und ist es nicht, da man selbst stärker Subjekt geworden ist, folgerichtig, sich von ihnen abzuwenden, wenn sie enttäuschend sind? Ist man dann aber nicht auch wiederum allein?

Der zweite Übergangsbereich betrifft den Umgang mit den in ihrer neuen, autonomeren Form bisher noch ungewohnten Objekten. Es geht um das Streben, ein Objekt dauerhaft und zuverlässig zu halten, und um die Unsicherheit, ob man sich von einem solchen Objekt zuverlässig gehalten fühlen kann. Und bald schon wird die Erfahrung zeigen, daß man es nicht kann, daß die Objekte unzuverlässig und wechselhaft sind, daß ein im ersten Moment verheißungsvoll-vertrauenswürdiges Objekt im nächsten schon enttäuschend sein kann. Es ist der Bereich der sogenannten "guten" und "bösen" Objekte, wie er von MELANIE KLEIN (1946) in ihren grundlegenden Arbeiten zur Objektbeziehungstheorie konzipiert wurde. Und weiter: Was ist mit einem selbst, wenn man einerseits zunächst für wertvoll, wichtig und interessant gehalten wurde, wenn dann aber der andere plötzlich keine Zeit mehr hat und etwas Eigenes plant, woraus man entnehmen muß, daß man uninteressant für ihn geworden ist und vielleicht nicht nur für ihn, sondern uninteressant überhaupt?

Es ist also auch diejenige Entwicklungsphase, in der die das Selbstwertgefühl regulierenden Strukturen geschaffen werden, und diese wird es nur dann geben können, wenn man die Gewißheit hat, daß es in einem anderen Menschen ein gutes Bild von einem gibt, daß man im anderen als gutes Objekt repräsentiert ist. Erst die im anderen präformierte gute Repräsentanz wird auf dem Wege der Internalisierung zu einer wertschätzenden Selbstrepräsentanz werden können, ohne die Leben nicht möglich ist.

Der Übergangsbereich II ist die Zeit bewegender Objektbeziehungen und somit auch turbulenter Therapiephasen, in denen nicht alles, was auf interpersonellem Feld ausgetragen wird, als "Agieren" im klassischen Sinne aufgefaßt werden darf, da der Patient noch nicht in ausreichendem Maße über diejenigen psychischen Strukturen verfügt, die eine Hineinnahme der Interaktionen in den intrapsychischen Bereich ermöglichen. Ihm geht es weniger darum, Bewußtwerdung zu vermeiden, sondern mehr um die Entwicklung und Ausreifung psychischer Strukturen. Die grundsätzliche Unsicherheit in zwischenmenschlichen Beziehungen, der schnelle Wechsel von Partnern, der schnelle Wechsel im Erleben des eigenen Selbstwertgefühls, alles hängt mit den noch wenig integrierten Selbst- und Objektbildern dieses Niveaus zusammen. Es ist die Zeit des Dr. Jekyll und des Mr. Hyde.

Es ist beeindruckend zu erleben, welche Kämpfe Patienten ausführen, um einerseits die gegensätzlichen Selbst- und Objektbilder einander zu nähern, andererseits bei Fehlschlägen aber auch eine größere Distanz zwischen sie zu legen. Mit welcher Zähigkeit sie die dabei unvermeidlichen Enttäuschungen hinnehmen, und wie dann wieder zurückgewichen und voller Selbst- und Fremdhaß versucht werden muß, das enttäuschte und gekränkte Selbst neu zu organisieren, und wie der Wunsch, in einer früheren, vertrauteren, aber auch eingeschränkteren Welt mit *nur guten und nur schlechten* Objekten zu leben, abwechselt mit dem Bestreben, neue, einen größeren Autonomieradius gewährende Beziehungen zu erreichen.

Eine der Schwierigkeiten bei diesem Prozeß der Annäherung an die *depressive Position* (MELANIE KLEIN 1946) liegt darin, erkennen zu müssen, daß sowohl alle Enttäuschung als auch alle Zuwendung, Schutz und Förderung, die man erfuhr, von ein und derselben Person stammen. Daß diese Person, die man immer wieder für gemein, kalt und herzlos hielt, die Verrat an einem zu üben schien - Verrat deshalb, weil sie sich außer einem selbst auch anderen Menschen zuwandte - und die man deswegen haßte und tot wünschte, daß dies dieselbe Person ist, die man verehrte und liebte. Daß es dabei zu starkem innerem Aufruhr kommt, bei dem der Patient alle Kräfte aufbieten muß, um sich heil hindurchzusteuern, verwundert nicht. Und man wird im Zuge dieser die depressive Position ansteuernden Integrationsprozesse wiederum eine neue Form von Suizidalität erwarten können. Sie hängt mit den für diese Entwicklungs- und ihre Therapiephase typischen Schuld- und Verzweiflungsgefühlen zusammen.

Die in diesem Buch dargestellten Überlegungen haben nicht den Anspruch, für sämtliche klinisch relevanten Formen suizidalen Verhaltens einen anwendbaren Interpretationsrahmen zu bieten. Das Ziel ist begrenzter und folgt aus dem Beobachtungsmaterial ambulanter und stationärer psychoanalytischer und psychotherapeutischer Behandlungen von neurotischen Patienten, psychosomatisch Erkrankten und sogenannten Borderline-Persönlichkeitsstörungen. Nicht mit erfaßt habe ich beispielsweise die Suizidalität von Patienten mit schweren, unheilbaren organischen Erkrankungen und die Suizidalität manifest psychotischer Patienten. Für die Gegenübertragung etwa ist es nicht dasselbe, ob ein Patient mit einer paranoid-halluzinatorischen Psychose bei einem Suizidversuch imperativen Stimmen folgt, ob nach medikamentöser Behandlung eines depressiven Stupors plötzlich ein Schuldwahn das Ich des Patienten überfällt und dieser mit einem Suizid reagiert, oder ob ein neurotischer oder ein Borderline-Patient durch Suizidalität versucht, eine bestimmte Objektbeziehung herzustellen. Diese letztere Form von Suizidalität gilt viel eindeutiger einer Zielperson, während die vorgenannte Suizidalität des an einer Psychose Erkrankten dies wahrscheinlich auch tut, aber leichter aus der Arzt-Patient-Beziehung ausgrenzbar ist.

Zusammenfassend gehe ich von den folgenden Annahmen aus:

1. Suizidalität steht im Dienste intrapsychischer und interpersoneller Regulationsvorgänge. Sie als Folge einer psychischen Dekompensation aufzufassen, greift zu kurz. Sie ist, wie andere psychische Symptome auch, Ausdruck einer psychischen Leistung in einer Krisensituation, die in diesem Moment anders nicht bewältigt werden kann.
2. Suizidalität entsteht auf dem Boden einer konflikthaften Beziehung zu inneren Objekten und Selbstaspekten, deren Charakteristika in den frühen Phasen der Entwicklung festgelegt wurden.
3. Suizidalität ist innerhalb einer Beziehung angesiedelt, auch wenn diese aktuell nicht mehr besteht (z.b. Rache an einem Vater, zu dem man seit Jahren keinen Kontakt mehr hatte, in der Vorstellung, ihn zur Reue zu bewegen).
4. Der Verständnisgrad für die Suizidalität eines bestimmten Patienten hängt davon ab, wie weit es gelingt, die pathognomonischen frühkindlichen Objekterfahrungen ausfindig zu machen und zu verstehen.
5. Manifestieren sich die Hauptcharakteristika dieser Objekterfahrungen in der Übertragung und Gegenübertragung, wird es möglich, die Dynamik der Suizidalität aus der Dynamik der Arzt-Patient-Beziehung heraus zu verstehen. Dabei spielt die Gegenübertragungsanalyse eine entscheidende Rolle.
6. Suizidalität ist primär Ausdruck des Wunsches, eine Objektbeziehung zu *ändern* und zwar dadurch, daß das *Objekt* geändert werden soll. Sie ist nicht primär Ausdruck des Wunsches, zu sterben. Die Notwendigkeit dazu kann sich aber als Ergebnis einer im ersteren Sinne sozusagen "erfolglosen" Suizidalität (gescheiterte Objektänderung) ergeben.
7. Auch der vollzogene Suizid muß nicht Ausdruck eines primären Todeswunsches sein, sondern kann als letztes Mittel zur Objektänderung in Kauf genommen werden (z.B. "ich töte mich, damit Du bereust, was Du mir angetan hast, und dadurch ein mir gegenüber gut gesonnenes Objekt wirst"). Auch der vollzogene Suizid ist dann noch interaktionelles Mittel und nicht Selbstzweck.
8. Die Bezeichnung "Selbstmord" ist im Rahmen dieser Betrachtungsweise nicht mehr stimmig. Suizidalität gleicht vielmehr einer Geiselnahme, und zwar der Geiselnahme des Ich am

Selbst, mit dem Ziel einer Objekt- und Beziehungsänderung. So, wie der Geiselnehmer die Geisel nicht mit dem primären Ziel nimmt, sie zu töten, sondern über dieses Mittel ein außerhalb liegendes Objekt zu einem bestimmten Verhalten zwingen will, will auch der suizidale Patient über die Bedrohung seines Selbst ein außerhalb liegendes Objekt und die Beziehung zu ihm ändern.

9. Sinn dieser Änderung ist, ein Objekt zu finden, welches das *Gefühl der Existenzberechtigung* verleiht, ohne das Leben nicht möglich ist.

1. Zur Dynamik der Differenzierungs- und Fusionsprozesse im Übergangsbereich I

Präpsychotisches/Borderline-Funktionsniveau

Drei Orientierungspunkte auf dem Weg zur Integration

Die psychoanalytische Objektbeziehungstheorie beschreibt in der frühkindlichen Entwicklung drei Etappen:

1. die Entwicklung der Kategorien "gut" und "böse" als Voraussetzung für die grobe Unterscheidung zwischen angenehmen und unangenehmen Erlebnissen und Erfahrungen,
2. die Differenzierung desjenigen, was zu einem selbst gehört, von demjenigen, was der Außenwelt zuzuordnen ist (Bildung der Kategorien "Selbst" und "Nichtselbst") und
3. die Aufhebung der in eine nur gute und eine nur böse Teilwelt gespaltenen Weltsicht (die Integration guter und böser Selbst- und Objektrepräsentanzen).

Bei der Differenzierung der auf den Säugling einströmenden unterschiedlichen Ereignisse und Erlebnisse in je eine Gruppe mit einem positiven und einem negativen Vorzeichen spricht KERNBERG (1981) von "Valenzen". Die Vorstellung ist die, daß alle Erfahrungen gleicher Valenz zu einem Gesamtbild verschmelzen, so daß wir am Ende dieses Prozesses je ein positives und ein negatives Bild von uns selbst wie auch von den Objekten haben. Persistiert dieser Zustand bis ins Erwachsenenalter, so laufen wir Gefahr, uns und unsere Objekte entweder in unangemessener Weise zu überschätzen und zu idealisieren, oder in ebenso unangemessener Weise abzuwerten. Bis zu einem gewissen Grad wird wohl jeder diese für die Borderline-Persönlichkeitsorganisation typische Erlebensform bei sich kennen.

Beim *ersten Differenzierungsschritt* ist also die Aufgabe zu bewältigen, gute und schlechte Erfahrungen als unterschiedliche Kategorien zu begreifen. Mit "gut" ist all das gemeint, was vom Säugling und Kleinkind als angenehm, beruhigend, spannungslindernd erlebt wird. Umgekehrt werden unter der Rubrik "schlecht" all jene Erfahrungen subsumiert, die als unangenehm und frustrierend erlebt werden. Beispielsweise ist die abwesende Mutter frustrierend, wenn Hunger besteht, und sie ist deshalb dann "schlecht".

Im Zuge der Auflösung der symbiotischen Lebensgemeinschaft mit dem sogenannten "primären Objekt", wohl meist der Mutter, beginnt die *zweite Differenzierung*. Bei diesem Schritt werden die Kategorien "Selbst"/"Nichtselbst" entwickelt. Aufgelöst werden soll das bislang noch notwendige Erleben, Teil eines anderen zu sein, wobei der andere bislang noch gar nicht als eigenständiges Individuum erkannt worden war und, wenn er erkannt würde, so doch nicht in dieser Form akzeptiert werden könnte. Mit der Bildung der Prinzipien "Selbst"/"Nichtselbst" wird die Subjekt-Objektgrenze aufgerichtet. Das ist schnell hingeschrieben und leicht ausgesprochen, es ist aber ein schwieriger und mühevoller Weg.

Wenn die Selbst-Objektgrenzen noch nicht als sicher und beständig erlebt werden und unter Belastungen leicht "nachgeben", der Patient dann nicht mehr sicher ist, ob beispielsweise die Ursache für Bedrohliches oder Angenehmes in ihm selbst liegt oder im anderen, spricht man von einem präpsychotischen Organisationsniveau. Bei sicherer Grenze zwischen Selbst und Nichtselbst spricht man vom Borderline-Funktionsniveau. Von MELANIE KLEIN wurde dieses Niveau auch als paranoid-schizoide Position bezeichnet (1946), und sie hebt mit diesem Begriff die für dieses Niveau besonders charakteristischen Projektions- und Spaltungsvorgänge hervor. Die im weiteren Verlauf zu entwickelnde Fähigkeit zur Wahrnehmung und Duldung, daß Gutes und Schlechtes von ein und derselben Person herrührt, besteht auf dieser Stufe noch nicht in ausreichendem Maße.

Die Entwicklung dieser Fähigkeit ist der dritten Phase, der *Integration*, vorbehalten. Bei dieser dritten Etappe, der depressiven Position von MELANIE KLEIN, der Integration guter und schlechter Selbst- und Objektrepräsentanzen nach KERNBERG, der Fähigkeit zur Ambivalenz von ABRAHAM (1924), geht es also nicht mehr um einen weiteren Differenzierungsschritt, sondern um das Zusammenführen des bislang Getrennten. Das Individuum muß lernen, daß weder seine Bezugspersonen noch es selbst ausschließlich gut noch ausschließlich schlecht sind, sondern stets aus beiden Bereichen Eigenschaften mitbringen. In dieser Phase geht es um die von der wachsenden Realitätswahrnehmung geforderte Modifizierung der bislang noch in ihre Gegensätze gespaltenen Selbst- und Objektbilder. In den Frühphasen der Therapie von Borderline-Patienten ist es häufig so, daß man entweder vom Patienten in teilweise stark verzerrter Weise idealisiert wird (man ist der beste Therapeut in der ganzen Stadt), wobei Wahrnehmungen, aufgrund derer der Patient dieses Bild etwas realitätsgerechter herabstufen müßte, ausgeblendet werden. Oder man wird wenig später vom Patienten abgekanzelt, weil man ihm eine Enttäuschung nicht ersparen konnte (z.B. Urlaub, eine Stundenverlegung, oder man hat etwas vergessen oder nicht verstanden), und man gerät so in die negative Kategorie der Objektrepräsentanzen.

Diese als Spaltungsaktivitäten bekannten psychischen Mechanismen können unter bestimmten Bedingungen sehr sinnvolle und notwendige Funktionen übernehmen. Sie müssen aber im Verlauf der psychischen Entwicklung anderen Mechanismen weichen (insbesondere muß sich die Fähigkeit zur Verdrängung herausbilden), um den Weg für die Bildung realitätsgerechterer Selbst- und Objektbilder frei zu machen und damit etwas zu erwerben, was von HARTMANN (1972) als "Objektkonstanz" bezeichnet worden ist.

Labyrinth und Höhenflug:
Zwei Pole eines Regulationssystems der Regression

Menschen benötigen eine bestimmte Nähe und gleichzeitig auch Entfernung zum anderen, um sich in ihren Beziehungen wohl und sicher zu fühlen. Einige bevorzugen für ihr subjektives Sicherheitsgefühl größere Entfernungen, andere fühlen sich erst in großer Nähe zum Objekt wohl. Meist gelingt es uns, die für uns optimale Distanz zu finden und einzuhalten. Die Fähigkeit zu diesen interpersonellen Feinabstimmungen ist nicht selbstverständlich. Manchmal bestehen große Schwierigkeiten, die optimale Distanz, in der gleichermaßen Sicherheit wie auch Wohlbefinden möglich ist, zu finden und aufrechtzuerhalten. Es lassen sich dann einerseits extreme Annäherungsbewegungen an das Objekt beobachten, die, wenn sie den zulässigen Sicherheitsabstand unterschreiten, von entsprechenden Gegenbewegungen abgelöst werden. Diese können andererseits so weit ausschlagen, daß ein Abreißen der Verbindung zum Objekt gefürchtet werden muß, wodurch dann eine Rückwärtsbewegung hin zum Objekt eingeleitet wird. Unter solchen intrapsychischen Bedingungen fehlt die Fähigkeit zur Einnahme einer mittleren Distanz, wodurch Ruhe in die Beziehung kommen würde.

Eine Patientin suchte stets diejenigen Aspekte des anderen aus, die zuließen, eine vollständige Übereinstimmung mit ihm zu phantasieren. Im gleichen Sternbild geboren zu sein, hieß, auch auf geistig-seelischer Ebene gleich zu sein. Sie vertraute dem anderen viel Intimes von sich an und war überzeugt, daß er es verstehen würde, da es ihm ja genauso ginge. Wenn sie sich aber am Ende eines Therapiegesprächs verabschiedete, war es, als würde sie abrupt den Verschluß eines Fotoapparates betätigen, Haltung annehmen und eine Maske aufsetzen. Kam sie einem vorher zu nahe, schien sie jetzt zu weit entfernt.

Automatenspieler haben ein ähnliches Problem. Einerseits wünschen sie die permanente Präsenz des anderen, auf der anderen Seite lassen sie das Objekt unter Umständen abrupt fallen, wenn dieses eigene Wünsche anmeldet oder die Beziehung verbindlicher werden soll. Der Umgang mit dem Spielautomaten kann als Konkretisierung dieses Beziehungswunsches verstanden werden: Durch Nutzung der sogenannten Risikotaste ist die Möglichkeit eines immer höheren Aufstiegs auf der Risikoleiter gegeben, eine immer weitere Entfernung von der Null-Linie, bis es schließlich (in den allermeisten Fällen) zum sogenannten "Absturz der Serie" kommt, der Spieler alles verliert und auf die Null-Linie, auf sozusagen festen Boden zurückstürzt. In Form des Automatenspiels externalisiert der Patient sein intrapsychisches Dilemma. Seine Frage: kann es für mich eine optimale Entfernung vom Objekt geben, in der ich mich wohl und sicher fühle?, muß er immer wieder mit nein beantworten und feststellen, daß für ihn Nähegrade entweder zu hoch sind oder die dagegen eingesetzten Entfernungsbewegungen zu weit geraten. So betrachtet, sind die Entfernungs- und Rückkehrbewegungen Versuche einer interpersonellen Distanzregulierung (KIND 1988).

Wenn man in Betracht zieht, daß eine zu große Nähe zum Objekt wie auch eine zu große Entfernung von ihm gleichermaßen gefährlich ist, fällt auf, daß es sich bei diesen Extrembewegungen um ein sehr sinnvolles Regulationssystem handelt. Ähnlich dem Kometen, der zwischen Perihel, dem Punkt maximaler Annäherung an das Zentralgestirn, und Aphel, dem Punkt maximaler Objektentfernung, hin und her pendelt und auf diese Weise sowohl einen Sturz in das Zentralgestirn als auch einen Abriß von ihm verhindert, versucht der aus der Symbiose noch nicht ausreichend gelöste Patient beide Gefahren zu vermeiden:

- eine zu große Annäherung an das Objekt zöge die Gefahr der symbiotischen Verschmelzung nach sich und damit eine Auflösung der Ich-Grenzen und der Identität. (Wir werden gleich sehen, daß an diesem Pol, dem Regressionspol, eine bestimmte angstauslösende Situation bereitgestellt wird, die das Subjekt zur Umkehr zwingt und damit weitere Regression verhindert.)
- eine zu große Entfernung wiederum zöge die Gefahr des Abreißens der Verbindung zum Objekt nach sich. Es ist also sinnvoll, wenn auch am Pol der Objektentfernung eine Angst auftritt, die das Subjekt zur Umkehr mahnt.

Im Mythos des Ikaros wird die Dynamik dieses Regulationssystems in schlüssiger Weise eingefangen:
"Als Ikaros mit seinem Vater aus einem kretischen Gefängnis mit Flügeln entkam, die Daidalos aus Wachs und Federn hergestellt hatte, mißachtete der junge Mann die Warnung seines Vaters, der Sonne nicht zu nahe zu kommen. Das Wachs schmolz, und Ikaros fiel südlich von Samos in das Meer, das nach ihm Ikarisches Meer benannt ist" (Reclams Lexikon der antiken Mythologie).

Ikaros, so zeigt dieser Mythos, bewegt sich zwischen den Polen Labyrinth und Höhenflug. Er kann weder an dem einen noch an dem anderen Pol verbleiben und wird jeweils zur Umkehr gezwungen. Im Labyrinth ist es der Minotaurus, ein abschreckendes Wesen, das ein weiteres Vordringen verhindert. Am entgegengesetzten Pol ist es die Sonne, die eine noch weitere Entfernung von Mutter Erde stoppt. Das Dilemma des Ikaros besteht darin, daß es ihm nicht gelingt, eine mittlere Flughöhe zu halten, wie Daidalos es ihm empfahl.

Das Ikarosdilemma ist typisch für eine Vielzahl psychischer Phänomene, die etwas mit der Loslösung vom symbiotischen Objekt zu tun haben. Entwicklungspsychologisch läßt sich der Ikarosmythos mit der Phase der Loslösung/Individuation im Wechsel mit der Wiederannäherung (Mahler 1979) vergleichen. Labyrinth und Höhenflug, Minotaurus und Ikaros lassen sich als Pole eines Systems verstehen, das dann in Funktion tritt, wenn die psychischen Strukturen zur Einnahme einer optimalen Objektentfernung (einer mittleren Flughöhe, einer ich-gesteuerten

Bedienung der Risikotaste am Automaten) noch nicht ausreichen. Beide Pole halten einander das Gleichgewicht.

Ein Patient kleidete in einem Traum diese beiden Pole, zwischen denen er seine Objektbeziehungen zu organisieren versuchte, in ein plastisches Bild:

> Ich bin in einem Schwimmbad. Die Schwerkraft ist aufgehoben, und ich kann auf dem Wasser gehen. Dann steige ich eine Treppe hoch, habe aber oben vor der Tür Angst. Ich gerate in winklige und verzwickte Gänge und Abzweigungen und weiß nicht, welchen Weg ich nehmen soll. Etwas Unsichtbares ist um mich herum und kommt näher und näher. Endlich erreiche ich wieder die Tür, blicke mich um, kann aber niemanden sehen. Ich kann nur noch langsam gehen, als wäre ich ein wenig gelähmt. Als ich die Tür hinter mir schließe, ist die Angst verschwunden, auch das Verfolgungsgefühl besteht nicht mehr. Ich bin wieder im Schwimmbad. Aber jetzt herrschen normale Schwerkraftverhältnisse. Ich muß ganz normal die Treppe hinunter gehen, Schritt für Schritt."

Die narzißtische Phantasie, auf dem Wasser gehen zu können, wird von einer in ein Labyrinth führenden Regressionsbewegung abgelöst, die wiederum durch die Angst vor einem verfolgenden Wesen gebremst wird. Dieser Patient hatte ein feines Gespür für solche "ikaroiden" Grenzsituationen, an denen er sich an der Schwelle zwischen Objektabriß und Wiederannäherung befand. Zum Beispiel berichtete er die folgenden Begebenheiten:

> Ich bog mit meinem Wagen bei 120 km/h in eine Kurve. Die Straßenoberfläche war etwas glatt, und ich fragte mich, ob der Wagen wohl hält. Er hielt.

> Wenn ich surfe, begebe ich mich weit hinaus, so daß der Strand nur noch als schmaler Streifen und die Menschen nur noch als kleine Punkte erkennbar sind. Um mich herrscht absolute Stille. Ich bin wirklich allein. Das ist herrlich.

In den Ikarossituationen wird die schmale Zone des Gleichgewichts zwischen zentrifugalen und zentripetalen Kräften angestrebt. Es ist eine Zone, in der die Tendenz zur Loslösung vom Objekt durch die Angst vor Objektverlust gebremst und aufgehalten wird, eine Zone, in der Wunsch und Angst sich das Gleichgewicht halten. Die dadurch entstehende Spannung zwischen vorantreibendem Wunsch und abbremsender Angst macht den "Thrill" aus, den BALINT (1960) eingehend untersucht hat. Es wird in die philobatischen Weiten des Meeres gesurft, bis zu einer Grenze, an der die visuelle Verbindung zu den Menschen noch nicht abgerissen ist. Es wird eine Kurve so genommen, daß das Verhältnis zwischen Fliehkraft und Gravitation einen bestimmten Grenzwert nicht überschreitet. Situationen werden aufgesucht, deren Faszination in der Möglichkeit einer Trennung vom Primärobjekt Mutter Erde liegt. Gleichzeitig werden aber Bedingungen hergestellt, die vor einem irreversiblen Verlust schützen.

Ähnlich geht es auch den Forschern in JULES VERNES "Reise zum Mittelpunkt der Erde": Professor Lidenbrock und sein Neffe geraten in ein labyrinthäres Gewirr von Gängen tief im Inneren der Erde. Dort begegnen sie in Form prähistorischer tierischer und menschlicher Wesen ihrem eigenen (phylogenetischen) Unbewußten. Es ist eine Reise in die Tiefe der Vergangenheit. Die Rückkehr wird erzwungen durch eine gewaltige Wasserflut, die sie wieder an die Erdoberfläche spült.

Bei all diesen Beispielen scheint es sich immer wieder um Variationen über den Mechanismus des *antiregressiven Prinzips* zu handeln. Für die weiter unten zu besprechenden fusionären und antifusionären Suizidalitätsformen ist gerade dieser Pol, der Regressionspol dieses Regulationssystems, von besonderem Interesse. Die zur Objektentfernung führende Größenphantasie (Fliegen, Schweben, Auf-dem-Wasser-Gehen) wird durch eine regressive Bewegung unterbrochen. Davor, daß letztere ein therapeutisch nicht mehr nutzbares Ausmaß annimmt (maligne Regression), schützt ein abschreckendes Wesen. Seine Position ist der tiefe Regressionszustand, symbolisiert durch das Prinzip des Labyrinths, wo es als Wächter der malignen Regression Einhalt gebietet.

Das Labyrinth als Metapher für das unbekannte Innere sowohl der uns umgebenden Objekte als auch unserer selbst erweckt Neugier und fordert zum Eindringen auf. Man erforscht das Objekt oder auch sich selbst. Man dringt ein ins Innere, wie Professor Lidenbrock in JULES VERNES "Reise", oder man steigt im Sinn einer "Regression im Dienste des Ich" (zum Beispiel in einer Analyse) in sein eigenes Inneres herab. Dieser Vorgang macht Angst. Es ist die Angst, den Rückweg nicht zu finden. Man kann Brotkrumen streuen, sich aber trotzdem wie Hänsel und Gretel im Wald verirren und seinem eigenen Unbewußten in Form mannigfacher Gestalten, wie der einer Hexe, begegnen. Bei JULES

VERNE ist es die Angst, im Inneren der Erde verbleiben zu müssen. In der analytischen Psychotherapie ist es die Angst vor der malignen Regression.

Individuation im Schöpfungsmythos: Eine alternative Sicht der frühen Triangulierung

Wer sich mit der Psychodynamik der Suizidalität beschäftigt, wird in der Literatur häufig, vielleicht manchmal etwas einseitig, auf die Verschmelzungshypothese verwiesen, auf die These der Suche nach einer Verbindung mit dem sogenannten primären Objekt. Mit primärem Objekt ist dann "das mütterliche Prinzip", "die archaische Mutter", "die Große Mutter" (NEUMANN 1987) gemeint, um nur einige Bezeichnungen zu nennen. Die These vom sogenannten verschlingenden, symbiotischen mütterlichen Objekt, von dem der Sog zur Regression ausgehen soll, spielt bei den Konzepten der "frühen" (auf eine frühe Entwicklungsstufe verweisenden) Suizidalitätsformen eine große Rolle. Es ist aber wichtig, die eigene Sichtweise nicht zu sehr durch vorgegebene Konzepte einengen zu lassen. So macht es einen ganz praktischen therapeutischen Unterschied, ob man sich im Fall einer Verschmelzungssuizidalität in seinen diagnostischen Überlegungen und therapeutischen Interventionen vom Konzept eines regressiven, vom "weiblichen Prinzip" ausgehenden Sogs leiten läßt, oder ob man die regressiven *Wünsche* des Patienten aufsucht. Sicher sind dies keine einander ausschließenden Alternativen, und man wird seine Interventionen an dem orientieren, was der Patient anbietet. Aber dennoch wird man nicht umhin können, mit den Konzeptualisierungen, die man sich zu eigen gemacht hat, auch entsprechende Ziele zu verfolgen.

Man kann sich nun fragen, warum die regressive Tendenz, die jeder Mensch besitzt und benötigt, gerade auf die archaische Mutter projiziert wird. Eine vorläufige Antwort könnte sein, daß sich möglicherweise die Frau aufgrund ihrer Geschlechtsanatomie besser eignet als der Mann, das Zielgebiet der regressiven Tendenz zu verkörpern, strebt diese Tendenz doch nicht nur zurück zum Früheren (zum Beispiel zu einer früheren Libidoentwicklungsstufe), sondern auch hinein ins Innere. Warum aber wurde aus einer beiden Geschlechtern eigenen Tendenz ein einem Geschlecht anhaftender Sog, dem sich nun das andere Geschlecht ausgesetzt sieht? Wurde hier das Weibliche mit einer Eigenschaft ausgestattet, die ihm, unbefangen betrachtet, aus sich heraus nicht zukommt? Wenn ja, wo wurde sie hergenommen, wer wollte sie abgeben? Eine Betrachtung des Schöpfungsmythos legt eine überraschende Antwort nahe.

Sündenfall als Individuation: Als Eva der "listigen" Schlange sagte, daß sie von einem bestimmten Baum nicht essen dürften, da sie sonst stürben, entgegnete diese:

"Ihr werdet keineswegs des Todes sterben, sondern Gott weiß: an dem Tage, da ihr davon esset, werden eure Augen aufgetan, und ihr werdet sein wie Gott und *wissen, was gut und böse ist*" (Hervorhebung d. Verf.).

"Und das Weib sah, daß von dem Baum gut zu essen wäre und daß er eine Lust für die Augen wäre und verlockend, weil er klug machte. Und sie nahm von der Frucht und aß und gab ihrem Mann, der bei ihr war auch davon, und er aß. Da wurden ihnen beiden die Augen aufgetan und sie wurden gewahr, daß sie nackt waren..." (ALTES TESTAMENT. I. Mose 3).

Eva also erweckt Adam aus seinem paradiesischen, primärprozeßhaften Schlaf und verführt ihn, die Augen zu öffnen, wissend zu werden und zu erkennen, kurz: sie verführt ihn zum Denken.

Hier wird eine ganz andere Frau überliefert als die sonst in der psychoanalytischen Literatur und Theorie tradierte. Der Frau als verschlingendes, den finsteren und dunklen Mächten verhaftetes, den regressiven Sog verkörperndes Wesen, das die Lichtgestalten des rationalen Verstandes dem Manne überlassen muß, wird die Initiatorin einer, wenn man so will, "kognitiven Wende im Paradies" gegenübergestellt. Schlange und Eva leiten einen Prozeß ein, der zum Erwerb des Denkens führt und damit gleichzeitig - und das ist nur eine andere Beschreibung dieses Vorgangs - den Verlust des Paradieses nach sich ziehen muß. Es geht um den ersten Differenzierungsschritt der Objektbeziehungstheorie: die Schaffung der Kategorien "gut" und "böse".

MEIER-SEETHALER (1990) weist auf die in zahlreichen Kulturen übliche Tradition hin, Mann und Frau, Männliches und Weibliches in polarisierter Form einander gegenüberzustellen und letzterem Attribute wie Finsternis, Unbegrenztes, Chaos, Irrationales, Materie, Erde zuzuordnen.

Im Schöpfungsmythos des alten Testaments finden wir dagegen eine entgegengesetzte Sichtweise. In der Genesis geht der Schöpfer so vor, zunächst die wichtigsten Dinge voneinander zu trennen und dadurch Kategorien zu schaffen, die eines gemeinsam haben: eine einander entgegengesetzte Qualität. Getrennt wird Licht und Finsternis, Tag und Nacht, Flüssiges und Festes.[1]

Wenn auch die in sich gegensätzliche Urmaterie in ihre antithetischen Qualitäten getrennt wird, eines wird nicht voneinander getrennt, jedenfalls nicht von Gott - die Eigenschaften "gut" und "böse". Und sie konnten auch nicht voneinander getrennt werden, da es in diesem Bereich noch keine entsprechende Antithese geben durfte. Noch war alles gut. Nach KERNBERG (1981) bildet sich die erste Objektrepräsentanz im "guten" Pol. Ich werde darauf später bei der Besprechung der Integrationsprozesse zurückkommen. Solange es aber keinen Gegensatz zu *gut* gibt, muß sich diese Eigenschaft der Begriffsbildung entziehen. Die Prägung von *gut* und *schlecht* als Kategorie wird erst dadurch möglich, daß der Mensch *wissen* will. Nach einer gewissen Zeit im Paradies drängte es ihn, zu denken und die Kraft seines erwachenden Verstandes zu erproben.

Diese erste kognitive Tat, dargestellt durch das Bild des Essens vom Baum der Erkenntnis, führt zu einem herausragenden Ergebnis: Der Mensch erschafft seine erste eigene kognitive Kategorie, die Antithese von gut und böse. Er selbst tritt jetzt als jemand auf, der sich als Trennender betätigt, als derjenige, der Gutes und Böses voneinander scheidet, und der damit etwas tut, was zuvor nur Gott tat. Wenn er sich auf diese Weise "gottgleich" macht, heißt dies, daß er beginnt, die Welt gedanklich zu erfassen. Dieser Prozeß wird durch einen oralen Akt, das Essen eines Apfels, eingeleitet. Die Schlange als ein Tier mit sowohl oralen als auch sexuell-genitalen Qualitäten ist die Wegbereiterin für eben diesen Entwicklungsschritt von Adam und Eva. Sie verführt Eva, den progressiven Schritt zur Sexualität zu wagen, und Eva ist es, die die Verführung weitergibt und ihren Mann auffordert, den präkognitiven Paradiesesschlaf zu beenden.

---

1 Es findet sich hier ein Strukturierungselement wieder, auf das der Sprachforscher ABEL (1884) bei der Entwicklung von Sprachen aufmerksam gemacht hat: die Trennung von ursprünglich miteinander verschmolzenen Bedeutungen in ihre gegensätzlichen Elemente. Z.B. bedeutet das lateinische "altus" sowohl "hoch" als auch "tief", das ägyptische "ken" sowohl "stark" als auch "schwach". Der Schöpfer ging in gleicher Weise vor, wie die Sprache es tat, er teilte. Er teilte den Gegensinn, nicht den der Urworte, sondern den der Urmaterie.

Ein ganz anderer Aspekt der Schlange und des Weiblichen, als es der Mythos von der verschlingenden oralen Urmutter zeichnet, wird hier deutlich: Die Frau als diejenige, die den Mann zum Denken verführt. Die "urtümliche Weiblichkeit", die in den mythischen Figuren der "Großen Mutter" (NEUMANN 1987) gefährliche, verschlingende Eigenschaften erhält, und die nach herkömmlicher Auffassung für den primärprozeßhaften regressiven Sog verantwortlich gemacht wird, entpuppt sich so als wagemutiges Wesen, das den Weg aus dem Primärprozeß heraus zum sekundärprozeßhaften Denken weist. Adam, noch ganz seinem primären göttlichen Objekt verhaftet, folgt widerstrebend.

Im Schöpfungsmythos wird ein Zielgebiet der regressiven Tendenz gezeichnet, das nicht mehr mit einer "urtümlichen Weiblichkeit" identifizierbar ist. Nicht die Frau ist es, der der Regressionswunsch gilt, oder die, in Umkehrung des Vorzeichens, einen regressiven Sog ausübt, sondern es ist Gott, der verboten hat, die Grenze vom Primärprozeß in Richtung des vom Ich regierten Sekundärprozesses zu überschreiten, und es ist Adam, der diesem regressiven Objekt (Gott) verhaftet bleiben möchte, während Eva sich anschickt, ihn davon zu lösen, indem sie ihn zum Denken verführt.

Geht man davon aus, daß die triangulierende Funktion nur ein Objekt übernehmen kann, das sich qualitativ vom primären Objekt ausreichend unterscheidet, ist es nur folgerichtig und gar nicht anders denkbar, daß diese Funktion im Paradies dem weiblichen Objekt zufallen mußte. Und wenn Gott meinte, "Es ist nicht gut, daß der Mensch allein sei; ich will ihm eine Gehilfin machen", dann war es in Antizipation der später notwendigen Triangulierung sicher sinnvoll, eine *Frau* zu erschaffen, ein Objekt nämlich, welches über eine ausreichende Andersartigkeit verfügte, um diese Funktion übernehmen zu können.

Trennung ist nicht nur Möglichkeit zur Weiterentwicklung, sie ist auch Wagnis, denn man kann sich in einem Raum, den man, wenn nur ein symbiotisches Objekt in ihm existiert, als objektlos phantasieren muß, verlieren. Sie ist aber auch unumgänglich, da anders der Weg in die Subjektwerdung, in die Individuation nicht möglich ist.

Häufig begegnet man Regressionsformen, die auf eine Gefährdung der Grenze zwischen Selbst und Nichtselbst schließen lassen. Jene Kräfte, die für die Aufrechterhaltung dieser lebensnotwendigen Grenze zuständig sind, lassen dann nach, oder andere, entgegengesetzte Kräfte, die an einer Beseitigung dieser Grenze interessiert sind, beginnen zu dominieren. Man spricht von einer unsicheren oder durchlässigen Selbst-Objekt-Grenze. Klinisch manifestiert sich eine solche Grenzdurchlässigkeit an einem vermehrten Auftreten projektiver und introjektiver Mechanismen; das heißt, das Subjekt wird vermehrt ihm Eigenes anderen Personen zuschreiben und umgekehrt bestimmte Eigenschaften anderer Personen ins eigene Selbst hineinnehmen und so die Unterscheidungsmerkmale zwischen beiden Personen mehr und mehr nivellieren.

Ist die Fähigkeit zur Differenzierung von gut und schlecht vorhanden, bereitet das integrierte Erleben dieser antithetischen Eigenschaften als ständig gemischtes Eigenschaftsbündel aller Personen, die eigene eingeschlossen, aber noch Schwierigkeiten, werden bevorzugt Beziehungen hergestellt, bei denen die eine Person zum Träger alles Schlechten, die andere zum Träger alles Guten wird, einschließlich der vom Subjekt projizierten guten Eigenschaften.

Der auf diese projektive Weise eingeleitete Umformungsprozeß des Selbst- und des Objektbildes kann durch parallel ablaufende introjektive Vorgänge noch verstärkt werden. Diese bewirken die Aufnahme des als gut oder als schlecht erlebten Fremdpsychischen ins eigene Selbst. Prinzipiell sind zwei durch diese Vorgänge angesteuerte Zielzustände denkbar:

- Einmal kann sich das Subjekt als überwiegend gut und einem von ihm (per Projektion und projektiver Identifikation, Verleugnung u.a. Mechanismen) gut gemachten Objekt nahe fühlen und sich mit ihm verbunden wünschen.
- Oder es kann sich als überwiegend schlecht und böse und von einem von ihm (mit Hilfe der gleichen Mechanismen) schlecht und böse gemachten Objekt verfolgt fühlen.

Dominiert der Zustand eines überwiegend positiven Selbst- und Objektbildes, wird das Subjekt dazu tendieren, mit dem Objekt zu verschmelzen, da es angenehm ist, sich mit einem solchen Objekt verbunden zu wissen. Es wird eine tiefe Verbindung zum Objekt suchen, tief in das Objekt hineinwollen. Dort wird es aber Angst bekommen (die Angst vor Auflösung seiner Ich-Grenzen) und konsequenterweise das negative Objektbild aufrufen, das nun in Form eines verfolgenden Wesens Abstand fordert.

Wenn ich jetzt die Verbindung zur Suizidalität wieder aufnehme, so wird deutlich werden, daß Suizidalität in beiden Bereichen *Funktionen* übernehmen kann. Sie kann sowohl den Wunsch des Subjekts ausdrücken, mit dem Objekt zu verschmelzen, als auch Abgrenzungsdienste leisten bei der dabei vom Subjekt gespürten Gefahr, das eigenständige Ich zu verlieren. Sie kann damit sowohl im Dienste des Verschmelzungswunsches (fusionäre Suizidalität) als auch im Dienste derjenigen Kräfte stehen, die Verschmelzung, nun als Gefahr gespürt, abwenden wollen (antifusionäre Suizidalität).

2. Suizidalität zwischen präpsychotischem und Borderline-Funktionsniveau

Übergangsbereich I

Fusionäre Suizidalität (Verbindung im Jenseits)

Nachdem seine Freundin sich von ihm getrennt hatte, spürte ein Patient zunächst für einige Zeit Unruhe und Getriebenheit. Dann formte sich eine Suizidphantasie und ein Suizidplan. Er kaufte sich Tabletten und fuhr mit dem Pkw in eine Gegend, die er aus einem gemeinsamen Urlaub mit ihr kannte. Dort kaufte er Wein und suchte eine ihm von damals her vertraute Landschaft auf, um sich in der Abenddämmerung umzubringen.

Eine andere Patientin hatte einen Abschiedsbrief geschrieben und noch wichtige Dinge geregelt, bevor sie ans Meer fuhr, um dort einen Platz zu suchen, wo sie sich umbringen könnte. Sie sog das Rauschen des Meeres in sich ein und wurde ruhig bei der Vorstellung, in das Meer hineingespült, von ihm getragen zu werden und in ihm aufzugehen.

Ein dritter Patient hatte seit mehreren Jahren die Phantasie, sich auf die gleiche Weise umbringen zu müssen, wie seine Tante es getan hatte. Er stellte sich den Tod als Erlösung vor und glaubte an ein Leben danach. Er berichtete, daß sich seine Tante, bei der er aufwuchs und die ihn an Sohnes statt angenommen hatte, umgebracht hatte, als er noch ein Kind war. Er hatte häufig die Suizidversuche seiner Tante miterlebt und versucht, sie davon abzuhalten, hatte Ärzte und Krankenhäuser alarmiert. Er stellte sich vor, nach seinem Tod bei dieser Tante zu sein, hatte aber gleichzeitig Angst vor der Realisierung einer solchen Phantasie.

Wir haben gesehen, daß sich im Zuge der umwälzenden Geschehnisse um den ersten Differenzierungsschritt, in dem das Kind vom Baum der Erkenntnis ißt und essen muß, zwei große psychische Strukturen herausbilden und durch Gestalten symbolisiert werden, die das nur Gute, Liebevolle, Rettende und solche, die das Schlechte und Peinigende verkörpern. Aus dem Wunsch heraus, etwas nur Gutes und Reines zu haben und in ihm zu leben, wird durch Idealisierung ein Veredelungsprozeß in Gang gesetzt, der ein nur gutes Produkt auf der einen Seite abwirft und eine Welt auf der anderen, die alles Schlechte und Böse verkörpert. Auch diese schlechte Welt ist notwendig und erfüllt unverzichtbare Dienste, wie wir im nächsten Abschnitt sehen werden.

Der Wunsch, ins Paradies zurückzukehren, ist vermutlich alt. Es ist die Rückkehr in das präkognitive Stadium, in dem nicht man selbst (da man noch nicht über die entsprechenden Ich-Funktionen verfügte) sondern andere für einen zuständig waren. Dieses Reich kann im Diesseits nicht betreten werden, bestimmen doch hier die Gesetze des Sekundärprozesses, des Denkens, der Rationalität, Planung und Aktivität das Geschehen. Der Sekundärprozeß ist nicht der Boden, auf dem die Phantasie wachsen könnte, in einem ruhevollen Paradies aufgehoben zu sein. Diese Phantasie benötigt den Primärprozeß, eine Bezeichnung, die FREUD benutzte, um diejenigen Formen psychischen Geschehens zu kennzeichnen, bei denen es keine Gegensätze gibt, keine Zeit, keinen Tod.

Im Grunde ist es nur folgerichtig, daß eine Person mit einer Paradiesessehnsucht diese im Jenseits zu realisieren erhofft. Im sekundärprozeß-beherrschten Diesseits ist ein solches Gebiet nicht auffindbar. Manchmal wehren sich Kinder vielleicht deswegen so sehr dagegen einzuschlafen, weil sie Schlaf und Tod noch als nah beieinander erleben und zu sterben fürchten, wenn sie es wagen, das Bewußtsein aufzugeben. Man singt ihnen ein Schlaflied, um sie, wenn die visuelle Verbindung abgerissen ist, noch ein Stück auf dem Weg hinab in den Schlaf zu begleiten. Nicht selten sind Einschlafphasen mit Absturzphantasien gekoppelt, bei deren positiver Variante es nicht zu einem Zerschmettern des Körpers kommt, sondern zu einem Aufwachen im Land der Frau Holle, das ja auch nur durch einen Sturz in die Tiefe zugänglich war.

Suizidphantasien nach dem *Verschmelzungstyp* beinhalten die Vorstellung eines ruhigen, endlosen Schlafes in einer bergenden, gleichmäßig harmonischen Welt. Für denjenigen, der in diese Welt über die Pforte des Todes eintreten möchte, ist das Paradies kein der phylo- und ontogenetischen Vergangenheit angehörender Bereich mehr, sondern tendiert dazu, Realitätscharakter anzunehmen.

Das realitätsprüfende Ich des durch den regressiven Sog einer Paradiesesphantasie gefährdeten Patienten wird man in einer solchen Situation nicht ansprechen können, denn der Hinweis auf den Phantasiecharakter dieser Vorstellung wird dem Patienten in seiner hoffnungslosen Lage nichts nützen, ist doch diese Vorstellung gerade das, woran er sich klammert. Man wird aber auf das Tröstliche einer solchen Hoffnung eingehen können und wird versuchen, den Patienten zu der schmerzlichen Einsicht zu führen, daß er etwas verloren hat, was er nicht wiedererlangen kann, auch in der Beziehung zu seinem Therapeuten nicht.

Ein Nachholen des Entbehrten ist nicht möglich. Deshalb ist auch eine Wiedergutmachung durch Nachholen nicht möglich. Hier als Therapeut die Vorstellung zu entwickeln, man müsse dem Patienten das Entbehrte ersetzen, kann ihn dazu verführen, immer weiter, womöglich jahrelang in den verschiedensten therapeutischen Settings nach dem verlorenen Paradies zu suchen. Dieses Therapeutenverhalten kann einen Prozeß fördern, der den Patienten um eine wesentliche Entwicklungschance bringt.

Versucht man, sich in das Erleben der drei Patienten hineinzuversetzen, wird so etwas wie ein sehnsuchtsvolles Gefühl spürbar. Man strebt

- nach einer rückblickend verklärbaren Zeit mit der geliebten Freundin;
- nach dem Element Wasser, das all jene Wünsche nach Hingabe und Getragenwerden verkörpert, die anders nicht ausdrückbar und erfüllbar schienen;
- nach der Tante, die man von der bewußten Seite der Ambivalenz her liebte und mit der man sich verbunden fühlen konnte, wenn man auf die gleiche Weise stürbe wie sie - an der man sich unbewußt aber auch gleichzeitig rächt, da man sie am eigenen Tod für mitschuldig erklären könnte.

Verglichen mit dem Sprung von einem Hochhaus oder mit dem Versuch, über Suiziddrohungen den anderen zu einem bestimmten Verhalten zu zwingen, legen die Fallvignetten nahe, in ihnen eine eigene Form von Suizidalität zu sehen. Manche Autoren meinen, daß es hier um einen "Todeswunsch" oder um eine "Todessehnsucht" an sich ginge. Ob es eine solche Sehnsucht gibt, will ich hier nicht diskutieren. Vordergründig mag es zwar so scheinen, und wenn man mit dem Patienten über seine Suizidphantasien spricht, wird eine solche Sehnsucht bisweilen auch durchaus geschildert. Bei genauem und geduldigem Hinsehen wagen sich im Laufe der Zeit hinter einem solchen Wunsch aber meist andere Zusammenhänge hervor, und zwar schwer artikulierbare Wünsche nach einem Objekt, das ganz bestimmte Qualitäten aufweist und das man unter "normalen" Menschen nicht mehr meint finden zu können. Es ist deshalb nur als apersonales Objekt vorstellbar, als Mutter Erde oder Mutter Natur. Dieses Objekt hat für das Verständnis der Suizidalität sowohl vom *Verschmelzungstyp* als auch für die *gewaltsamen Suizidalitätsformen* eine überragende Bedeutung.

Die verschiedenen Facetten dieser mit Verschmelzung nur unvollkommen beschriebenen Vorgänge haben zu einer Reihe von Bezeichnungen geführt, wie "fusion, merging, annihilation, melting, engulfment, submergence, dedifferentiation" (BIVEN 1977). Autoren, die sich mit der Suizidalität dieses Strukturniveaus auseinandergesetzt haben, geben ihren Arbeiten Titel wie "reunion with the mother" (MEISSNER 1977), "restoration of a lost symbiosis" (RICHMAN 1978), "Verschmelzung mit einem diffus erlebten frühen Objekt" (HENSELER 1975), "Rückkehr in den Mutterleib" (FISCHER 1986). Wichtig ist, zu überprüfen, ob der Patient, bei dem diese Suizidalitätsform dominiert, noch über entgegengesetzte, sozusagen antifusionäre Kräfte verfügt.

Der am Anfang dieses Abschnitts schon kurz erwähnte Patient, der von der Phantasie beherrscht war, so sterben zu müssen wie seine Tante, wurde aus einer Psychiatrischen Klinik wegen seiner immer wieder aufflackernden Suizidalität zur Therapie angemeldet. Er litt seit Jahren unter Suizidgedanken und hatte bereits mehrere Suizidversuche unternommen. Seit dem Tod der Tante verfolgte ihn die Vorstellung, sich umbringen zu müssen. Scheinbar ohne größere innere Beteiligung berichtete er von seinen Suizidversuchen und war während der Anamneseerhebung bemüht, lässig und "cool" zu wirken. Die Stationsärztin berichtete, daß sie sich sehr rasch für ihn interessiert habe, sich aber nicht nur von ihm eingenommen, sondern quasi von ihm gefangengenommen fühlte und nicht von ihm loskommen konnte. Dieses Gegenübertragungsgefühl war ein wichtiger Befund, und sie konnte daraus Hinweise für wesentliche Aspekte der Psychodynamik gewinnen. Dieser Patient, der von der Idee gefangengenommen war, sich durch den Tod mit einer ihm wichtigen frühen Bezugsperson zu verbinden, und der in seiner Therapie diese Suizidphantasie verstehen wollte, um sich von ihr distanzieren zu können, bringt nun seinerseits jemanden dazu, sich durch ihn gefangengenommen zu fühlen. Das interaktionelle Mittel dazu stellt sein Umgang mit dem Suizidpakt dar. Ein eigentlicher Pakt ließ sich nicht mit ihm schließen. "Entweder man bringt sich um oder man läßt es, aber man redet nicht davon", ließ er seine Therapeutin wissen. Diese geriet dadurch in die Versuchung, in ständiger Sorge um ihn zu sein. Nie war sie ganz sicher, ob er sich umbringen würde oder nicht, und nie wußte sie, wenn er es tun würde, wann. So schien es ihr mit dem Patienten ähnlich zu gehen, wie ihm damals mit seiner Tante, die durch ihre zahlreichen Suizidversuche gezeigt hatte, daß sie sich jederzeit umbringen konnte, und für die er sich verantwortlich gefühlt hatte. Seine damalige Rolle hatte er an seine Therapeutin weitergegeben, die sich nun für ihn verantwortlich fühlte, während er sich mit seiner Tante und deren Suizidalität identifiziert hatte. Immer konnte es geschehen. Die Suizidmöglichkeit lag ständig in der Luft. Zwischen Patient und Therapeutin hatten sich Beziehungsaspekte entwickelt, die früher einmal die Beziehung zwischen ihm und seiner Tante gekennzeichnet hatten. Diese Wiederholung versetzte die Therapeutin in die Lage, aus der aktuellen Beziehung mit dem Patienten auszusteigen und ihm zu sagen, daß er jetzt mit ihr umgehen würde, wie seine Tante es damals mit ihm tat, und sie das nicht zulassen würde. Sie sagte ihm, daß die Verantwortung für sein Leben er selbst trägt, und nicht sie, genau wie damals seine Tante für sich verantwortlich war, und nicht er.

Wichtig ist, sich klarzumachen, daß in solchen Situationen die Therapie nicht etwa stockt, weil der Patient vielleicht ein pathogenes Muster wiederholen oder den Suizidpakt brechen will, sondern daß sie im Gegenteil auf einen entscheidenden Punkt zusteuert, an dem der Patient seinem Therapeuten einen tiefen Einblick in eine zentrale, konflikthafte Beziehung gestattet. Dadurch, daß es seiner Therapeutin jetzt ähnlich erging wie ihm damals, nämlich, daß sie jetzt selbst Trägerin des schwer auszuhaltenden Zustands ständigen Besorgtseins um jemanden war, dessen Suizid als immerwährende Möglichkeit in der Luft lag, hatte er sie in die Lage versetzt, eine wesentliche Qualität seiner Angst zu verstehen. Dieser erstaunliche Vorgang ist unter der Bezeichnung projektive Identifikation vielfältig beschrieben worden; ich werde an späterer Stelle genauer darauf eingehen.

Dieser Patient hatte in seinem Zimmer ein Poster angebracht, auf dem eine Schlange aus dem muskulösen Oberarm eines Mannes herauswächst, sich dem Arm zukrümmt und sich anschickt, in ihn hineinzubeißen.

Warum dieses Poster? Wollte er damit einen Hinweis auf etwas geben, das in ihm selbst wirksam war? Fühlte er sich vielleicht von einem solchen inneren Objekt bedroht, und war das Poster der Versuch, dieser Bedrohung Gestalt zu verleihen, sie zu benennen und dadurch handhabbar zu machen?

Nach einer intensiven Freundschaft zu einer Frau, von der er berichtete, daß er ein Jahr lang zusammen mit ihr im Bett gelegen habe, hatte der Patient viele kurzfristige Frauenbeziehungen. Wenn es ihm "zu eng" wurde, was meistens hieß, daß eine Frau Verbindlicheres von ihm wünschte, wurde er "cool", auch die Beziehung wurde cool und brach dann ab. Auf der Station hatte dieser charmante junge Mann innerhalb kurzer Zeit viele Frauen für sich eingenommen. Er saß unter ihnen, und man mochte sich. Es herrschte Harmonie, keiner störte. Aber er fühlte sich leer, fühlte sich nicht wirklich gemeint. "Keiner kennt mich wirklich. Keiner weiß, wie ich wirklich bin".

Ich fragte ihn nicht, wie er denn "wirklich" sei, sondern erkundigte mich mit meiner Frage: "Möchten Sie das denn?" nach seiner Angst davor, von einem anderen gekannt oder gar erkannt zu werden.

Pat.: "Einerseits ja, warum nicht, das wäre schön."
Ich: "Und andererseits?"
Pat.: "Ich weiß nicht, irgendwie unheimlich. Man muß dann echt sein, muß sich auf den anderen einlassen. Ich weiß nicht, ob ich das will, ob ich da wieder herauskomme. Besser sind vielleicht doch die kurzfristigen Sachen".

Mir fiel das Poster in seinem Zimmer ein und daß vielleicht auch in ihm etwas war, von dem er sich bedroht fühlte, und fragte ihn:
"Muß man sich vor Frauen vorsehen, weil sie sonst vielleicht zu viel von einem wollen? Wollen die einen ganz?"
Pat.:"Natürlich wollen die das. Will ich ja auch. Ich will die auch ganz. Aber wieder auch nicht, puh, nee! Mit mir passiert dann immer irgendwie etwas. Meistens fange ich dann an und spiele den tollen Typen und tue so, als könnte mich nichts beeindrucken. Aber man ist dann irgendwie nicht mehr derselbe."

Ich mußte an seine Tante denken und daran, daß er in seiner Suizidphantasie so werden wollte wie sie. Im Umgang mit anderen Frauen spürte er jedoch Angst vor einem solchen Vorgang. Ich sagte ihm, daß es ihm dadurch, daß keiner wisse, wie er wirklich sei, vielleicht gelingen würde, sich unter Frauen aufzuhalten, ohne daß es zu eng würde und er gehen müsse.

Antifusionäre Suizidalität (Abgrenzung im Diesseits)

Mit der antifusionären Suizidalität, dem Gegenstück der im Dienste des Verschmelzungswunsches stehenden fusionären Form, komme ich zu einer ganz anderen Funktion der suizidalen intrapsychischen Konstellation. Ich will drei Möglichkeiten der Psyche beschreiben, den regressiven, zur Verschmelzung drängenden Kräften Einhalt zu gebieten. Es geht um

- die Projektion der negativen Spaltungsimago,
- die Depersonalisation und um
- die Suizidalität.

Ich habe bereits dargestellt, daß mit der Projektion der negativen Spaltungsimago der Minotaurus-Pol des beschriebenen Regulationssystems aktiviert wird. Wenn dieser Mechanismus überfordert ist, kann als weiterer psychischer Akt zur *Abwehr einer Regressionsbewegung* Depersonalisation und Suizidalität mobilisiert werden. Um diese erstaunlichen Mittel zu verstehen, die die Psyche zum Schutz ihrer Ich-Grenzen aktiviert, will ich etwas ausführlicher auf den Spaltungsbegriff eingehen. Nicht selten findet man mit dem Begriff der Spaltung Assoziationen verknüpft wie "unreif", "primitiv", "defiziente psychische Struktur". Bei einer solchen, mehr den Mangel und das Unvermögen ins Blickfeld rückenden Betrachtungsweise geht leicht das Bewußtsein für die progressiven Aufgaben verloren, die dieser Mechanismus in einem sehr riskanten psychischen Operationsfeld zu leisten hat.

Exkurs zum Spaltungsbegriff

Wohl kaum ein anderer Begriff aus der Gruppe der Abwehrmechanismen, mit Ausnahme der projektiven Identifikation, hat in den letzten Jahren eine derartige Inflation erfahren wie die Spaltung. Spaltbar ist mittlerweile fast alles: Teams, Gruppen, Objekte, Selbstbilder, Familienangehörige, der Einzeltherapeut gegenüber dem Gruppentherapeuten, die Übertragungen innerhalb der Therapie von den Übertragungen außerhalb derselben, alles kann voneinander oder in sich selbst gespalten werden. Wichtig ist, wenn man meint, ein Spaltungsphänomen diagnostizieren zu können, genau zu untersuchen, wie dieser Vorgang in einer speziellen klinischen Situation zustande kam, wie der Patient diese polarisierte Sichtweise hergestellt hat und welche Gründe ihn dazu führten. Meist zeigt sich dann, daß die Vorgänge, die schließlich phänomenologisch als Spaltung imponieren, Endergebnis einer komplizierten, vor allem aber konzertierten Aktion verschiedener Abwehrmechanismen sind. Üblicherweise wird unter Spaltung ein Abwehrmechanismus sui generis verstanden. Unter dieser Vorstellung spaltet das Ich genauso wie es verdrängt, Reaktionsbildungen herstellt, idealisiert oder andere Abwehrtätigkeiten vollzieht. Bei genauer Betrachtung wird aber deutlich, daß es sich nicht um einen einfachen, nicht weiter reduzierbaren Mechanismus handelt, sondern um ein Zusammenspiel verschiedener Einzelmechanismen (Projektion, projektive Identifikation, Idealisierung, Abwertung, Verleugnung u.a.m.). Diese Abwehrmechanismen werden in jeweils unterschiedlicher Intensität tätig, um das klinische Phänomen der Spaltung hervorzurufen. ROHDE-DACHSER (1979) spricht von "Hilfsmechanismen der Spaltung" (und nennt neben den o.g. Mechanismen noch die Identifizierung mit dem Angreifer und das Omnipotenzgefühl) und sieht in der Verleugnung einen Mechanismus zur Aufrechterhaltung der Spaltung, hält aber wohl doch, unabhängig von diesen Hilfsmechanismen, die Spaltung selbst für einen originären Vorgang. Zieht man diese Hilfsmechanismen von dem Gesamtkomplex Spaltung ab, ist es aber schwer, zu bestimmen, was unter der Spaltung selbst dann eigentlich noch verstanden werden soll. Ich halte es daher für günstiger, die Spaltung nicht als Mechanismus sui generis aufzufassen, sondern als Ergebnis einer konzertierten Aktion des Ich, die durch die genannten Abwehrmechanismen überhaupt erst zustande kommt. Spaltung wäre dann der Oberbegriff für eine bestimmte Form der Zusammenarbeit dieser Gruppe von Abwehrmechanismen, die eine *konstituierende* und nicht mehr lediglich eine flankierende Funktion haben. Spaltung ist in meiner Sicht sowohl Tätigkeit als auch Ergebnis. Die zu diesem Ergebnis führenden Einzelaktivitäten sind stets im konkreten Einzelfall nachzuweisen. Auf diese Weise wird es möglich, zwischen *Spaltung als Vorgang* (dies wäre die klinisch nicht beobachtbare konzertierte Aktion der spaltungsstiftenden Abwehrmechanismen) und *Spaltung als Zustand* (das klinisch beobachtbare Ergebnis dieser Tätigkeit) zu unterscheiden.

Diese Sichtweise hebt den Spaltungsbegriff aus der Gruppe der sogenannten primitiven Abwehrmechanismen insofern heraus, als eine synthetische Ich-Funktion postuliert werden muß, die das Zusammenwirken der einzelnen schließlich zum klinischen Phänomen der Spaltung führenden Abwehrmechanismen koordiniert.

Wenn man den Spaltungsmechanismus in seine Einzelaktivitäten auflösen kann, wird man es mit seinem Gegenstück, den *Integrationsprozessen*, auch tun müssen. Die Integration ist dann auch keine Einzelaktivität schlechthin mehr, sondern Ergebnis eines Zusammenspiels verschiedener Detailvorgänge: zum Beispiel Folge einer Rücknahme der Projektion, der projektiven Identifikation, einer Rücknahme pathologischer Idealisierungen, eines Verzichts auf Abwertung, einer größeren Kapazität für realitätsgerechtere Wahrnehmungen. Es ist nicht einfach so, daß zunehmende Integration Projektionsvorgänge überflüssig machen würde, Idealisierungen und Abwertungen als Verkennungen entlarven, den Blick für die Realität frei machen und bislang verleugnete Bereiche ausfüllen würde, sondern umgekehrt: erst die beharrliche und stetige Einzelarbeit an all diesen Abwehrmechanismen führt schließlich zu etwas, was wir als Integration guter und böser Selbst- und Objektaspekte bezeichnen.

Akzeptiert man, daß das Ich mit der Spaltung eine komplizierte und psychisch aufwendige Operation durchführt, wird man vermuten müssen, daß der Besitz der dadurch geschaffenen psychischen Produkte ihm entsprechend wichtig sein muß. Geschaffen werden gespaltene sogenannte "gute" und "böse" Selbst- und Objektrepräsentanzen.

Die Projektion der negativen Spaltungsimago

Die Projektion der negativen Spaltungsimago ist ein häufig zu beobachtender Vorgang, der eingesetzt wird, um einer drohenden Destabilisierung der Selbst-Objekt-Grenze entgegenzuwirken. Manchmal hat man den Eindruck, daß die negative Objektrepräsentanz sozusagen als Schutzschild dem realen äußeren Objekt entgegengehalten wird, um eine zu nahe Berührung mit ihm zu vermeiden. Natürlich wird dieser Projektionsvorgang wegen seiner Eigenschaft, unbewußt zu sein, nicht als Eigenaktivität vom Subjekt wahrgenommen, sondern als eine abschreckende Eigenschaft des Objekts erlebt. Dazu ein Fallbeispiel:

In der Klinik wurde ich eines Abends vom diensthabenden Arzt gerufen, da ihm eine Patientin merkwürdig vorkam. Er verstand sie nicht mehr und befürchtete, sie könne psychotisch werden. Sie sagte, sie hätte versucht, das Negative der Mitpatienten in sich aufzunehmen und durch ihre Gegenkräfte zu neutralisieren. Dies sei ihr aber nur zum Teil gelungen. Immer noch habe sie die negativen Auswirkungen des Schlechten der anderen in sich gespürt. Deshalb habe sie sich am Nachmittag in ein tiefes Gebet zu Gott versenkt, um seine Kraft aufzunehmen. Schließlich habe sie Gott sehr nah um sich gespürt und sei ganz von ihm getragen gewesen. In diesem Moment habe sie Angst gehabt, aus diesem Zustand nicht mehr herauszukommen. Sie sei ins Stationszimmer gegangen, um den diensthabenden Arzt zu sprechen. Dieser habe aber ihre Probleme nicht verstanden. Sie habe sich deshalb mit ihm angelegt und ihm vorgeworfen, daß er sich nicht genügend bemühen würde, sie in ihrem Inneren zu verstehen. Es habe Streit gegeben. Leider sei der Zustand, den sie vorhin in ihrem Gebet zu Gott gehabt habe, jetzt vorbei. Schuld sei dieser unverständige diensthabende Arzt (ein guter Therapeut, wie man schließen muß, da er der Patientin ein Gegenüber bot, an dem sie prüfen konnte, wie weit sie mit ihm übereinstimmte und wo sie sich von ihm unterschied).

In einer Situation intensiver Annäherung an ein allverstehendes, nur gutes und allmächtiges Objekt wurde die Patientin durch ein vom Ich ausgelöstes Angstsignal auf die Fusionsgefahr hingewiesen. Der diensthabende Arzt, in den Augen der Patientin ein unverständiger Mensch, hatte in Wahrheit eine wichtige Funktion in dieser psychosenahen Regression wahrgenommen: Er war eben kein allverstehendes Objekt, also kein Objekt, mit dem man verschmelzen konnte. Diese Qualität (vom bewußten Erleben der Patientin her ein Mangel) erlaubte es ihr, auf ihn das negative Objektbild zu projizieren, was sich darin zeigte, daß sie eine Auseinandersetzung mit ihm begann. Dieses "aus-einander" setzen, also ein voneinander Wegsetzen mit der Folge, die Grenze zwischen Selbst und Objekt wieder stärker zu spüren, war mit dem allverstehenden und deshalb gefährlichen Objekt nicht möglich und hatte als Warnsignal Angst hervorgerufen.

Wir befinden uns hier sehr nahe der Grenze zwischen Borderline-Funktionsniveau und psychotischer Regression. Der Borderline-Begriff umfaßt ein breites Spektrum. Es gibt sehr stabile borderline-artige psychische Strukturen, die nur in Belastungssituationen zu ausgeprägterem Gebrauch der den Spaltungszustand hervorbringenden Abwehrgruppe greifen, aber nicht in die Gefahr psychosenahen Erlebens geraten. Und es gibt Patienten, wie die eben beschriebene, die in Belastungssituationen relativ leicht von dem Verlust der Selbst-Objekt-Grenzen bedroht sind, und die unter Umständen als ultima ratio zur Abwehr einer verschmelzungsnahen Regression Suizidalität einsetzen. Ich werde weiter unten darauf eingehen. Zuvor will ich die in dem Bereich instabiler Selbst-Objekt-Grenzen angesiedelte Dynamik an einem Beispiel weiter erläutern.

In einem Aufnahmegespräch entwickelte sich bald eine Atmosphäre, die man als "offen" bezeichnen könnte, und in der mir eine Patientin vieles über sich sagte und anvertraute. Sie sprach von ihren Suizidversuchen und ihren Suizidträumen, in denen sie aus großen Höhen heruntersprang und dann aufschlug. Weiter sprach sie davon, daß sie in Beziehungen immer "Bauchlandungen" mache und nicht wisse, warum. Als wir uns verabschiedeten, hatte ich das Gefühl, mehr von der Patientin erfahren zu haben, als sonst in einem Erstkontakt üblich. Ich fragte mich, ob sie in die Beziehung zu mir hineingesprungen war wie den Träumen, in denen sie von großen Höhen sprang und, wenn ja, wie sie gelandet sein mochte. Bei der Verabschiedung sagte ich ihr, daß sie beim nächsten Termin, wenn sie wolle, über die ihr wichtigen Fragen weiter sprechen könne.

Im nächsten Gespräch ändert sich das Verhalten der Patientin. Sie ist mißtrauisch, fühlt sich von mir ausgefragt, "ausgequetscht" und verfolgt. Wendepunkt war meine Frage nach ihrem letzten Suizidversuch. Wir hatten darüber bereits im Erstkontakt kurz gesprochen, aber sie will jetzt nichts mehr davon berichten. Ich werde plötzlich zu einer verfolgenden, mißgünstigen Person. Meine Fragen sind falsch, ich wähle nicht die richtigen Worte und betone sie in abfälliger Weise. Ich habe etwas Abweisendes, Abqualifizierendes, sich über sie Erhebendes.

Wie ist diese Änderung zu verstehen? Ich vermute, daß die Patientin in dem Aufnahmegespräch die Versuchung gespürt hatte, sich mit einem guten, um Verständnis bemühten Objekt innig zu verbinden. Diese Versuchung war offenbar so groß, daß sie nach einem Weg suchen mußte, sich ausreichend distanziert und damit wieder als für sich existierend fühlen zu können. Ich als derjenige, der Verständnis, das heißt aber auch Verbindung zu ihr suchte, war im Sinne der Fusionsangst zu einem gefährlichen Objekt geworden, und es war nur folgerichtig, auf mich den abweisenden Objektaspekt zu projizieren und in mir nach negativen Qualitäten zu suchen. Als dies gelungen war, waren die Voraussetzungen dafür geschaffen, zu mir Distanzierung suchen zu müssen und suchen zu können. Das Ich der Patientin hatte die Gefahr einer zur Verschmelzung drängenden Tendenz erkannt und rechtzeitig diejenige Person, die für die Erfüllung dieses Wunsches stand, zum bösen und verfolgenden Objekt umgestaltet, vor dem man sich in acht nehmen mußte. Auf diese Weise gelang ihr rechtzeitige Zurückhaltung. Aber wieder machte sie eine Bauchlandung. Sie wurde auch von mir nicht verstanden. Und in der Tat hatte ich die für die Patientin dem Verstandenwerden innewohnende Gefahr nicht ausreichend erkannt. So schmerzhaft für das bewußte Erleben ihr diese Situation gewesen sein muß, der Preis für das Selbst war gering, gemessen an dem Gegenwert, eine fusionsbedingte, maligne Ich-Regression abgewendet zu haben.

So merkwürdig es klingen mag: Auf den anderen eingehen und ihn verstehen ist für ihn nicht frei von Gefahren, jedenfalls dann nicht, wenn das Verstehen sich auf das Aufsuchen derjenigen Bereiche beschränkt, die man nachvollziehen kann. Bei Patienten mit einer präpsychotischen Struktur ist Verstehen tendenziell dasselbe wie Übereinstimmen, der gleichen Meinung sein, keine Unterschiede haben. Eine solche Nivellierungsdynamik zwischen Subjekt und Objekt gerät leicht in jene Zone, in der aus zwei Menschen einer wird, was den psychischen Tod des einen bedeutet. Der Versuch, den anderen zu verstehen, kann dann eine Destabilisierung der Grenze zwischen Ich und Du zur Folge haben. Bei dem Bemühen, den Patienten zu verstehen, wird man daher immer im Auge behalten müssen, wieviel Nähe und Übereinstimmung er toleriert. Man wird sich also in seine Unsicherheit um den Schutz dieser Grenze einfühlen müssen. Das beinhaltet auch, daß man berücksichtigt, daß er, wie jeder andere auch, *Inseln der Nichtübereinstimmung* benötigt. Erst ein in diesem Sinne verstandenes Verstehen, das die *Angst vor dem Verstandenwerden* mit einbezieht, wird dem Patienten gerecht. Allerdings wird es einem dabei oft nicht leicht gemacht. Stimmt man mit dem Patienten nicht überein, erlebt er dies meist nicht als Ausdruck unterschiedlicher Standpunkte, sondern fühlt sich mißverstanden und abgewiesen. Als Therapeut meint man dann vielleicht, man müsse dieses "Mißverständnis" orten, um es auszuräumen, da man ja den Anspruch hat, den Patienten zu verstehen und nicht mißzuverstehen. Der intensivierte Versuch des Therapeuten, den Patienten doch noch zu verstehen, führt dann nicht selten zu einem circulus vitiosus: Der Patient bekommt Angst vor zu großer Nähe, wehrt sich gegen dieses Angebot des Therapeuten durch die Mitteilung, daß er sich mißverstanden fühlt, um sich auf diese Weise wieder stärker abzugrenzen und sein Ich zu stabilisieren. Der Therapeut hingegen, mit einem fehlverstandenen Begriff von Verständnis operierend, bemüht sich, dieses (notwendige, weil den Patienten stabilisierende) "Mißverständnis" zu beseitigen und attackiert dadurch, ohne es zu wissen, einen notdürftig vom Patienten aufgerichteten *antiregressiven Wall der Nichtübereinstimmung.* Manchmal ist es hilfreich zu sagen: "Hier stimmen wir offenbar nicht überein", oder "Hier habe ich Sie nicht verstanden".

Das negative Objektbild scheint in jenem kritischen Moment aktiviert zu werden, in welchem die Psyche im Zuge regressiver Kräfte eine Destabilisierung ihrer Ich-Grenzen befürchten muß (vgl. ZAGERMANN 1988). Solche Situationen lassen sich, wenn man auf sie achtet, häufiger beobachten. Ausgelöst wird der regressive Prozeß zum Beispiel durch Enttäuschungserlebnisse, die reaktiv Wut mobilisieren. Um sich und das Objekt vor dieser Wut zu schützen, kann dann die Verbindung zu einem allmächtigen, nur guten Objekt aufgesucht werden. In diesem Moment ist ein kritischer Punkt erreicht: die Destabilisierung der Ich-Grenzen. Wenn dann das negative Objektbild aktiviert und auf den anderen projiziert wird, ist die größte Gefahr meist schon vorüber, wenngleich man klinisch oft erst an diesem Punkt der Entwicklung merkt, was los ist, genauer gesagt, was los war. Jetzt, nach der Projektion des negativen Objektbildes auf eine Realperson, wird der Prozeß wieder interpersonell, und man kann sich wieder besser einschalten. In seiner eigenen Beurteilung erlebt der Patient seine nun eingenommene ablehnend-distanzierte Haltung als folgerichtige Reaktion auf das als enttäuschend wahrgenommene Objekt, was natürlich auch eine durchaus realistische Wahrnehmung und Einschätzung sein kann. Sie kann aber auch - und um diesen Aspekt geht es hier - im Dienste der Fusionsabwehr stehen. In diesem Fall hat man den Eindruck, daß der Patient unbedingt etwas Negatives, Distanzierung Begründendes an seinem Therapeuten finden *muß.*

Dieser häufige, aber immer wieder erstaunliche Vorgang ist nur möglich unter Zuhilfenahme des sogenannten Spaltungsmechanismus, der dem Ich die dringend benötigte negative Imago erst bereitstellt.

Sündenböcke und Hexen:
Rezeptoren der negativen Spaltungsimago

In den vorgenannten Beispielen handelte es sich um die Projektion negativer Selbst- und Objektrepräsentanzen auf eine Realperson. Manchmal wird auf diese Realperson verzichtet, und wir begegnen statt dessen abschreckenden Gestalten der Phantasie: Hexen, schwarzen Frauen, Dämonen.

Ohne Hexen zu leben, ohne Inkarnation dessen, was man für böse hält, scheint schwierig. Die Phantasiegestalt der Hexe als Träger eigener Triebimpulse hat offenbar stabilisierende Funktionen, sowohl für das einzelne Individuum als auch für größere soziale Gebilde und Institutionen. Die Inquisition hat davon Zeugnis abgelegt, und sie gehört nicht der Vergangenheit an. Die Vorstellung, über ein äußeres, reales Objekt innere Last veräußern und ablegen zu können, ist alt und basiert auf dem in der Evolution wahrscheinlich schon früh entwickelten Mechanismus der Projektion, was wörtlich übersetzt "Nach außen Werfen" bedeutet. Das Alte Testament gibt dem Projektionsvorgang im Sündenbock eine ganz konkrete Form: Ein primär unschuldiges Objekt wird vom Sünder mit den eigenen mißbilligten Taten beladen und in die Wüste gejagt, weit genug, um eine Rückkehr zu verhindern. Die Griechen verfügten über einen etwas anderen Mechanismus: Böse Träume waren für sie reale Wesenheiten, die den Schlafenden nachts heimsuchten. Stand kein Priester zur Verfügung, gab es die Möglichkeit, einen schlimmen Traum in einen Kloß Lehm zu sprechen. Der Lehm als neuer Träger des Bösen konnte nun in einem Fluß aufgelöst und davongespült werden (vgl. Bergmann 1966). Objekte wie Sündenbock und Lehm als Träger (oder als "Container", wie Bion es genannt hat) für fremdpsychisches Material sind Zwischenstufen bei der Evolution seelischer Strukturen.

Wir brauchen Hexen, Sündenböcke und Feindbilder, um uns zu entlasten. Wenn wir sie verbrennen oder in die Wüste jagen, brauchen wir uns mit dem Bösen in uns selbst nicht auseinanderzusetzen.

Neben der Entlastung erfüllen diese von uns selbst geschaffenen Objekte aber noch eine weitere Aufgabe, und zwar die der Distanzierung. Zu einem Objekt, das zu einer Hexe oder auf andere Weise abschreckend umgestaltet wurde, geht man üblicherweise auf Distanz. Um den Umgestaltungsprozeß eines sol-

chen Objekts einzuleiten, müssen zwei Voraussetzungen erfüllt
sein:

- seitens des Objekts verführerische Anziehung (sonst wäre es
  nicht gefährlich)
- seitens des Subjekts ein noch nicht ausreichend entwickeltes
  Ich, das die Annäherung an ein solches anziehendes Objekt
  nicht steuern kann und mit Angst reagiert.

Diese beiden Voraussetzungen - vorwärts strebender Wunsch
und abbremsende Angst - liegen miteinander in Konflikt, der
nach einer Lösung drängt. Wenn es dem Subjekt an Kraft man-
gelt, auf ein solches Objekt zuzugehen, ohne seine Qualitäten
schmälern zu müssen, bleibt die Möglichkeit, es in sein Gegenteil zu verwandeln: Nach einer Art Kippbild-Prinzip wird aus einem anziehenden Objekt ein abstoßendes.

Solang die Subjekt-Objekt-Grenzen nicht ausreichend stabil
sind, muß der Spaltungsmechanismus schnell abrufbar sein, um
die antithetischen Selbst- und Objektbilder bereitzustellen, die
dann in antifusionärer Weise zur Stabilisierung der Ich-Grenzen
eingesetzt werden. Man kann in diesem Zusammenhang für das
Borderline-Niveau sagen: *die Stabilisierung der Ich-Grenzen geschieht unter dem Schutz der Spaltung.* Das negative Objektbild
muß immer dann im anderen gesehen und deshalb auf ihn projiziert werden, wenn bei noch mangelhaft geschützten Ich-Grenzen eine zu große Annäherung an das Objekt Verschmelzung bedeuten würde.

Herr Q.
Herr Q. wurde nach zwei Suizidversuchen stationär aufgenommen. Er
war seit dem 14. Lebensjahr suizidal. Im Grundschulalter bildete er
einen Traum, den er als Wiederholungstraum in seinem bisherigen Leben immer wieder benötigte.

> Eine schwarze Frau, die er als Hexe mit bleichem Gesicht be-
> schreibt, lauert im Keller auf ihn. Manchmal kann er fliehen,
> manchmal steht sie da und hält ihn an seinen Füßen fest, läßt ihn
> los, um ihn dann wieder zu packen.

Der Patient versucht, sich von einem weiblichen Objekt zu lösen, das
ihn jedoch immer wieder festhält, ähnlich, wie er es in der Beziehung
zu seiner Mutter erlebte, die von ihm einerseits Selbständigkeit erwartete, ihn also losließ, ihn dann aber wieder so "bemutterte", wie er sagt,
daß es ihn rasend machte.

In einem Traum in der Pubertät träumte er sich 2- oder 3jährig:

Meine Mutter trägt mich auf dem Rücken durch das Schlafzimmer meiner Eltern. Aus einer Lücke zwischen Schrank und Wand kommt eine alte Frau hervor und will mich vom Rücken meiner Mutter zerren. Dieser schwarzen Frau gegenüber gab es nur ein Mittel. Sie sagte: "Wenn Du unbekleidet bist, passiert Dir nichts".

Der Traum zeigt die Aktualisierung ödipaler Konflikte durch die Pubertät, und wir wissen, daß während der ödipalen Entwicklungsphase aufgrund der auf die Mutter gerichteten sexuellen Triebwünsche für den Jungen die Gefahr einer Verschmelzung wiederbelebt wird. Meistens kann sich das Kind hier aber auf den Vater verlassen, der mit seinem Veto gegen eine inzestuöse Beziehung zur Mutter eine große Stütze für das männliche Kind darstellt (vgl. LOEWALD 1951). Der Vater als Rivale wird gerade dadurch, daß er der Stärkere ist, zum Schutzschild gegen eine symbiotische Beziehung auf ödipaler Ebene und zum Garanten einer weiteren Abgrenzung gegenüber der Mutter.

Der Vater dieses Patienten aber fehlte. Er fehlte weitgehend in den realen Beziehungen der Familie, und er fehlte in den Träumen des Patienten. Es war kein Dritter vorhanden, zumindest keine dritte männliche Person, die man sich im Schlafzimmer der Eltern doch eigentlich vorstellen würde. Der Patient träumte in diesem Zimmer nicht eine Mutter *und* einen Vater, einen Mann *und* eine Frau, sondern zwei Frauen. Eine trägt ihn als Mutter auf dem Rücken, die andere will ihn herunterzerren und wünscht ihn nackt. Wird man nun hier von Wünschen des Patienten sprechen können, wo es doch eigentlich um Ängste geht? Diese Frage ist wahrscheinlich nicht mit einem einfachen "Ja" oder "Nein" zu beantworten. Einerseits werden infantile inzestuöse Wünsche eine Rolle spielen, andererseits wissen wir zunehmend mehr über reale Verführungsversuche seitens der Erwachsenen, und es wäre fatal, einer dadurch hervorgerufenen Angst ihren Realcharakter abzusprechen und sie allein als Folge eines verbotenen kindlichen Triebanspruchs zu interpretieren. Im Einzelfall wird man sich für beide Faktoren offenhalten und sich vom Verlauf der Behandlung leiten lassen, wie zu gewichten ist.

Im vorliegenden Fall steht jedoch fest, daß sich das Kind im Traum verzweifelt gegen Anforderungen wehrt (Triebkräfte oder äußere Personen), die von ihm verlangen, seine schützenden Hüllen aufzugeben ("Wenn Du unbekleidet bist, passiert Dir nichts"). Ein Vater, der ein "Nein" sprechen müßte und sich damit zwischen Mutter und Sohn stellen würde, fehlte in der Genese dieses Patienten. Das Kind muß es aus eigener Kraft schaffen. Wie macht es das? Völlig verloren wäre der Patient, wenn im Traum neben der Mutter eine weitere attraktive Frau aufgetaucht wäre. Und noch desolater wäre seine Situation, wenn er erkannt hätte, daß es sich bei dieser zweiten Frau möglicherweise auch um seine Mutter handelte, daß es in Wirklichkeit im Schlafzimmer der Eltern also nur *zwei* Personen gab, ihn und die Mutter. Er hätte dann nicht nur die Grenzen seines Selbst riskiert, er wäre auch noch einen nicht zu bestehenden Konflikt mit seinem Über-Ich eingegangen. In dieser schwierigen Situation gelingt ihm ein aus zwei Teilaktionen bestehender Kunstgriff:

1. Er erschafft eine dritte Person: Jene Frau, die etwas von ihm will, ist also nicht mehr seine Mutter, sondern eine Fremde. Das Über-Ich kann beruhigt sein.
2. Diese dritte Person wird nicht als eine attraktive und verführerische, sondern als abschreckende Frau dargestellt. Auf sie geht man nicht zu, ihr gibt man sich nicht hin, von ihr zieht man sich zurück und versucht, ihr zu entfliehen. Das Ich kann aufatmen.

Beide Träume stammen von einem Patienten, der seit seinem 14. Lebensjahr unter einer chronischen Suizidalität litt. Er hatte zwei Suizidversuche unternommen. In Tagträumen phantasierte er sich als Gandhi oder Bhagwan. Zu Haus lag er bis mittags im Bett, weil er sich nicht "in den Tag" begeben mochte. Um all dieser auf ein Zerfließen hindrängenden Tendenzen Herr zu werden, beobachtete er sich ständig selbst und praktizierte asketische Übungen wie eine extreme Essensdisziplin ("kein Gramm Fett am Körper haben"). Er sagte von sich: "Ich habe das Gefühl, nichts Eigenes zu haben, kein eigenes Ziel. Über Meditation versuche ich, mich innerlich zu finden. Aber irgendwie geht mir das auch gegen den Strich. Ich habe noch nie etwas Kreatives und Produktives gemacht. Ich bin ständig auf der Suche, irgendetwas zu spüren. Ich habe einen Kurs in Rebirthing gemacht in der Hoffnung, etwas zu fühlen von mir. Aber ich habe mich eigentlich nur noch weiter weg von mir selbst gefühlt. Ich fange dann an, mich selbst zu beobachten und faste, um mich wieder zusammenzukriegen. Ich lebe in dem Zwiespalt, daß ich einerseits viel Abstand brauche, auf der anderen Seite habe ich aber auch viel Sehnsucht nach Nähe. Aber dann bin ich total manipulierbar".

Dieser Patient suchte immer wieder Abgründe auf, ganz reale und konkrete, um dort das für ihn lebensnotwendige Gefühl zu erzeugen, dem Sog, sich hineinzustürzen, widerstehen zu können. Er machte eine Reise in eine schluchtenreiche Gegend, hatte dort die Angst abzustürzen und sagte sich: "Wenn es mir denn schon passieren wird, dann tue ich es doch lieber gleich und aus eigener Entscheidung". Versuchte hier das Ich ein passiv zu erleidendes "ich muß" in ein aktiv handhabbares "ich will" umzuwandeln und sich dadurch mehr Kohärenz zu verschaffen? Bei seinem letzten schweren Suizidversuch vor Aufnahme in unsere Klinik hatte er Schlaftabletten genommen und sich an einen Abgrund gelegt. Als er am Morgen aufwachte, wunderte er sich, daß seine Hände einen Pfosten umklammert hatten.

Während der stationären Therapie wünschte er vor allem regressive Therapie- und Erlebensformen. Er wollte autogenes Training, konzentrative Bewegungstherapie, Atemtherapie, Massage und warme Bäder. Er suchte die Vereinigung mit Bhagwan und Gandhi, Männer, die in seiner Vorstellung groß und unabhängig, vielleicht allmächtig waren. Daß Therapie durch ein Hingeführtwerden zu solchen Gestalten nicht möglich war, sondern vielmehr mit der ganz banalen Strukturierung des Alltags, zum Beispiel durch Anschaffung und Nutzung eines Weckers begann, war für ihn eine schmerzliche Erfahrung. Und für uns war es notwendig, die Irritation und Enttäuschung des Patienten darüber, daß Lern- und Wachstumsprozesse aus so kleinen und scheinbar so unwichtigen Schritten bestehen, nachzuvollziehen und mit ihm über diese Enttäuschungen und Verunsicherungen zu sprechen, die sein Selbstwertgefühl erfuhr, wenn er sich zu den sogenannten banalen Dingen herabließ.

Der körpereigene Fremdkörper:
Depersonalisation als antifusionäre Reaktion

Mit der Depersonalisation komme ich zur zweiten Form antifusionärer Maßnahmen und beginne mit einer kurzen Vignette:

"Die gehören nicht mir", sagte eine Patientin und meinte ihre Arme, die sie in Zuständen starker innerer Spannung als fremd erlebte. Um diesen Zustand rückgängig zu machen, den Arm sozusagen wieder in die Grenzen ihres Körperselbst zurückzurufen, fügte sie sich Verletzungen zu und fühlte sich danach erleichtert. "Wenn die Wunden bluten und ich Schmerzen spüre, dann kann ich wenigstens für einige Stunden an etwas anderes denken und mich anderen Dingen zuwenden." Sie saß leicht vorgebeugt, hielt den Kopf nach unten, ließ die Haare vor ihr Gesicht fallen und schien auf den Fußboden zu schauen. Ich konnte ihr Gesicht und ihre Augen nicht sehen. Sie sprach so leise, daß sie kaum zu verstehen war und ich mich unwillkürlich vorbeugte, und auch dann sie noch bitten mußte, lauter zu sprechen. Auf diese Weise initiierte sie eine Annäherungsbewegung meinerseits, und bewirkte durch genau das Mittel, durch das sie für ihren Rückzug sorgte (nicht sichtbar und akustisch nicht verstehbar zu sein), daß ich mich auf sie zubewegte.

Als ich mich damit beschäftigte, auf welche Weise das Depersonalisationskonzept für die Dynamik der De- und Restabilisierung von Ich-Grenzen im Zusammenhang mit der Fusionssuizidalität genutzt werden kann, fiel mir der funktionale Gegensatz zwischen diesem Mechanismus und dem Vorgang der Selbstobjektbildung auf. Der Begriff Selbstobjekt meint eine bestimmte Art der Beziehung des Subjekts zum Objekt. Sie ist vergleichbar mit der des Mutterlandes zu seiner Kolonie. Es geht um die Nutzung des Objekts durch das Subjekt. So können Objekte beispielsweise steuernde, beruhigende, das Selbstwertgefühl stabilisierende oder antizipatorische Funktionen für das Subjekt übernehmen. Wenn man so will, stülpt das Subjekt seine Selbst-Grenzen Funktionsbereichen des Objekts über und nutzt diese, als ob es die eigenen wären. Dieser Vorgang hat wichtige Konsequenzen für die Beziehung zwischen Subjekt und Objekt; zum Beispiel darf ein in dieser Weise genutztes Objekt keine Eigenbewegungen zeigen, da es ja als Kolonie vom Selbstverständnis des Subjekts her keine Autonomie besitzt. Schwere Störungen können die Folge sein, wenn in Beziehungen mit stärkeren Selbstobjektaspekten einer der Partner als eigenständiges und eigenverantwortlich handelndes und planendes Wesen in Erscheinung tritt. Wie die Kolonie dem Mutterland, dient das Selbstobjekt dem Selbst als Erweiterung seiner Grenzen.

Bei der Depersonalisierung hingegen werden die Grenzen des Selbst enger gezogen, als es dem wirklichen Selbst entspricht. Ein Teil desselben, etwa ein Arm, wird ausgegrenzt, wird fremd und so aus dem Selbst ausgebürgert. Eigentlich handelt es sich um eine Veräußerung, und man kann sich fragen, was für diese freiwillige Abgabe erstanden wird. Hier gibt es sicherlich, wenn man die psychiatrische und psychoanalytische Literatur zur Depersonalisation heranzieht, eine Vielzahl von Antworten (vgl. z.B. JACOBSON 1974, MEYER 1968, NEUN und DÜMPELMANN 1989). Für den vorliegenden Zusammenhang ist die regressionshemmende Funktion der Depersonalisation von besonderem Interesse. Zunächst will ich mich jedoch der Beziehung zwischen den

Vorgängen der Depersonalisation und denen der Selbstobjektbildung zuwenden.

In der Ausdehnung des Selbst streben beide Vorgänge in entgegengesetzte Richtungen: Die Depersonalisation ist mit einer Verarmung, die Selbstobjektbildung mit einer Bereicherung des Selbst verbunden. Beides hat Sinn und Funktion. Durch Depersonalisation gelingt es beispielsweise, einen Triebanspruch abzuwehren oder die Ich-Grenzen zu stabilisieren. So wird mit der Ausgrenzung und der dadurch bedingten Verarmung auf der anderen Seite etwas gewonnen.

Aber gerade so, wie die Verarmung des Selbst durch Depersonalisation ihren Gewinn hat, hat die durch Selbstobjektbildung gewonnene Bereicherung ihren Preis: Das, was bei der Depersonalisation gewonnen wird, nämlich die Stabilisierung der Ich-Grenzen, ist sozusagen das "Zahlungsmittel" bei der Selbstobjektbildung: Die Ich-Grenzen werden instabiler, durchlässiger, die Grenze verschwimmt, das Identitätsgefühl wird unsicherer und vager, die Fähigkeit zum Alleinsein mit sich selbst nimmt ab, das Angewiesensein auf permanente Präsenz des anderen wird größer.

Auf die ich-stabilisierende Funktion der Depersonalisation zieht ROSHCO (1967), wenn er schreibt: "In depersonalization, the very fact that there is an externalized unacceptable portion of the self being observed reassures the patient that he will not be completely lost in the wished-for, and feared, mother-child unity" (S.257/258). Dieser Autor erkennt demnach der Depersonalisation eine der Fusion entgegenwirkende Funktion zu. Einen Schritt weiter geht ROHDE-DACHSER (1979), wenn sie sagt, daß in der Phantasie des Patienten die Beseitigung des "'Fremdkörpers' oft eine das Selbst bewahrende, lebensrettende Funktion (habe)" und daß "diese paradoxe Umkehrung des Selbsterhaltungstriebes ... einer der Gründe für das oft hohe und gleichzeitig schwer einschätzbare Suizidrisiko in der Therapie von Borderline-Patienten (sei)" (S. 171). Die Beseitigung des nach ROSHCO per Depersonalisation geschaffenen Fremdkörpers wäre demnach als ein Akt zu verstehen, der die "gewünschte und gefürchtete Mutter-Kind-Einheit" verhindern soll, eine antifusionäre Reaktion also. Ein Teil des Körperselbst wird ausgewählt, die Funktion des Objekts, von dem man sich distanzieren und getrennt fühlen kann, zu übernehmen. Um dem erlebenden Ich den ausgewählten Körperteil oder auch das Gesamt-Körperselbst in Objektform

anbieten zu können, ist dessen Depersonalisation Voraussetzung. Gegenüber dem nunmehr depersonalisierten Körper (oder
Körperteil) kann sich das Ich als getrennt und mit eigenen Grenzen versehen erleben. In diesem Zusammenhang sind auch die
mannigfachen Phänomene der Selbstbeschädigung zu nennen
(vgl. z.B. SACHSSE 1987) wie Schnippeln, Zigarettenausdrücken,
den Kopf gegen eine Wand schlagen und anderes mehr.

Frau G.

Eine knapp 30jährige Patientin kam mit einer Bulimarexie auf dem
Boden einer ausgeprägten Borderline-Symptomatik zur stationären
Aufnahme. Sie litt unter Attacken von Freßanfällen im Wechsel mit Erbrechen und war stark untergewichtig. Ihr Gebiß hatte unter der Säu-
reeinwirkung während des Erbrechens gelitten. Ein weiteres Haupt-
symptom waren ihre schweren Selbstbeschädigungen. An ihren Bei-
nen hatte sie eine selbst beigebrachte Wunde, die sie durch Manipulationen offen hielt. Sie trug stets ein Arsenal spitzer Gegenstände bei
sich und fühlte sich dadurch sicher. Es war ihr wichtig, stets eine offene Wunde zu haben. In Zeiten innerer Unruhe und Gespanntheit dienten die Manipulationen an der Wunde der Entspannung und Beruhigung. Sie schob dann spitze Gegenstände in die Subkutis und beruhig-
te sich bei der Vorstellung, dort einen Bereich zu haben, mit dem sie in
beliebiger Weise umgehen konnte und der ganz unter ihrer Kontrolle
stand. Die Wunde mit ihren schwarzen Rändern symbolisierte einen
abgelehnten und gehaßten Selbstanteil, der malträtiert und gequält
werden mußte. Es handelte sich hierbei wahrscheinlich um ihren Haß
auf die Liebe zu ihrem Vater, derentwegen sie sich von ihm abgelehnt
fühlte und die sie deshalb hassen mußte. Der Haß auf ihre dem Vater
geltende Zuneigung war erklärbar, wenn diese schlecht und ekelhaft
war wie ihre Wunde. Das Bein als Träger ihrer seelischen Wunde erlebte sie nicht mehr als zu sich gehörig, sondern als einen lediglich me-
chanisch mit ihrem Körper verbundenen Hebel. In dieser Wunde, mit
allem, wofür sie stand, hatte sie einen Bereich geschaffen, der ihr immer zur Verfügung stand, da sie ihn immer bei sich trug; von dem sie
sich aber dennoch distanzieren konnte, wenn dies erforderlich wurde.
Erforderlich wurde es immer dann, wenn ihr entweder jemand zu nahe kam, sie sich zu gut verstanden fühlte und dadurch Sehnsüchte
nach Verbundenheit und Einssein geweckt wurden, oder wenn sie sich
abgelehnt und verlassen vorkam. Das Einschieben von spitzen Gegen-
ständen, von Materialien, die auch von ihrer Substanz her körper-
fremd waren, unterstrich nur noch diesen Effekt.
    Als Hauptproblem gab die Patientin an, mit dem Leben nicht zu-
recht zu kommen. In bewegender Weise schildert sie ihren immer

wieder vergeblichen, aber bisher noch nicht aufgegebenen Versuch, doch noch der vom Vater akzeptierte Sohn zu werden. Sie hatte ihren Körper auf Schmerzfreiheit getrimmt und wollte als Kumpel an der Seite des Vaters auf dessen Lkw arbeiten. Sie vergötterte und haßte ihren Vater als einzigen Menschen auf der Welt, der ihr etwas bedeutete. Der Platz neben dem Vater im verrauchten Führerhaus seines Lkw schien der einzige Ort auf der Welt, wo sie sich zu Hause fühlte. Etwa ein Jahr vor ihrer Aufnahme begann sie weniger zu essen. Es erfüllte sie mit Befriedigung zu sehen, wie sie kraftloser wurde, und sie war stolz darauf, trotzdem noch leistungsfähig zu sein und die Schule besuchen zu können. Wenn sie im Krankenhaus erbrach, war es ihr ein "diebisches Vergnügen" zu sehen, wie der Kaliumspiegel sank. Bei der Kaliumsubstitution war es schwierig, mit der Patientin ein Arbeitsbündnis herzustellen, da ein Spiegel im Normbereich eine Enttäuschung für sie war. Wenn andere lachten und guter Dinge waren, tat es ihr weh. "In einer Zweierbeziehung", sagte sie, "gerate ich in Panik". Einige Wochen vor Aufnahme in die Klinik unternahm sie eine "suizidale Wanderung". Sie ging, kaum bei Kräften, eine weite Strecke über eine Autobahn und begab sich in gefährlichste Situationen. Ein tödlicher Unfall, sagte sie, wäre ihr Recht gewesen. Sie begab sich in jenes Element, das sie mit ihrem Vater verband, und man kann sich fragen, ob es sich um eine Suizidvorstellung im Sinne der Verschmelzungssuizidalität gehandelt hat, oder ob es nicht eher darum ging, im Vater eine Änderung seiner Einstellung zu seiner Tochter zu erzwingen. Würde ihr durch einen Zusammenprall mit einem Lkw ein Gewaltakt widerfahren, wäre das auch ein von ihr ausgehender Gewaltakt gegen den Lkw-steuernden Vater gewesen.

Wenn es eine *De*personalisation gibt, wird man auch von einer *Re*personalisation sprechen können. Wenn es zum Funktionsreichtum der Psyche gehört, zu depersonalisieren, zum Beispiel um schmerzhafte Affekte auszugrenzen, so wird die Wiederhineinnahme eines solchen Bereichs nicht unbemerkt verlaufen können. Eine Patientin beschrieb diesen Vorgang so: "Es ist, als wenn ein eingeschlafenes Bein wieder Gefühl bekommt, es fängt alles an zu kribbeln und tut weh"; eine Formulierung, in der die Aufforderung liegt, Symptome nicht als etwas zu betrachten, wovon man den Patienten zu befreien habe, sondern die in ihnen gebundenen Funktionen aufzusuchen. Therapieziel wäre dann, den im Symptom gebundenen Funktionskomplex vom Symptom zu lösen, auf eine neu zu entwickelnde psychische Struktur zu übertragen und dadurch das Symptom überflüssig zu machen.

Suizidalität im Konzept des Selbstobjekts

Neben den antifusionären Maßnahmen der Projektion der negativen Spaltungsimago und der Depersonalisation spielt Suizidalität als drittes Regulationsprinzip im Übergangsbereich I eine wichtige Rolle. Da Suizidalität jetzt von ihrem die Selbstgrenzen stabilisierenden Aspekt her beleuchtet werden soll, will ich sie mit dem Konzept des Selbstobjekts verbinden. Bei der fusionären Suizidalität verfolgen Selbstobjekt und Suizidalität gleichgerichtete Ziele: man will mit dem anderen verbunden sein.

Bei der antifusionären Suizidalität sind ihre Ziele entgegengesetzt.

Selbstobjekt: Weder Selbst noch Objekt

Selbstobjekt-Beziehungen sind Beziehungen, in denen andere Personen in das Selbst des Subjekts einbezogen werden. Dazu einige nicht-klinische Beispiele:

"Nun ist er schon so blind, daß man ihn gar nicht mehr sieht"[2]

"Fühl' mal, wie dat kribbelt", pflegte ein Landarbeiter zu sagen und forderte dazu auf, die Hand auf sein von Paraesthesien geplagtes Knie zu legen.

"Wirst Du schon schwindlig?", fragte mich ein kleines Mädchen, während es eine Runde nach der anderen um den runden Küchentisch drehte.
"Nein", antwortete ich ihr, "aber ich laufe ja auch nicht um den Tisch herum wie Du". Sie überging diese Antwort, die in das, was sie ausprobieren wollte, nicht hineinpaßte, und fragte weiter:
"Was machst Du, wenn Du schwindlig bist?"
Ich: "Dann würde ich mich hinsetzen, damit ich nicht umfalle".
Sie: "Fall' ich auch um, wenn ich schwindlig werde?"

Offenbar hatte ich in diesem Spiel in Form eines Außensubstituts der Selbstreflexion gedient. So hätte sie sich mit sich unterhalten können. Da ihr das aber noch nicht möglich war, brauchte sie einen externen Reflektor. Wenn man so will, hatte ich mich bereits mit ihr um den Tisch gedreht, und so konnte sie mich als

---

2 Ausspruch des Gefängnisdieners Frosch in J. Strauß' "Fledermaus" in Anspielung auf Dr. Blind, den er nicht mehr vorfindet, als er in sein Dienstzimmer zurückkehrt.

einen neu hinzugewonnen Teil ihres Selbst befragen, was zu tun sei, wenn einem schwindlig wird.

Ähnlich ist der Satz des Gefängnisdieners "Nun ist er schon so blind, daß man ihn gar nicht mehr sieht" subjektgewordener Teil einer primär dem Objekt angehörenden Eigenschaft.

Meistens geht es bei Selbstobjekt-Beziehungen um sogenannte "Partialobjekt-Beziehungen". Damit sind Beziehungen gemeint, bei denen das Subjekt lediglich einen Teilaspekt der anderen Person benötigt, um zu funktionieren; beispielsweise deren Steuerungsfunktion oder Antizipationsvermögen.[3] Will aber das Subjekt nicht mehr lediglich spezielle Eigenschaften des Objekts sozusagen "mitbenutzen", sondern insgesamt Teil des anderen sein und in ihm aufgehen, so geht dieser Vorgang über eine Partialobjekt-Beziehung hinaus. Es handelt sich dann um eine der beiden Grundformen von Selbstobjekten (sog. allmächtiges Objekt und Größenselbst), wie sie KOHUT in der von ihm begründeten Selbstpsychologie konzeptualisiert hat (1973). Schreibt das Subjekt alle Vollkommenheit und Macht einem anderen Objekt zu, so wird dieses damit zu einem "allmächtigen Objekt". Das Subjekt ist als Teil dieses Objekts nun selbst vollkommen, sicher und geschützt, zum Beispiel vor dem Verlassenwerden und vor Kränkungen. Im zweiten Fall verlegt das Subjekt alle Vollkommenheit und Macht in das eigene Selbst, wie KOHUT sich ausdrückt, und schreibt der Außenwelt alle Unvollkommenheit zu. Das Selbst wird zum Größenselbst.

Die Verwendung des Objekts im Sinne eines Selbstobjekts ist ein keineswegs unproblematischer und nicht selten ein riskanter Vorgang. Selbstobjekt-Beziehungen bergen vom Wunsch des Subjekts her die Gefahr der Fusion, von den Bewegungen und Bestrebungen des äußeren Objekts her die Gefahr der Trennung.

Sich als Marionette erleben:
Die Suizidalität von Frau M.

Eine Patientin, die ich wegen ihres Medikamentenmißbrauchs längere Zeit in der Klinik behandelte, erlebte sich in der Beziehung zu ihrer

---

3 In der Konzeption der Selbstpsychologie (KOHUT 1973, 1977) sind Selbstobjekt-Beziehungen nicht auf eine bestimmte Entwicklungsphase begrenzt, sondern ein das gesamte Leben eines Menschen begleitender Vorgang.

Freundin als Marionette. Die Freundin hatte alle Fäden in der Hand und führte sie im Erleben der Patientin so, wie immer sie es für richtig hielt. Die Patientin versuchte, eine "gute Marionette" zu sein, was hieß, Verzicht auf alle Eigenbewegungen zu üben und fühlte sich, sofern dies gelang und sie damit die Voraussetzungen zu einem harmonischen Zusammenspiel zwischen Marionettenspielerin und Marionette schuf, in dieser Selbstobjekt-Beziehung wohl. "Ich lebe", sagte sie "nur von Besuch zu Besuch. In der Zwischenzeit bin ich wie tot, verrichte meine täglichen Verpflichtungen wie ein Automat". Erst wenn sie wieder mit der Freundin zusammen war und das Gefühl hatte, daß diese die losen Fäden ergriff, wenn sie so ihrem allmächtigen Objekt wieder in Harmonie dienen konnte, fühlte sie sich von Leben durchdrungen. Da aber weder sie noch ihre Freundin real Marionette und Marionettenspielerin waren, gab es Störungen, gab es unabgestimmte Eigenbewegungen. Sie selbst versuchte aber, in dem Bestreben, dem Zustand der guten Marionette möglichst nahe zu kommen, alle Eigenbewegungen so gering wie möglich zu halten: "Ich habe noch nie einen Verabredungsvorschlag meiner Freundin ausgeschlagen, auch dann nicht, wenn es mir aufgrund anderer Verpflichtungen nicht paßte. Wenn ich andere Termine hatte, habe ich sie abgesagt. Stets stand ich zur Verfügung, und ich meinte, ich müsse das, da sie mich sonst verläßt."

Solche doch ganz auf harmonisch-ungeschiedenes Miteinander angelegten Beziehungen können dennoch eine Quelle von Haß und Destruktivität sein. Die Patientin gibt dazu folgende Hinweise: "Ich habe Angst, tot umzufallen, wenn meine Freundin mich verläßt." Oder: "Wenn meine Freundin sich nicht meldet, werde ich böse, behalte meine Angst, Verzweiflung oder Wut aber in mir, oder melde mich mit nur ein ganz wenig Vorwurf in der Stimme, wie etwa 'ich dachte, Du wolltest Dich melden'".

Ich: "Und die übrige Wut und der Vorwurf, was wird daraus?"

Pat.: "Ich habe manchmal die Phantasie, ich nehme eine Axt und schlage mit einem Hieb die Verbindung zwischen uns durch".

Auf meine Frage, wie ein solcher Hieb aussehen könnte, antwortet sie, daß sie schon seit Jahren über einen konkreten Suizidplan verfüge und das Suizidmittel seit langem besitze.

Diese Patientin schildert anschaulich das Dilemma der Selbstobjekt-Beziehung bei weitgehender Abtretung des eigenen Ich als abgegrenztes Organisations-, Planungs- und Handlungszentrum (KOHUT 1973) an eine andere Person, den damit verbundenen Übergang zum Marionettenstadium und die Notwendigkeit und gleichzeitig die Unmöglichkeit, in dieser Beziehungsform zu existieren - notwendig, weil als Marionette ohne lebensspendendes allmächtiges Objekt nicht lebensfähig, unmöglich, weil ein Rest störender Unabgestimmtheiten durch ein Minimum nicht eliminierbarer Eigenbewegungen nicht verhindert werden kann. Der Axthieb stellt ein eindeutiges Bild dar für den progressiven Wunsch, zu zwei getrennten, individuierten Personen zu gelangen. Darüber hinaus spürt die Patientin aber auch, daß der Hieb ihre Freundin und sie selbst treffen, also destruktiv wirken könnte. Ihre Suizidphantasie kann als Umsetzung der Axthiebmetapher verstanden werden, als Versuch, die notwendige Trennung vom Selbstobjekt mittels Gewalt zu vollziehen, und erfüllt damit eine antifusionäre Funktion.

Zerstörung der Dyade

Zerstörerische Phantasien müssen nicht eine tatsächliche Zerstörung zum Ziel haben. Sie sind oft aus dem progressiven, nach Entwicklung strebenden Wunsch entstanden, zu mehr *Eigenständigkeit und Individuation* zu gelangen. Der Traum eines Patienten illustriert diesen Sachverhalt in überzeugender Weise:

> Der Patient befindet sich auf einem Mutterschiff, das durch herannahende Torpedos versenkt wird. Nachdem er sich mühsam an Land gekämpft hat, erkennt er, daß es sich bei seinem Sparbuch um altes, wertloses Geld handelt und weiß, daß er es jetzt aus eigener Kraft schaffen muß.

Hier geht es um das erstaunliche und dennoch ubiquitäre Phänomen, daß ein Entwicklungsschritt ("ich weiß, daß ich es aus eigener Kraft schaffen muß") durch einen Zerstörungsakt eingeleitet wird. Dies ist kein Nebenaspekt des Traums, sondern stellt dar, was WINNICOTT (1971) mit *Zerstörung des Objekts* bezeichnet hat, ein für die Konstituierung eines unabhängig vom Subjekt existierenden Objekts zentraler Vorgang. Auf der symbiotischen Entwicklungsstufe besitzt das Objekt aus der Sicht des Subjekts noch keine eigenen, vom Subjekt unabhängigen Eigenschaften. Das Bild des Objekts wird durch Selektion bestimmter Eigenschaften und ergänzende Projektionen gestaltet. Das Subjekt nimmt wiederum Eigenschaften des Objekts in das eigene Selbst auf, wodurch ein Angleichungsprozeß in Gang gesetzt wird.

Die Entlassung eines solchen Selbstobjekts in die reifere Erlebensform eines vom Selbst getrennten Objekts, dessen Eigenschaften nicht mehr durch selektive Wahrnehmung eingegrenzt werden müssen, das weitgehend frei ist von projizierten Ausstattungen und das damit in eine Objektwelt, die außerhalb des Subjekts existiert, eingereiht werden kann, ist nach WINNICOTT an die "Zerstörung des Objekts" geknüpft. Dieser in der Phantasie sich abspielende Vorgang zeigt sich in der Realität in der Zerstörung der bisher gewohnten *Beziehung* zum Objekt. Die selbstverständliche Selbstobjekt-Beziehung, in der es noch keine Personen mit eigenen Motiven gibt, wird aufgespalten in zwei Welten (und dadurch zerstört): in die Welt des Subjekts und in eine andere, mit unabhängigen Objekten bevölkerte Welt, zu denen man, soweit diese es gestatten, Beziehungen aufnehmen kann. Das Ziel eines solchen Prozesses sieht WINNICOTT darin, "daß das Subjekt das Objekt außerhalb des Bereichs seiner eigenen omnipotenten Kontrolle ansiedelt; es handelt sich also darum, daß das Subjekt das Objekt als ein äußeres Phänomen und nicht als etwas Projiziertes wahrnimmt, also letzten Endes um die *Anerkennung des Objekts als ein Wesen mit eigenem Recht*" (S. 105, Hervorhebung v. Verf.).

Entscheidend bei diesem Vorgang ist das Überleben des Objekts, wobei Überleben, wie WINNICOTT betont, "sich nicht rächen" bedeutet. Auf die analytische Behandlungssituation bezogen schreibt WINNICOTT: "Wenn sich dieser Prozeß in einer Analyse vollzieht, sind es Analytiker, analytische Technik und analytisches Setting, die die Destruktivität des Patienten überleben oder nicht überleben. Die destruktive Aktivität des Patienten stellt also einen Versuch dar, dem Analytiker eine Stellung außerhalb des Bereichs seiner omnipotenten Kontrolle zuzuweisen, d.h. in der äußeren Welt" (S.107).

Das kann sich darin zeigen, daß Patienten, nachdem sie den Therapeuten in der Sitzung angegriffen haben, ängstlich aufblikken, als wollten sie sich vergewissern, daß man den Angriff überstanden hat und noch genauso dasitzt wie vorher. Oder sie berichten, daß sie sich nach Enttäuschungen durch den Therapeuten in der Zwischenzeit daran gemacht hätten, ihr inneres Bild von ihm auszulöschen, indem sie ihn Punkt für Punkt schlecht machten. Die Wiederbegegnung und Identifikation mit einem sich dennoch nicht rächenden Therapeuten schlägt sich intrapsychisch strukturbildend nieder und führt unter anderem zu einer Milderung der Angst vor der eigenen Destruktivität.[4] In

4 In der stationären Psychotherapie kommt es bei schweren Persönlichkeitsstörungen häufig zu mehr oder weniger heftigen Provokationen. Diese

der Destruktivität ist demnach *ein* Faktor zu sehen, der erforderlich ist, um der Symbiose zu "entschlüpfen", wie MAHLER (1979) es genannt hat.

In dem oben beschriebenen Traum stellen die herannahenden Torpedos den entwicklungspsychologisch notwendigen Trennungsakt der Selbstobjekt-Einheit dar: den Eingriff eines Dritten in das dyadische System. Der Erfolg dieses Eingriffs wird kurz darauf deutlich: der Träumende ist nun in der Lage, zwischen alter und neuer Währung, Illusion und Wirklichkeit, Größenselbst und Realselbst zu unterscheiden. Er muß es aus eigener Kraft schaffen wie lange vor ihm Adam und Eva, die in ähnlicher Situation und mit ähnlichem Ziel ihr Paradies verließen.

Nun wird man es bei der Patientin, die die Marionettenmetapher zur Beschreibung der Beziehung zu ihrer Freundin wählte, mit dieser Betrachtung nicht bewenden lassen können. Ihre Suizidalität enthält auch eine deutliche interpersonelle Dimension mit Blickrichtung auf die Freundin als "signifikante Person". Durch einen Suizid würde sie sich in die Psyche der Freundin unauslöschbar eingravieren und hätte damit wiederum eine Verbindung hergestellt, die ihr im Leben versagt schien. Später sagte die Patientin: "Sie müssen mir helfen, daß ich lerne, mich selbständig zu bewegen". Im Sinne der *frühen Triangulierung* suchte sie in mir nach etwas von ihr und ihrer Freundin Unabhängigem, nach jemandem, der ohne Axthieb, ohne Selbst- und Fremdschädigung also, half, die Selbstobjekt-Beziehung aufzulösen.

Das Selbstobjekt im Traum

Selbstobjekt-Beziehungen können eine wichtige Phase innerhalb eines psychotherapeutischen Prozesses darstellen. Manche Patienten benutzen ihren Therapeuten im Sinne eines Selbstobjekts in ganz selbstverständlicher Weise, und man freut sich, wenn es

---

Phänomene lassen sich einmal nach dem Konzept der projektiven Identifikation als Versuch lesen, nicht mehr aushaltbare, das Ich des Patienten überfordernde Affekte per Interaktion in eine andere Person zu verlagern. Nach WINNICOTTs Ansatz läßt sich darin aber auch der Versuch erkennen, sich durch einen Zerstörungsakt von einem symbiotischen Objekt zu lösen, um in der Beziehung zu ihm auf eine unabhängigere Organisationsstufe zu gelangen. Das scheint möglich, wenn erlebt wird, daß sich das Objekt nach einem solchen Angriff nicht rächend verhält.

einem Patienten zum ersten Mal gelingt, diesen Vorgang zu symbolisieren und ein Bild dafür zu finden. Ist es doch ein Zeichen dafür, daß das Ich beginnt, sich mit dieser Beziehungsform zu konfrontieren, sie ins Auge zu fassen und dadurch einer Untersuchung zugänglich zu machen.[5]

> Eine Patientin, die sich in ihren bisherigen Träumen überwiegend allein und in kalten abschüssigen Gegenden träumte, kleidete den Prozeß der Selbstobjektbildung in einen Traum, in dem sie in einem Holzwagen fuhr, der mit einer langen Stange mit einem Unimog verbunden war. Der Unimogfahrer verfügte über alle notwendigen Funktionen, die holprige Fahrt über schwieriges Gelände zu bewerkstelligen. Sie mußte sich festhalten, um nicht herauszufallen, und sie fiel nicht heraus. Sie wunderte sich, daß der Fahrer den Wagen steuern und bremsen konnte, ohne daß etwas passierte.

Die holprige Fahrt über ein schwieriges Gelände entsprach den vorangegangenen Monaten ihrer Analyse, in der es ebenfalls über schwieriges Gelände gegangen war. Die Patientin war noch auf ein Selbstobjekt angewiesen, das über die Funktionen des Steuerns, der Geschwindigkeitsregulierung, des Beschleunigens und des Bremsens verfügte. Hier war für die Analyse noch vieles zu tun. Sie hatte aber in ihrer Therapie einen deutlichen Fortschritt gemacht. Bisher drohte sie von steilen Abhängen abzurutschen und von Hochhäusern herunterzustürzen, ohne sich steuern, bremsen oder festhalten zu können. Nur ein Aufwachen verhinderte Schlimmeres, nämlich einen Aufprall und damit die mögliche Fragmentierung ihres Ich. So weit war es bisher nie gekommen. Stets war sie in der Lage gewesen, rechtzeitig in den Sekundärvorgang überzuwechseln und aufzuwachen. In der Realbeziehung zu mir entsprach dies ihrer Fähigkeit, mich bei drohendem psychischem "Absturz" rechtzeitig anzurufen. (Wenn ein Patient über diese Fähigkeit nicht mehr verfügt, muß der Therapeut diese Funktion von sich aus übernehmen.)

Jetzt schien sich jedoch etwas anderes angebahnt zu haben: Der Traum verweist darauf, daß die Patientin wagt, eine Beziehung zu ihrem Analytiker aufzunehmen, und daß diese auch in

---

5 Wenn es möglich wird, Dingen einen Namen zu geben oder sie zu symbolisieren, z.B. dadurch, daß bisher noch nicht träumbare Vorgänge träumbar werden, ist dies nicht nur Startpunkt weiterer psychotherapeutischer Arbeit, sondern bereits Ergebnis vorangegangener Strukturierungsprozesse.

schwierigem Gelände (in der Analyse waren Enttäuschungen auszuhalten und zu verarbeiten) nicht abbrechen muß. Ein entscheidender Fortschritt gegenüber den Absturzträumen der vorherigen Therapiephase.

Daß ein Patient über ausreichende psychische Mittel verfügt, seinen Traum so zu gestalten, daß er bei einem Absturz rechtzeitig aufwacht, ist keineswegs selbstverständlich:

> Eine etwa 40jährige Patientin mit einem langjährigen Abusus verschiedenster Drogen, einer chronischen Suizidalität und mehreren Suizidversuchen in der Anamnese träumte in ihrem klinischen Initialtraum[6] von einem Freizeitpark aus Beton, in dem sie auf der Plattform eines hohen Turmes steht, die nicht gesichert ist. Ein Sturm fegt sie herunter. Sie spürt, wie sie aufprallt und alles in ihr zerbricht. Die Leute sagen: "Die bringen wir nicht mehr zusammen".

Es ist der Traum einer Fragmentierung des Selbst, wie er nach meiner Erfahrung selten ist. In der Träumerin gibt es keine Instanz, kein Objekt, das darauf vertrauen würde, daß ihr bei der Restauration ihres Selbst Hilfe zuteil würde. Um diese Patientin waren wir längere Zeit in Sorge, konnten wir doch bei einem "Absturz", beispielsweise ausgelöst durch eine Kränkung oder einen Objektverlust, nicht sicher sein, daß sie sich würde auffangen können; im Gegenteil, durch den Initialtraum hatte sie uns mitgeteilt, daß sie über ein inneres Auffangnetz noch nicht verfügte. Auf der anderen Seite konnten wir froh sein, daß sie uns durch diesen Traum wissen ließ, wie unsicher sie sich trotz äußeren Lächelns und ausgestrahlter Zuversicht im Inneren fühlte. Einige Monate später berichtete sie einen Traum, in dem sie sich in einem Schwimmbecken auf einem Schiff mit einem gläsernen Bug befand. Leute im Wasser brauchen ihre Hilfe. Sie verweigert aber ihre Hand, um nicht selbst zu zerschellen.

Zu diesem Traum fällt der Patientin der Ehemann ein, ein Mann, von dem sie fürchtet, daß er untergeht, wenn sie ihn vernachlässigt und ihm nicht die Hand reicht. Sie beginnt aber auch zu ahnen, daß sie zerschellen wird, wenn sie in diese Beziehung nicht mehr Bewegungsfreiraum hineinbringt. Vom Selbstobjekt

---

6 Mit dem Terminus "klinischer Initialtraum" bezeichne ich den ersten im Zusammenhang mit der Aufnahme in eine Klinik geträumten Traum, ein Traum also, bei dem anzunehmen ist, daß die stationäre Aufnahme mit traumauslösend gewirkt hat und mit einer gewissen Wahrscheinlichkeit im Traum verarbeitet wurde.

Klinik fühlt sie sich zwar getragen, aber sie weiß auch, wie gläsern-fragil das Ganze noch ist und daß sie noch nicht über ausreichende Valenzen verfügt, die sie auf andere Menschen, die ebenfalls Hilfe benötigen, richten könnte. Im Vergleich zum ersten Traum scheint ihr Unbewußtes aber bereits zu ahnen, welche Vorgänge zum Absturz führen, daß sie sich zum Beispiel in Beziehungen nicht aufgeben darf, daß sie sich als fragmentiert erleben wird, wenn sie anderen, ohne sich darüber Rechenschaft abzulegen, mit eigenen Funktionen aushilft. Wir werteten diesen Traum als Zeichen eines Fortschritts, was er vielleicht auch war. Dennoch vernachlässigten wir in unserem Fortschrittsglauben die reale zeitliche Dimension, die psychische Strukturierungsprozesse nun einmal benötigen. Die Patientin verfügte bei ihrer Entlassung noch nicht über ausreichend stabile psychische Strukturen, um ihr Ich in Belastungssituationen entsprechend abzusichern. Einige Wochen später erfuhren wir, daß sie sich suizidiert hatte.

In der klinischen Psychotherapie arbeitet man unter Zeitdruck. Der Kostenträger bewilligt nur eine bestimmte Verweildauer. Weiterhin ist es nicht ratsam, den Patienten zu lang in einem Krankenhaus zu behandeln, da zu viele soziale Kompetenzen verlernt werden und er sich mehr und mehr von seinem normalen Bezugsfeld entfernt. Dabei möchte der Patient viel erreichen, meist zuviel, und setzt große Erwartungen in die Klinik. Die Therapeuten haben oft zu hohe Zielvorstellungen und kommen so einer unrealistischen Erwartung seitens des Patienten entgegen. Im Verlaufe der Behandlung müssen dann beide Seiten erkennen, daß die Ziele nicht erreichbar sind. Das kann bei depressiv strukturierten Patienten, neben anderen Reaktionen, zu Insuffizienzgefühlen führen und auf seiten des Therapeuten zu fehlindizierten Verlängerungen, die dazu führen, daß das Thema Mangel und Insuffizienz iatrogen ausgeklammert wird.

Mißlungene Triangulierung:
Ein familiendynamischer Aspekt der Suizidalität

Wer mit suizidalen Patienten therapeutisch arbeitet, weiß, welch überragende Rolle Drohungen, Verzweiflung, Angst, Rachegedanken, Haß und andere schwer zu ertragende Gefühle in diesen Behandlungen spielen. Wir finden diese Gefühle beim Patienten und nehmen sie in der Gegenübertragung wahr. Nun ist aber die Beziehung zwischen Arzt und Patient nicht die primäre Bildungsstätte dieser Gefühle. Sie stellt lediglich die neue Bühne dar, auf der ein altes Drama, dessen Text bereits vorliegt und vor langer Zeit geschrieben wurde, in neuer Besetzung wieder inszeniert wird:

- Ein Patient, der sich früher bedroht gefühlt haben mag, droht jetzt selbst.
- Die verfolgend-manipulierende Interaktion, die sich früher real zwischen Kind und Vater, Kind und Mutter oder anderen wichtigen Bezugspersonen abgespielt haben mag, wird zwischen Patient und Therapeut neu inszeniert.

Was sich im Umgang mit suizidalen Patienten zwischen Arzt und Patient darstellt, was der Patient mit uns macht und wir mit ihm, wenn wir beispielsweise etwas unterlassen, wo wir hätten handeln sollen, all das läßt sich nur zum Teil aus dem gegenwärtigen dyadischen Geschehen zwischen Arzt und Patient verstehen. Es handelt sich, wenn man die Objektrepräsentanzen des Patienten in der Gegenübertragung zum Leben erweckt, nur scheinbar um eine dyadische Beziehung, nämlich nur dann, wenn man die real miteinander interagierenden Personen im Auge hat. Zunächst werden aber beide, Patient und Therapeut, es so erleben, als hätten sie und nur sie es miteinander zu tun, als wäre kein anderer beteiligt. Und das macht einen Teil der Schwierigkeiten im Umgang mit der Gegenübertragung bei suizidalen Patienten aus: Der Therapeut muß die Repräsentanzen verschiedener Objekte des Patienten und die diesen Objekten geltenden Impulse in sich zur Entfaltung kommen lassen und ihnen Gehör verschaffen. Dasselbe gilt für die Selbstrepräsentanzen des Patienten, für Aspekte also, die der Patient bei sich unter Umständen ablehnt, da er sie nicht erträgt, oder die er fürchtet vor seiner Destruktivität nicht schützen zu können, und die er deshalb im Therapeuten "deponiert". Diejenigen Beziehungsmuster also, die im Umgang mit suizidalen Patienten nach Neuinszenierung drängen, können ihre ganz realen Vorläufer haben, können einem Text folgen, der in seinen Umrissen schon vor der Begegnung von Patient und Therapeut niedergelegt war. Die These von FEDERN, daß sich niemand töten will, den nicht ein anderer tot wünscht, wurde auch von familientherapeutischer Seite weiter verfolgt (vgl. z.B. SPERLING 1980).

Ich will im folgenden unter dem Stichwort "Triangulierung" die

Rolle des Vaters für die Bildung einer entscheidenden psychischen Struktur beschreiben. Es geht um den Übergang von dyadischen zu triadischen Beziehungen (vgl. z.B. BUCHHOLZ 1990).

Herr K.

Herr K., ein 25jähriger Patient, wurde wegen multipler Ängste, Beziehungs- und Arbeitsstörungen in die Klinik aufgenommen. Er nahm unkontrolliert Alkohol und Haschisch zu sich und schädigte sich in autoaggressiver Weise dadurch, daß er Zigaretten auf seinem Handrücken ausdrückte. Als Kind wollte er vom Balkon springen, als Jugendlicher unternahm er einen Suizidversuch. Seine Beziehungen suchte er so eng zu gestalten, daß der andere irgendwann zum Rückzug ansetzen mußte, um genügend Freiraum für sich zu behalten. Oder es war der Patient selbst, der sich aus der Beziehung löste und den anderen aufgab, wenn dieser Anzeichen von Eigeninitiative erkennen ließ.

In einem während des stationären Aufenthaltes durchgeführten Gespräch zusammen mit der Mutter sagte der Therapeut, sich an beide wendend: "Ich habe den Eindruck, Sie kommen voneinander schlecht los". Herr K. gab darauf die überraschende und bestürzende Antwort: "Da müßte ich schon Selbstmord machen". Nur durch einen Suizid also würde er sich aus der Verstrickung mit der Mutter lösen können. Genetisch war diese Verstrickung vor allem durch den in der Kindheit fehlenden Vater zu verstehen, den er erst in der Pubertät kennenlernte und zu dem er nur flüchtige Kontakte unterhielt. Er wuchs zusammen mit Mutter und Großmutter auf. Aus der Beziehung zur Mutter versuchte er alles herauszuhalten, was sie hätte stören, ärgern oder traurig machen können; zum Beispiel schlechte Zensuren oder Freunde, die der Mutter nicht gefielen. Die Mutter schätzte an ihm, daß er ihr nicht widersprach, daß er ihr keine eigene Meinung entgegensetzte. Gleichzeitig aber beklagte sie, daß er in seinem Beruf nicht vorankam und finanziell immer noch von ihr abhängig war.

Auf der Station liebte der Patient die Dämmerung und saß mit anderen jungen Männern, schwarz gekleidet wie er, bei lauter Musik im Tagesraum. Er suchte Situationen, in denen die Konturen verschwammen, in denen man den anderen nicht mehr erkennen und von sich unterscheiden konnte. In seinem Zimmer hingen Poster, auf denen mit harten Militärstiefeln bewehrte Männer Wolkenkratzer eintraten und mit der bloßen Faust Städte verwüsteten. In den Therapiegesprächen zeigte er eine Haltung, die man als "folgsam" bezeichnen konnte. Er stimmte stets zu, aber man hatte das Gefühl, keine wirkliche Verbindung zu ihm hergestellt zu haben.

Ein Bild von seinem Vater wurde ihm nur über die Erzählungen der Mutter vermittelt. Das Bild, das die Mutter von ihrem Mann in sich trug und in den Gesprächen mit dem Sohn entwarf, wurde zu seiner Vaterrepräsentanz. Aber er mußte hören, daß er offenbar einen schlechten Vater hatte. So war auch die mütterliche Vermittlung des Vaters für den Patienten nicht annehmbar. In diesem Zusammenhang ist ein Traum interessant, in dem er sich im Schlafzimmer der Großmutter träumt.

Der Patient wird von gewaltigen Männern in schwarzer Robe (er studierte Theologie) abgeholt und in den Keller gebracht. Dort soll er Menschen hinter Gittern befreien, was ihm nicht gelingt. Er wird zurück in das Zimmer der Großmutter gebracht und stellt fest, daß der Fußboden dort weich ist und Löcher hat, in denen man versinken kann.

Man hätte für den Patienten gehofft, daß die Intervention "der Männer in schwarzer Robe" erfolgreich verlaufen wäre und der Patient nicht in den Bereich der Mütter, in dem es zwar weich war, in dem man aber auch versinken konnte, zurück mußte. Sein Traum beschrieb aber den regresssiven Weg, und ich mußte an diesen Traum denken, als ich einige Monate nach der Entlassung des Patienten erfuhr, daß er sich - wahrscheinlich im Zuge der Trennung von der Freundin - suizidiert hatte. Offenbar war es uns, den Therapeuten, die wir zwar nicht mit Robe und Kittel ausgestattet, aber dennoch vom Patienten mit dieser Aufgabe betraut waren, nicht gelungen, ihn zum Beschreiten einer Alternative zu befähigen. Als wir ihn entließen, wußte er anscheinend noch keinen anderen Weg als den zurück zu den symbiotischen Objekten, von denen er gesagt hatte, daß er sich nur durch einen Suizid von ihnen würde lösen können.

Dieser Patient versuchte auf vielfältige Weise alles Trennende zwischen sich und anderen zu eliminieren. Auf der anderen Seite stellte er aber auch Trennendes her, und zwar dadurch, daß er zerstörte: seine Haut, Städte in der Phantasie und dann sich selbst durch Suizid.

Ich will jetzt einem Hinweis nachgehen, den dieser Patient in seiner Anamnese und in Wiederholungsträumen gab, und nach der Bedeutung des Vaters für die Entwicklung jener psychischen Strukturen fragen, die die Selbst-Objekt-Abgrenzung ermöglichen.

Die Trennung in ein Selbst und ein Nichtselbst kann das symbiotische Paar nicht aus sich heraus allein bewerkstelligen. Es muß zur Einleitung dieses Prozesses und zu dessen erfolgreicher Durchführung eine dritte, "triangulierende" Person hinzukommen. Diese dritte Person muß die Voraussetzungen dafür mitbringen, daß das Kind eine qualitativ andere Beziehung zu ihr aufnehmen kann als zum Primärobjekt. Ist diese Voraussetzung erfüllt, wird ein Prozeß eingeleitet, der hilft, die symbiotische Beziehung zu öffnen. Eva hatte zum primären Objekt Gott ausreichende Distanz, da sie sich ausreichend unterschied, und konnte so die Loslösung des Adam einleiten. Das sich individuierende Kind wird durch ein solches Objekt in die Lage versetzt, eine weitere Valenz auszubilden und sich diesem weiteren Objekt zuzuwenden. Da es in der Regel die Mutter ist, die sich auf die symbiotische Beziehungsform einstellt, kommt die triangulierende Funktion meist dem Vater zu. Bei erfolgreicher Triangulierung hat das Kind gleichzeitig sowohl zur Mutter als auch zum Vater eine Beziehung, die es als unterschiedlich erlebt und sie deshalb nicht gegeneinander abwägen und ausspielen muß.

Mit der Erforschung dieser Prozesse haben sich verschiedene Autoren beschäftigt. ABELIN (1975, 1986), der an dem Institut von MARGARET S. MAHLER Beobachtungen machte, entwickelte das Konzept der frühen Triangulierung. Ist der Vater für das Kind wenig verfügbar oder ist die Beziehung zwischen den Eltern gestört und geht es dann darum, wer zum Kind die bessere Beziehung hat - das Kind kann dann das Gefühl haben, Partei ergreifen zu müssen - kann es kein "Sowohl-als-Auch" geben, sondern nur ein "Entweder-Oder". Die Beziehung zum Vater stellt dann keine Ergänzung und Bereicherung dar, sondern bekommt den Charakter einer neuen symbiotischen Alternative. Extremer ist von den Voraussetzungen her die Situation dann, wenn der Vater überhaupt nicht vorhanden ist, wie in dem eben beschriebenen Fallbeispiel.

Man kann sich fragen, welche Reaktionen notwendig werden, wenn, bedingt durch mangelnde Verfügbarkeit des Vaters, die Grenzen zwischen Selbst und Objekt nicht ausreichend sicher etabliert sind und bei stärkeren Belastungen "nachgeben". Menschen, die über diese psychische Struktur (die Fähigkeit, zu zwei Menschen gleichzeitig eine Beziehung aufnehmen zu können, ohne das Gefühl zu haben, die eine oder die andere dann zu verraten) nicht ausreichend verfügen, müssen notwendigerweise Schwierigkeiten in der Regulation ihrer Nähe-Distanz-Wünsche bekommen. Sie befinden sich in einem ganz bestimmten Dilemma, auf das ich schon hingewiesen hatte:

- Da sie aufgrund ihrer noch symbioseähnlichen Beziehungserfordernisse auch kürzere Zeitspannen ohne direkte Anwesenheit eines Objekts nur schwer aushalten, müssen sie Beziehungen suchen, in denen sie sehr eng mit dem Objekt verwoben sind.

- Da sie aber gleichzeitig aufgrund ihrer mangelnden Abgrenzungsfähigkeiten sehr leicht in die Nähe von Verschmelzungszuständen geraten, wodurch ihre Ich-Identität bedroht wäre, müssen sie gleichzeitig eine zu enge Verbindung mit dem Objekt meiden und nach Präventivmaßnahmen suchen.

In dem genannten Fallbeispiel sagt der Patient, daß er sich nur durch einen Suizid von der Mutter würde trennen können. Ob sein später erfolgter Suizid in diesem Dienste stand oder Ausdruck einer Verschmelzungsphantasie war, muß offen bleiben. Er hatte den Weg zum Vater nicht gefunden. Er konnte sich jenen Selbstanteil, der noch hinter Gittern war und ihm nicht zur Verfügung stand, nicht zugänglich machen, wenn auch sein Unbewußtes bereits um dessen Notwendigkeit wußte und auch wußte, daß der Weg über ein drittes, väterliches Objekt gehen muß.

In seiner Therapie sprach der Patient davon, die Beziehung zu seinem Vater wieder aufnehmen zu wollen, aber er tat es nicht. Im Gegenteil, unsere Vorschläge, daß er sich oder wir uns an seinen Vater wenden sollten, um ihn zu einem Gespräch einzuladen, beantwortete der Patient ausweichend mit einem "ja, vielleicht, aber noch nicht". Bleibt zu fragen, warum wir es nicht trotzdem taten. Waren wir hier lediglich dem manifesten Wunsch des Patienten gefolgt, oder hatten wir uns unbewußt mit der den Vater ausgrenzenden Restfamilie identifiziert und waren auf diese Weise gegen unsere bewußte Intention zu Mitakteuren eines Familiendramas geworden? Natürlich ist eine solche Frage schwer und kaum allein zu beantworten. Mitentscheidend in der Behandlung von schweren Persönlichkeitsstörungen ist die Supervision, um den eigenen, die Therapie immer mitbestimmenden blinden Flecken auf die Spur zu kommen.

3. Das Entweder-Oder:
Beziehungsgestaltungen auf
Borderline-Funktionsniveau

Im Übergangsbereich I ging es um die Unsicherheit, aus dem Primärprozeß in den Sekundärprozeß des Tages, der Struktur, der Grenzziehungen, des Ich und des Du zurückzufinden. Man könnte abstürzen, sich verirren oder im anderen verlorengehen. Kinder erleben diese Fragen noch ganz unmittelbar und wollen wissen, ob man wieder aufwacht, wenn man einschläft, ob man wiedergefunden wird, wenn man sich versteckt.

Sind nun Selbst und Nichtselbst ausreichend sicher voneinander getrennt, ergibt sich eine andere, ebenso existentielle Frage. Auch jetzt kann man verlorengehen, allerdings nicht mehr *im* anderen, sondern *vom* anderen. Nicht "*ich* habe mich verloren", sondern "*er* hat mich verloren", heißt es jetzt. Die Frage, die gelöst werden muß, lautet nicht mehr:

- Wie sicher bin ich vom anderen getrennt? (präpsychotisches Niveau),
sondern
- Wie sicher bin ich im anderen repräsentiert? (Borderline-Funktionsniveau).

Kleine Kinder werden nicht müde, Spiele zu erfinden, in denen es um diese Frage geht (Guck-Guck-Spiel, sich suchen, oder sich fangen lassen, Versteckspiele). FREUD (1920) beobachtete das Spiel mit der Holzspule, welche das Kind wegwarf und wieder heranholte und sich so vergewisserte, daß es den passiv erlittenen Verlust der Mutter immer wieder rückgängig machen und darüber hinaus selbst kontrollieren konnte. Kinder verstecken sich, um sich suchen und vor allem, um sich finden zu lassen. Und sie wollen Geschichten hören, in denen junge Tiere sich verlaufen und wiedergefunden werden. Sie vergewissern sich so immer wieder, daß es im anderen ein Bild von ihnen gibt, welches das Gefühl des Vermissens hervorruft und die Suche in Gang setzt. Wahrscheinlich ist es für die meisten Menschen wichtig, in einem anderen Menschen ein gutes Bild von sich zu wissen. Und wenn Zweifel bestehen, wird viel eingesetzt, um eine eindeutige Antwort zu bekommen. Dieser andere muß nicht der Gegenwart angehören, aber es muß ihn einmal gegeben haben. In dem primären, unserem ehemals einzigen und lebensentscheidenden Objekt können wir auf eine gute Repräsentanz von uns nicht verzichten. Der Wunsch, zu leben, ist sonst schwer vorstellbar. Bestehen hier Zweifel, so werden Aktivitäten zu erwarten sein, den anderen zu einer wohlwollend-anerkennenden Person zu machen, und man wird in einer solchen vitalen Situation unter Umständen mit extremen Maßnahmen rechnen müssen. In den Waisen- und Adoptionsphantasien, in der Vorstellung, krank zu sein, einen Unfall zu haben, tot zu sein, steckt neben anderen Aspekten vor allem auch die Frage danach, ob es jemanden geben wird, der einen bedauert oder vermißt und der einem das lebensnotwendige Signal gibt, ihm nicht gleichgültig zu sein. In der Suizidalität und im Suizid setzen Menschen ihr Leben ein, um dieses Signal hervorzurufen.

Vorläufer der Integration:
Der Traum von den beiden Flüssen

Im Kapitel über fusionäre und antifusionäre Suizidalität ging es um Suizidalitätsformen, die ihren Sinn aus den Verschmelzungs- und Distanzierungswünschen und den mit ihnen korrespondierenden oder auf diese Wünsche antwortenden Ängsten beziehen. Genetisch entspricht ihnen der Übergangsbereich I, in dem die Trennung von Selbst und Nichtselbst geleistet werden muß.

Im Verlauf der weiteren Entwicklung wird mit dem Erwerb der Fähigkeit, zwischen Selbst und Nichtselbst zu unterscheiden, ein bereits besseres psychisches Funktionsniveau erreicht. Über diese Fähigkeit verfügt das Individuum auf dem präpsychotischen Niveau noch nicht sicher und ist daher im Zuge regressiver Entwicklungen auch nicht ausreichend vor einem Überschreiten der Grenze zur Fusion hin geschützt. Haben aber die psychischen Entwicklungsprozesse den zweiten Differenzierungsschritt (das getrennte Erleben von Selbst und Nichtselbst) bewältigt, so verfügt das Kleinkind bereits über zwei Möglichkeiten der Objekt- und der Selbstinterpretation. Objekte können entweder "gut" (gewährend, anerkennend, liebend) sein, oder sie sind "böse" (versagend, mißbilligend, gleichgültig). In vergleichbarer Weise kann das Subjekt sich entweder als gut oder als schlecht erleben. Ein *gleichzeitiges* Wahrnehmen von guten und schlechten Eigenschaften an *einem* Objekt irritiert und ängstigt aus subjektiv sehr triftigen Gründen.

Dazu das folgende Beispiel:
Eine Patientin träumte in den ersten Monaten ihrer Analyse, daß sie nach Überwindung mannigfacher Schwierigkeiten, bei denen sie ein Mann an die Hand nimmt, sie begleitet und ihr sagt, daß sie keine Angst vor den Verfolgern zu haben brauche, schließlich an einen Kanal mit silbrig-weißem Wasser gelangt. Auf dem Wasser befindet sich ein Boot, in dem ein Mann sitzt und langsam rudert. Ihr Begleiter sagt: "Am Ende der Straße treffen wir uns wieder".

Wenn man einmal davon ausgeht, daß mit diesem Begleiter, oder auch mit dem Bootsmann ich oder Teilaspekte von mir gemeint waren, so sollten wir uns tatsächlich am Ende dieser Straße, die den silbrig-weißen Kanal entlangführte, wiedertreffen. Und zwar an einer Stelle, an der dieses silbrig-weiße Wasser endete und sich mit seinem Gegenteil, einem dunklen, schmutzigen Fluß, durchmischen wollte.

Einige Jahre später tauchte das Flußmotiv in einem weiteren Traum wieder auf.

Die Patientin berichtet: "Um mich herum nur Wüste. Rechts und links von mir ein Fluß. Ich stehe dazwischen auf einer grünen Insel. Der eine Fluß ist silbrig-weiß und rein, der andere dunkel und schmutzig. Vor mir wollen beide Flüsse zusammenfließen, aber das darf nicht sein. Ich habe beide Hände voll zu tun, die Flüsse auseinander zu halten. Es gelingt mir aber nicht. Ich habe Angst, daß mich alles überschwemmt. Dann kommen Sie dazu und lächeln, und meine Angst geht weg. Sie helfen mir aber nicht, die Flüsse getrennt zu halten, und ich ärgere mich über Sie."

Dieser Traum enthält bereits erste Integrationsansätze. Im Vergleich zum Beginn ihrer Analyse, als es lediglich einen einzigen, und zwar reinen Fluß (damals noch Kanal) gab, ist ein weiterer von entgegengesetzter Qualität hinzugekommen. KERNBERG (1981) schreibt, daß die erste Objektrepräsentanz im "guten Pol" erfolgt (ihr guter Begleiter, der reine Kanal). Erst später, wenn das Ich weiter erstarkt ist, wagt es, den negativen Objektpol mit aufzunehmen und als Repräsentanz abzubilden, wie im zweiten Traum geschehen. Die Entwicklung und Stärkung des Ich dieser Patientin spiegelte sich in der Gestaltung ihrer Träume wider. Anfängliche Träume, in denen ein ihr anvertrauter, halb verhungerter Säugling nicht mehr in der Lage war, durch Schreien auf seinen Zustand aufmerksam zu machen, wiesen auf den Abzug ihrer libidinösen Objektbesetzungen hin; Träume, in denen Hochhäuser nur mit brüchigen und zerfallenen Treppenhäusern, durchhängenden und eingebrochenen Stufen und Fußböden ausgestattet waren, symbolisierten ihre desolate innere psychische Struktur, die ihr die erforderlichen regulierenden Funktionen für stabilere Objektbeziehungen noch nicht zur Verfügung stellen konnte. In späteren Träumen wurden in Häusern Innenarbeiten ausgeführt, und dann verfügte sie in einem dieser Häuser bereits über ein eigenes, mit Tisch und Stuhl ausgestattetes Zimmer. All dies war offenbar Folge psychischer Reifungs- und Strukturierungsprozesse, die schließlich im Traum der beiden Flüsse ihren Ausdruck fanden. Ihre Psyche war jetzt in der Lage, "Schlechtes" in sich zu spüren, hatte dieser Objektqualität im Bild des schmutzigen Flusses eine Metapher gegeben, es durch Symbolisierung faßbar und verbalisierbar gemacht und so die Voraussetzungen für die Bildung einer negativen Repräsentanz geschaffen. Eines konnte sie jedoch noch nicht ertragen: Die Flüsse durften nicht ineinander fließen. Ihre ganze Aktivität galt dem Getrennthalten der zueinander und auf Durchmischung hinstrebenden Gegensätze. Aber ich half ihr bei diesen Trennungsversuchen nicht, sondern stand daneben und schaute ihr zu, wobei das Lächeln, das sie in mir sehen konnte, vielleicht hieß, daß sie auch etwas Positives darin ahnte, daß ich ihr Bemühen, ihre bisherigen Bewältigungsstrategien aufrechtzuerhalten, nicht unterstützte. Offenbar wußte sie bereits, daß sie einen anderen Weg als den des aktiven Getrennthaltens gehen mußte. Aber es lag noch ein längerer Weg vor ihr, bis sie die gleichzeitige Begegnung beider Welten wagen konnte.

Warum interpersonelle und nicht intrapsychische Konflikte?

Trotz der provokanten These, die McDOUGALL (1985, S.297/98) zufolge, WINNICOTT einmal geäußert haben soll, nämlich: "Neurotisch oder narzißtisch? Diese Unterscheidung hat nichts mit den Patienten zu tun. Sie betrifft vielmehr die Analytiker, die entweder neurotisch oder narzißtisch sind", scheint es mir wichtig, sich ein Bild von der intrapsychischen Struktur des Patienten machen zu können, zum Beispiel mit der Frage, warum manche

Patienten mehr zu intrapsychischen, andere mehr zu interpersonellen Konflikten neigen.

Da sich das Subjekt im Übergangsbereich vom Borderline-Funktionsniveau zum Niveau der Integration die Kategorie des "Sowohl-als-Auch" erst erwerben muß, kann ein Konflikt zwischen "gut" und "schlecht" vorerst immer nur interpersonell gedacht werden, muß doch eine dieser beiden Qualitäten immer bei einer externen Person liegen. Zu einem gegebenen Zeitpunkt bin ich immer nur eines von beidem, ebenso wie die Objekte, mit denen ich zu tun habe. Gut und Schlecht können intrapsychisch noch nicht miteinander in Konflikt geraten, weil immer nur eines von beiden zu einem Zeitpunkt im psychischen Innenraum existiert. Man ist Dr. Jekyll *oder* man ist Mr. Hyde. Diese beiden antithetischen Selbstrepräsentanzen geraten noch nicht miteinander in Konflikt, da sie noch nicht umeinander wissen. Einer von beiden wird stets außerhalb des Selbst gehalten und in einer anderen Person gesucht und gesehen oder dort hergestellt. Auf dieser Entwicklungsstufe geraten Patienten daher leicht auch dort in zwischenmenschliche Konflikte, wo andere in sich selbst einen Konflikt erleben und Ambivalenz entwickeln würden. Die jeweils gegensätzlichen Eigenschaften dürfen nicht zeitgleich die Bühne des bewußten Ich betreten. Wohin aber mit dem Gegenpol, wenn er zu einem gegebenen Zeitpunkt nicht toleriert werden kann und daher abgespalten werden muß? Hierauf gibt das Konzept der projektiven Identifikation eine ebenso einfache wie klare Antwort: Die nicht tolerierbaren Eigenschaften werden in einer anderen Person "untergebracht". Sind sie dort erst einmal deponiert, kann sich der Konflikt nun interpersonell entfalten. In der Behandlung von Borderline-Patienten ist es wichtig, sich diese Verhältnisse klarzumachen. Es hilft einem, ein Gefühl dafür zu entwickeln, daß immer dann, wenn sich die häufig so schweren Konflikte in den Behandlungen einstellen, man als eine außen liegende psychische Teilstruktur des Patienten fungiert. Neurotische Patienten handeln dieses intrapsychisch ab. Borderline-Patienten dagegen benötigen ihren Therapeuten in der besonderen Funktion des *externen Konfliktpartners*, beispielsweise als externalisiertes Über-Ich, das beim neurotischen Patienten als *interner Konfliktpartner* fungiert.

Objektkonstanz als ein Ziel der frühkindlichen Entwicklung

Mit Entwicklung der Objektbeziehungstheorien fand der Begriff "Objektkonstanz" (HARTMANN 1972) im klinischen Alltag zunehmend Verwendung. Unter Objektkonstanz versteht man die Fähigkeit des Subjekts, ein soziales Objekt auch dann als existent und verläßlich zu erleben, wenn es physisch nicht anwesend ist. Der zur Bildung dieser Struktur notwendige Entwicklungsschritt ist von den einzelnen Autoren entsprechend ihrer unterschiedlichen theoretischen Perspektive verschieden bezeichnet worden (*depressive Position* bei MELANIE KLEIN [1946], *ambivalentes Stadium* bei ABRAHAM [1924], *Bildung des Objekts im eigentlichen Sinne* bei SPITZ [1973]). Für KERNBERG (1978), dessen theoretischer Ansatz sich am stärksten durchgesetzt hat, geht es um die Bildung stabiler (integrierter) Selbst- und Objektrepräsentanzen, um eine psychische Struktur also, die sich in Form eines verläßlichen inneren Abbildes des äußeren Objekts zeigt. Umgekehrt vertraut das Subjekt darauf, auch beim Objekt verläßlich repräsentiert zu sein. Objektkonstanz ermöglicht, zwischen Abwesenheit des Objekts und seiner Existenzlosigkeit, zwischen Getrenntsein und Verlassensein zu unterscheiden. Eine stabile Repräsentanz ist möglich, wenn angenehme und unangenehme Seiten als Teile des gesamten Objekts beziehungsweise Subjekts akzeptiert und toleriert werden. Nicht selten erlischt aber mit Abwesenheit des Therapeuten auch das innere Bild von ihm, so, als habe er nie existiert. Oder es ist so, daß Urlaube und Dienstreisen nicht als Folge seiner Wünsche, Interessen und Verpflichtungen erlebt werden, sondern als ein speziell gegen den Patienten gerichteter ("böser") Akt. Der sich kümmernde und verstehende Therapeut ist gut und meint es gut; der abwesende, Zeit und Aufmerksamkeit vorenthaltende Therapeut ist schlecht und meint es schlecht. Solche Interpretationen sind insbesondere von Borderline-Patienten vielfältig bekannt und werden klinisch als Spaltung beschrieben. Das Objekt wird dann nach ähnlichen Prinzipien wie das Selbst erlebt. So fährt zum Beispiel der Therapeut nur deswegen weg (ist also schlecht), weil der Patient in seinen Augen schlecht, minderwertig und uninteressant ist. Der anwesende (gute) Therapeut hingegen zeigt dem Patienten durch seine Anwesenheit, daß er ihn für gut, interessant und liebenswert hält.

Objektkonstanz beschreibt die Fähigkeit, in den Bezugspersonen wie auch in sich selbst positive und negative Seiten als Eigenschaften ein und derselben Person zu erleben. Ein solches Objekt verdient insofern das Adjektiv "konstant", als das Subjekt sich vor Kränkungen nicht mehr dadurch schützen muß, daß es das Objekt abwertet, um es dann, da wertlos geworden, fallen zu lassen. Patienten, die zur Entwicklung stabilerer und konstanterer Beziehungen nicht ausreichend in der Lage sind, werden leicht von Objektverlust bedroht, und zwar auf zweifache Weise. Einmal müssen aufgrund der enttäuschungsbedingten Objektentwertungen schnell neue und neu idealisierbare Objekte gesucht werden. Zum anderen wird durch diesen Entwertungsprozeß auch die intrapsychische Repräsentanz des Objekts beeinträchtigt, so daß es, selbst bei physischer Anwesenheit, nicht mehr als verläßliches Bezugsobjekt erlebt werden kann. Das bedeutet, daß Patienten, denen die intrapsychischen strukturellen Voraussetzungen zur Objektkonstanz fehlen, stärkeren Objektverlustängsten ausgesetzt sind als Patienten mit mehr Struktur in diesem Bereich.

Wer mit suizidalen Patienten gearbeitet hat, kennt den ultimativen Charakter, mit dem Suizidalität Patient und Therapeut aneinander bindet. Es scheint daher plausibel, daß in Phasen bedrohter Objektbeziehungen Suizidalität als ultima ratio eingesetzt wird, um dem Verlust des Objekts entgegenzuwirken - "innerlich", das heißt auf der Repräsentationsseite und "äußerlich", interpersonell.

Die Entwicklung eines konstanten inneren Objekts in der Therapie ist ein für Patienten und Therapeuten gleichermaßen schwieriger Weg und ein aufreibender Prozeß, bei dem die Mobilisierung von Affekten in einem zeitweise für beide Seiten schwer zu ertragenden Ausmaß die Regel ist. Die Verarbeitung und Integration dieser Affekte stellt einen wesentlichen Teil der Therapie dar.

Objektkonstanz beginnt im anderen

Durch ihre bejahenden Reaktionen zeigen Eltern ihrem Kind nicht nur, daß sie seine einzelnen Bedürfnisse wahrnehmen, beispielsweise seinen Hunger, seine Müdigkeit, seinen Wunsch, geschaukelt zu werden, oder etwas erzählt zu bekommen, sondern auch, daß sie eine Vorstellung davon haben, daß all diese verschiedenen Bedürfnisse zusammengehören und ihr Kind als Gesamtperson ausmachen. Im Laufe ihrer Beschäftigung mit ihrem

Kind, durch ihre Interaktion mit ihm, gewinnen sie eine Vorstellung seines Wesens. Und mit diesem sich fortlaufend weiter entwickelnden Bild begegnen sie ihm.

Bevor so das kleine Kind in der Lage ist, sich ein Bild von sich zu machen, muß es erfahren haben, daß es im anderen bereits ein Bild von ihm gibt.

Einer Patientin, auf die ich gleichgültig wirkte, sagte ich in dieser Situation: "Ich nehme Sie nicht richtig ernst".

Aber sie korrigierte mich und erwiderte: "Sie nehmen mich nicht richtig *wahr*"; und hat damit auf etwas Zentrales hingewiesen.

Erst durch das Wahrgenommenwerden durch einen anderen Menschen fühlen wir unsere Existenz. Erst durch die Erfahrung, im anderen eine Gestalt erhalten zu haben, können wir die eigene formen und dadurch die Voraussetzungen erwerben, zu einem reflexiven Wesen zu werden, das Dinge mit sich bespricht. Und wenn ich erlebe, daß der andere in der Lage ist, ein Bild von mir in sich zu haben, werde umgekehrt auch ich ein Bild von ihm in mir entwickeln können. Ich werde dann neben dem äußeren auch noch einen inneren Dialog mit dem anderen und mit mir führen können. Wenn so Zeiten der Abwesenheit des äußeren Objekts nicht mehr dessen Existenzlosigkeit bedeuten, werde ich sie besser aushalten oder auch wünschen können. Alleinsein wird dann nicht mehr Verlassensein heißen müssen.

Eine Patientin verließ immer dann ihren Wohnort nicht, wenn ich im Urlaub war. Sie bekam sonst Angst bis hin zu Panik. Wir kamen darauf, daß es ihr wichtig war, daß ich stets wußte, wo sie war. Das Gefühl, ich könne sie nicht lokalisieren, rief Panik in ihr hervor. War ich zu Hause, war es ihr eher möglich, sich zu entfernen. "Einer von uns", war die gemeinsame Formel, "muß Wache halten".

In solchen Therapiephasen lassen sich manche Handlungen der Patienten auf dem Hintergrund verstehen, daß es ihnen wichtig ist, eine Repräsentanz des eigenen Selbst im anderen zu erzeugen. Sie wünschen dann zum Beispiel, dem Therapeuten etwas Reales zu geben, was er vielleicht auf seinen Schreibtisch stellen kann, oder bei sich trägt, und es wäre ein Fehlverständnis von Abstinenz, solche Repräsentationsvorläufer nicht anzunehmen.

Die eben genannte Patientin, der es wichtig war, daß ich mir in meinem Urlaub vorstellen konnte, wo sie sich befand, sagte umgekehrt von sich:

"Ich muß Sie irgendwo hindenken können auf der Landkarte oder in meinem Kopf. Wenn ich mir nicht vorstellen kann, wo Sie sind, werde ich unruhig. Ich schaue dann auf die Landkarte und werde wieder ruhiger. Sonst verschwinden Sie. Das Gefühl, ich könnte Sie nicht mehr erreichen in meinem Kopf, löst Panik in mir aus. Wenn ich nicht weiß, wo Sie sind, könnten Sie überall sein, und das ist zu viel."

Die psychische Konstanz des Objekts ist noch ganz an seine äußere, geographische Konstanz geknüpft. Auf meine Frage, was wäre, wenn sie nicht wüßte, wo ich hinfahre, antwortete sie:

"Es wäre ein Schock. Ich würde es nicht begreifen. Erst käme Angst, Protest und Verzweiflung, dann Erschöpfung und totale Leere. Vor einigen Jahren war meine Angst vor Ihrem Urlaub noch stärker. Es war wie ein Verrat, nein Verrat war es nicht, dann wäre ich noch wütend geworden und hätte Sie gehaßt. Das ist hierbei aber nicht so."

Später trat eine Veränderung ein. Erste Keime einer Objektrepräsentanz, die auch meine Abwesenheit überdauerten, ohne zu verblassen, schienen sich gebildet zu haben. In den letzten Behandlungsstunden vor einem Urlaub stellte sich die Patientin vor, ich würde aus irgendwelchen Gründen nicht zurückkehren, einen Unfall haben, in ein Schneeloch fallen, ein Bein brechen. Vielleicht würde man meinen, man müsse hier primär die dem Analytiker geltende Aggression bearbeiten, die negative Übertragung, den Wunsch, ich möge tot sein, weil ich sie verließ. Die weiteren Phantasien der Patientin wiesen aber zunächst in eine andere Richtung: Sie stellte sich vor, mich dann telefonisch ausfindig zu machen oder sogar hinzufahren und mich aufzusuchen. Die Phantasien von einem Unfall dienten der Patientin dazu, sich selbst auf das Objekt zuzubewegen. Sie war jetzt nicht mehr meinem möglichen Nichtwiederkommen oder Zuspätzurückkommen ohnmächtig ausgeliefert, sondern konnte sich vorstellen, selbst aktiv zu werden. Die Stimmung in diesen Vorurlaubssitzungen war nun anders als sonst: weniger panikartige Einbrüche, sondern eher das Bedauern, daß ich wegfahren würde, und die lustvoll besetzte Vorstellung, hinzufahren und mich zu besuchen. Ich war sicher, daß ihre Suizidalität, an deren Rand sie sich so häufig bewegte, zurückgehen würde, da sie sich nicht mehr dem passiven Gefundenwerden ausliefern mußte, sondern aktiv auf Suche gehen konnte.

In der Menge untergehen

Ein spezieller Aspekt der Angst vor Objektverlust bezieht sich auf die Angst, sich in der Wahrnehmung des anderen von anderen Menschen *nicht zu unterscheiden*. Man wird dann zwar gesehen, aber nicht erkannt. Der andere ist zwar da, und man selbst ist in seiner Nähe, aber dennoch ist man nicht bei ihm, da er einen nicht von den anderen unterscheiden und daher auch nicht als Person wahrnehmen kann. Man ist wie alle anderen, anonym, ohne Namen. Man ist nicht etwa einer unter vielen. Dann wäre man zwar vielleicht nicht besonders wichtig, aber wenigstens doch unterscheidbar und erkennbar. Man ist vielmehr identisch mit den anderen, sozusagen Element eines Clons, einer von vielen identischen, eineiigen therapeutischen Zwillingen. Wenn sich in solchen Behandlungsphasen der Patient in irgendeiner Weise anders verhält als sonst, etwas tut, von dem er annimmt, daß andere Patienten es nicht tun, vielleicht den Mantel, anstatt wie sonst ihn draußen im Wartezimmer aufzuhängen, jetzt mit ins Behandlungszimmer nimmt, wenn er entgegen seiner sonstigen Gewohnheit zu früh oder zu spät kommt, sich in besonders auffälliger Weise kleidet, können solche Verhaltensweisen einfach zum Ziel haben, *identifizierbar* zu sein, um vom anderen erkannt zu werden. Die Patienten suchen nach einem Unterscheidungsmerkmal für den Therapeuten und nach einer Identifikationshilfe für sich. Solches Verhalten als "Agieren" zu bezeichnen greift zu kurz.

Eines Tages ärgerte sich die im vorigen Abschnitt erwähnte Patientin darüber, daß es bei mir wie am Fließband zuginge, wie in einem Taubenschlag. Der Anlaß war, daß sie einen Patienten bei mir sah, den sie vorher noch nicht gesehen hatte. Wütend kam sie in die Stunde und beschimpfte mich:

"Sie würden ja nicht einmal merken, wenn jemand anderes dasteht, oder wenn ich gar nicht komme, weil Sie so viele Patienten haben."
Nachdem sie sich etwas beruhigt hatte entgegnete ich: "Wenn das so ist, hieße das ja auch, daß ich das Bild, das ich von Ihnen habe, nicht lange aufrechterhalten kann, so daß es schnell wieder verblaßt".
Sie: "So ist es, und das führt dazu, daß Sie das, was Sie von dem einen Patienten hören, mit dem nächsten verwechseln".
Ich: "Dasjenige, was Sie persönlich ausmacht, sehe ich also nicht".
Sie: "Das kann ja auch nicht anders sein in einem Taubenschlag oder in einem Massenbetrieb wie dem hier."

Ich: "So ist das hier. Dann geht es mir jetzt offensichtlich ähnlich wie Ihnen in dem Traum von der letzten Stunde". (Die Patientin hatte sich in einem Flugzeug geträumt, unter ihr eine riesige Masse von Menschen, die alle gleich aussahen).

Nach einer Weile sagte sie: "Das Komische ist, daß ich das nur hier so erlebe. Draußen oder im Auto ist es ganz anders. Da weiß ich, daß Sie anders sind, daß es gar nicht so ist mit den vielen Leuten. Aber hier wimmelt alles durcheinander, und ich habe das Gefühl, daß Sie gar nicht wissen, wer ich bin."

Wichtig ist, die Wut und die Abwertungstendenzen (Taubenschlag, Massenbetrieb) in dem konstruktiven Kontext aufzugreifen, in dem sie stehen: Der Wunsch nach mehr sozialem Leben und danach, von einem anderen Menschen als unverwechselbares Individuum wahrgenommen zu werden.

In der Menge unterzugehen ist nicht nur die Befürchtung, mittelmäßig zu sein, ist nicht nur eine Kränkung des Narzißmus, sondern ist auch die auf das Selbst gerichtete Angst, nicht zu existieren. *Einmalig sein* ist hier nicht als Größenphantasie zu verstehen, sondern als eine für jeden nach Individuation strebenden Menschen unverzichtbare Erfahrung und Voraussetzung zur Bildung einer Kernidentität. Das "Ich bin anders als andere" ist Ausdruck eines für die Individuation notwendigen Grundgefühls. Wiederauffindbarsein, Wiedererkanntwerden, Verortbarsein, eine Spur hinterlassen, sind Beschreibungen für dieses Grundbedürfnis. Eine stationär aufgenommene Patientin versteckte in der letzten Sitzung vor dem Urlaub ihrer Therapeutin eine Murmel in ihrem Therapiesessel. In der ersten Sitzung nach Rückkehr der Therapeutin griff sie zwischen Polster und Lehne und holte die Murmel hervor. Lächelnd zeigte sie sie ihrer Therapeutin und sagte: "Ich bin froh, daß sie noch da ist".[7] Die Patientin hatte etwas hinterlassen, was sie repräsentierte.

Zwei Formen des Objektverlusts auf Borderline-Funktionsebene

Bevor ich mich den Suizidalitätsformen des zweiten Übergangsbereichs zuwende, will ich einiges zu den speziellen Ängsten dieses Strukturniveaus sagen.

---

7   Dieses Beispiel verdanke ich RUTH MÜLLER-KIND.

Kehren wir zum Bild der beiden getrennt voneinander zu haltenden Strömungen zurück, der reinen und der unreinen, oder, in den üblichen Bezeichnungen der Objektbeziehungstheorie, der guten und der bösen Selbst- und Objektrepräsentanz. Warum war es der Patientin wichtig, beide Flüsse getrennt zu halten, und warum bekam sie Angst, als sie sah, daß es ihr nicht gelang? Die Antwort ist, daß ein solcher Zusammenfluß noch nicht zu einer neuen Qualität von Objekt und Selbst geführt hätte, also zu einer Struktur, die sich als Objektkonstanz zeigt. Vielmehr mußte sie fürchten, daß mit dem Untergang des reinen Flusses die Vernichtung des Guten schlechthin verbunden war und ihr Ich Schaden nahm, daß sie "alles überschwemmt". Beides war bedroht: ihr eigenes gutes Selbst und ihre guten Objekte.

Auf der Entwicklungsstufe unzureichend integrierter positiver und negativer Selbst- und Objektrepräsentanzen geht es um die grundsätzliche Unsicherheit, ein Objekt wirklich halten zu können. Wird man es doch immer wieder dann vernichten müssen, wenn man beim anderen sogenannte schlechte Eigenschaften entdeckt, das heißt, man wird das Objekt abwerten und sich von ihm abwenden, weil es nicht so ist, wie man es braucht und wie es die bisherige Erfahrung mit ihm doch auch verhieß.

Bei diesem Vorgang geht es um mehr als um eine Enttäuschung am Objekt. Dem Objekt werden ja noch keine eigenständigen Eigenschaften zuerkannt. Es fungiert vielmehr noch überwiegend als Selbstobjekt, es substituiert lediglich Funktionen für das Subjekt. Eine der Hauptfunktionen besteht aber darin, dem Subjekt immer wieder für die Vergewisserung zur Verfügung zu stehen, daß es auf gute Weise im Objekt repräsentiert ist. Wenn man, vielleicht etwas willkürlich, eine "Selbstrepräsentanz der Existenzberechtigung" annimmt, so ist es diese Funktion, die das Selbstobjekt so lange übernehmen muß, wie sie im Subjekt fehlt. Ziel des therapeutischen Prozesses ist es unter anderem, diese Selbstrepräsentanz als stets zur Verfügung stehende Struktur im Subjekt zu entwickeln. Fehlt sie, müssen die Objekte häufig gewechselt werden, wobei man sich manchmal vielleicht nicht genügend klar macht, daß dem Subjekt oft nichts anderes übrig bleibt, als ein anderes Objekt zu suchen, geht doch durch ein enttäuschendes Objekt das Gefühl der Existenzberechtigung verloren. Fast zwangsläufig muß daher ein neues und von neuem idealisierbares Objekt gesucht werden, das dieses Gefühl vermittelt.

Der zweite Verlustweg verläuft über die Überzeugung, daß

sich auch das Objekt, wenn es gewahr wird, wie man selbst wirklich ist, nämlich uninteressant, langweilig und dabei gierig und voller Wünsche, enttäuscht und verächtlich von einem abwenden wird. Vielleicht wird es sogar die Flucht ergreifen, um sich vor der Gier des Subjekts in Sicherheit zu bringen. Im Extremfall kann das Subjekt fürchten, das Objekt durch die eigenen Wünsche zu zerstören.

Die Objektbeziehungen dieser Entwicklungsstufe sind daher von ständigen Verlustängsten bedroht. Auf der vorherigen Stufe der Selbst/Nichtselbst-Differenzierung ging es um das Befürchtungspaar, entweder ganz in dem ersehnten Objekt aufzugehen oder, bei einem Überhandnehmen dagegen gerichteter Maßnahmen, sich von ihm abzulösen und es zu verlieren (das Ikarosdilemma). Auf der jetzt diskutierten Stufe nicht integrierter positiver und negativer Strömungen geht es dagegen

a) um die Angst, das Objekt deswegen zu verlieren, weil es sich aus Enttäuschung über die eigene Minderwertigkeit von einem abwendet, und

b) um die Angst, selbst das Objekt (d.h. seine innere Repräsentanz) zu vernichten, da man durch Enttäuschungen von dessen Unzuverlässigkeit und Schlechtigkeit überzeugt wurde.

Wir können demnach zwei grundsätzliche Formen der Objektverlustangst auf dieser Ebene feststellen: vor passivem Im-Stich-Gelassenwerden und vor aktivem Verlassen.

Beide Formen sind aber lediglich zwei Seiten ein und derselben Medaille. Sie bedingen einander und können schnell von der einen Form in die andere wechseln. Das ist nicht anders zu erwarten, da es nur um unterschiedliche Reaktionsformen des Subjekts auf ein und denselben Initialvorgang geht: *das Objekt zeigt eine autonome Bewegung.*

Dieser unerhörte Vorgang erlaubt auf dieser Organisationsstufe subjektiv eben nur die beiden folgenden Interpretationen:

a) (Selbstabwertung): Da ich uninteressant und minderwertig bin, hat der andere nur recht, wenn er mich verläßt.

b) (Objektabwertung): Im Grunde habe ich immer schon erwartet, daß er geht. Er taugt eben nichts, ist kalt und gemein.

Es wundert nicht, daß Menschen, deren Objektbeziehungen überwiegend in diese Dynamik eingebunden sind, leicht von Objektverlustängsten bedroht werden. Die Bezugspersonen werden in

Teilaspekten verkannt und daher wird das, was sie tun, falsch interpretiert. Entsprechend sind die Reaktionen auf das Objekt mehr oder weniger unangemessen, je nachdem, ob sie mehr von der inneren oder der äußeren Realität geleitet werden.

Es gibt eine Fülle von Möglichkeiten (einschließlich psychosomatischer Reaktionen), mit denen die Psyche auf einen drohenden Objektverlust reagieren kann. Ich werde im folgenden Abschnitt diejenigen Formen besprechen, bei denen Suizidalität steuernde Funktionen übernimmt.

4. Suizidalität zwischen Borderline-Funktionsniveau und dem Niveau der Integrationsprozesse

Übergangsbereich II

Auf dem langen Weg vom Borderline-Funktionsniveau zu konstanten (integrierten) Objekten und Selbstbildern (in KLEINscher Terminologie von der paranoid-schizoiden zur depressiven Position) werden die zur Spaltung führenden Mechanismen (u.a. Idealisierung, Verleugnung, Entwertung) zunehmend ersetzt durch sogenannte reifere Formen (vor allem durch die Verdrängung). Klinisch verblaßt die Spaltungsaktivität. Das interpersonelle Feld der Konfliktinszenierung wird ruhiger, zum Beispiel dadurch, daß die Über-Ich-Gesetze gemäßigter und erträglicher werden und deshalb nicht mehr in dem bisherigen Maße externalisiert werden müssen. Dagegen nehmen mit der gewonnenen größeren Kapazität des Ich für intrapsychische Spannungen auch die intrapsychischen Konflikte zu. Zunehmende Integration antithetischer Selbst- und Objektbilder führt zur Differenzierung intrapsychischer Struktur und schafft damit die psychischen Voraussetzungen für das, was man als Objektkonstanz bezeichnet.

Stellt man sich den Integrationsweg des Übergangsbereichs II als Kontinuum vor, kann man einen borderline-nahen von einem integrationsnahen Pol unterscheiden. Im ersteren fehlt die Fähigkeit zur Objektkonstanz weitgehend, Spaltungsaktivitäten herrschen vor und werden ich-synton erlebt. Im letzteren, integrationsnahen Pol wird es zunehmend besser möglich, die Gültigkeit der durch Spaltung erzeugten Selbst- und Objektbilder zu hinterfragen. Die Spaltung wird ich-dyston. Sie herrscht vielleicht noch eine Weile in der regressionsfördernden analytischen Behandlungssituation vor, kann aber in weniger regredierten Zuständen als ich-fremd erlebt und vom beurteilenden Ich ins Auge gefaßt und beschrieben werden. Unter Umständen wird es als "Damaliges" (im Sinne eines "So soll ich gewesen sein"?) ungläubig bestaunt.

Mit Annäherung an die depressive Position kommt es zu einer Funktionseinbuße der Spaltungsprodukte und damit auch der sie bereitstellenden Abwehrmechanismen. Es ist daher zu erwarten, daß die Suizidalität im borderline-nahen Bereich und im integrationsnahen Bereich in unterschiedlichen Funktionszusammenhängen steht. Ich werde daher im folgenden zwischen borderline-naher und integrationsnaher Suizidalität unterscheiden.

Die borderline-nahe, manipulative und resignative Suizidalität (Spaltung ich-synton)

Der manipulative Aspekt von Suizidalität ist wahrscheinlich der ubiquitärste und der in der Therapie am schwersten auszuhaltende. Vordergründig imponiert dabei vor allem die hohe interaktionelle Potenz: Es wird mit einem etwas gemacht, wogegen man sich schwer wehren kann. Wenn sich aber Suizidalität so häufig auf diese bedingungslos fordernde Weise zeigt, ist anzunehmen, daß entsprechend Dringliches sich darunter verbirgt. Nach meiner Beobachtung geht es bei der Objektmanipulation um drei unterschiedliche, miteinander zusammenhängende Ziele:

1. die Objektsicherung,
2. die Objektänderung,
3. die Deponierung eines nicht ertragbaren Selbst- oder Objektaspekts in eine andere Person.

Die Energie zur Objektmanipulation, die man in der Therapie in der Gegenübertragung so deutlich und konkret zu spüren bekommt, ist jedoch nicht unerschöpflich. Manchmal ist es auch so, daß der Patient primär gar nicht erst über viel Energie für den Versuch der Objektbeeinflussung verfügt. Es kann dann eine Situation eintreten, in der die Suizidalität zwar nicht abklingt, sich aber nicht mehr auf offen-manipulative Weise bemerkbar macht oder machen kann. Der Patient hat aufgehört, auf den Erfolg einer Objektbeeinflussung zu hoffen. Die Bezeichnung "resignative Suizidalität" greift diesen Aspekt auf.

Suizidalität mit dem Ziel der Objektsicherung (manipulative Suizidalität)

Die Suizidalität dieses Typs folgt, wenn man so will, dem Prinzip der Geiselnahme. Der Geiselnehmer bringt deshalb einen anderen

Menschen in seine Gewalt, um auf eine dritte, außerhalb dieser Beziehung stehende Person Einfluß zu nehmen. Er bedroht oder tötet die Geisel nicht, weil diese etwa eine besondere Beziehung zu ihm hätte, sondern weil ein Dritter in eine Beziehung verwikkelt werden soll. Ganz anders als beim Mord, ist das Geiselobjekt weitgehend beliebig. Es geht nicht um die Person, sondern um die von ihr eingenommene Rolle. Die Zielperson befindet sich außerhalb der Beziehung von Geiselnehmer und Geisel. Ebenso richtet sich bei der manipulativen Suizidalität, bei der man von einer *Geiselnahme des Ich am Selbst* sprechen kann, die Bedrohung zwar gegen das Selbst, ihr Ziel ist jedoch nicht innerhalb der Beziehung zwischen Ich und Selbst (beispielsweise im Sinne eines sogenannten primären Todeswunsches) zu finden. Sie gilt einer dritten, außerhalb dieser Beziehung stehenden Person. Ebenso wie der Geiselnehmer seine Umgebung in der für ihn notwendigen Weise zu manipulieren versucht, versucht es der Patient, der sein Selbst bedroht. Deutlich wird bei dieser Form suizidalen Verhaltens übrigens auch, daß es sich nicht um einen Mord im Sinne einer gezielten Beseitigung einer bestimmten Person handelt. Mord ist ein Vorgang zwischen zwei Personen, Suizidalität ist ein *triangulärer Vorgang zwischen Ich, Selbst und einem Dritten.* Suizidalität ist eine Konstellation, in der das Ich über die Bande des Selbst (genauer des Körperselbst) spielt, um das Du zu erreichen.

Ich habe bereits dargestellt, daß eine überwiegend nach den Gesetzen des Borderline-Funktionsniveaus organisierte Psyche deswegen leicht von Objektverlustängsten bedroht ist, weil ein wesentlicher Strukturkomplex, der sich als Objektkonstanz zeigt, noch nicht ausgereift ist. Der Status eines autonomen Individuums wird den Objekten nur zögernd zuerkannt. Das Verhalten des Objekts wird noch sehr stark mit der eigenen Person in Verbindung gebracht und als Folge der eigenen Attraktivität oder Unattraktivität interpretiert. Entfernt sich das Objekt, so werden darin die heraufziehenden Wolken des bevorstehenden Verlassenwerdens gesehen. Es ist nicht etwa ein Zeichen dafür, daß der andere an anderer Stelle etwas zu tun hat. Man wird nicht allein gelassen, sondern man wird verlassen.

Wenn man aber durch "Gut-" oder "Interessantsein" das Objekt nicht halten kann (wäre man es, würde der andere nicht gehen), gibt es nur noch den Weg der Kontrolle, wenngleich der Kontrolle durch Drohung mit Suizid. Es ist wichtig, den aggressiven Aspekt dieser Suizidalitätsform auch als Ausdruck eines

Dilemmas des Patienten zu verstehen und die Suiziddrohung nicht lediglich im Sinne einer gegen das Selbst gerichteten, primär dem Objekt geltenden Aggression zu bearbeiten. TABACHNICK (1961a, S. 576 u. 577) betont, daß es wichtig sei, die Feindseligkeit des Patienten nicht zu früh anzusprechen, da dadurch seine Schuldgefühle gesteigert würden. Die Feindseligkeit sei zunächst vielmehr als Ausdruck der Angst vor Abhängigkeitswünschen zu sehen, die in der Therapie durchbrechen könnten. Mir scheint die Verbindung zwischen Feindseligkeit und Abhängigkeitswünschen plausibel, ich meine aber, daß gerade dadurch eine gute Möglichkeit besteht, sie anzusprechen und sie dem Patienten als sinnvolle Maßnahme verständlich zu machen. Dies kann einen durchaus schuldgefühls*entlastenden* Effekt haben.

Das gleiche gilt für die Aggressivität, die in der manipulativen Kontrolle über das Objekt steckt. Spricht man sie an, spürt der Patient, daß sein Therapeut jemand ist, der die Aggressivität seines Patienten nicht verkennt und nicht ausklammert. In der Regel honorieren es einem die Patienten, wenn man sie mit ihrer Aggressivität konfrontiert, weil sie spüren, daß dadurch eine vom Ich gesteuerte Handhabbarkeit eingeleitet wird.

Die Angst, im Stich gelassen zu werden, mobilisiert im Subjekt Initiativen, das Objekt an einem solchen Schritt zu hindern. Entscheidend für die Therapie ist, die der Objektsicherung geltenden manipulativen Aktivitäten des Patienten nicht mißzuverstehen. Wenn man in die durch drohenden Objektverlust ausgelösten Ohnmachts- und Auslieferungsängste eintaucht, wird man an einem manipulativen Verhalten nichts Anrüchiges mehr finden und auch nicht mehr von einem "bloßen demonstrativen Suizidversuch" sprechen können.

In der Gegenübertragung spiegeln sich die manipulativen Interaktionen des Patienten wider und verdichten sich zu einem charakteristischen Gegenübertragungssyndrom, das ich in einer früheren Arbeit (KIND 1986) als *Konstellation des manipulierten Objekts* bezeichnet habe. Kurz gesagt geht es darum, daß der Patient im Therapeuten das Gefühl erzeugt, nicht mehr von ihm loszukommen. Es ist nicht das Gefühl, an ihn gebunden zu sein, vielmehr fühlt man sich an ihn gekettet, und der Therapeut spürt starke, jedoch ohnmächtige Wutimpulse und möchte sich von diesen Ketten befreien. Aber es scheint der Patient zu sein, der den Schlüssel dazu in der Hand hält. Und diese Fremdbestimmung ist es, aus der sich das Gefühl des Manipuliertwerdens speist. Durch den Grad seiner Suizidalität lockert oder verschärft der Patient unbewußt die Kontrolle über sein Objekt.

Solche Gegenübertragungsgefühle sind schwer auszuhalten, und es ist nicht einfach, im Auge zu behalten, daß dieses aufwendige interaktionelle Manöver dem Therapeuten nicht als Person gilt, sondern als Übertragungsfigur, an der etwas abzuhandeln ist. Hilfreich kann dabei die Vorstellung sein, daß der Patient aus einer Notsituation heraus handelt und daß er dem Therapeuten auf nonverbalem Wege die wichtige Mitteilung macht, wie sich ein Zustand des totalen inneren Kontrolliertwerdens und der damit verbundenen Ohnmacht anfühlt. Es ist ein Zustand, den der Patient bei sich nur zu gut kennt und in dem er sich von der Willkür seiner frühen Objekte abhängig und ihnen ausgeliefert fühlte. Es waren diese frühen Objekte, welche ihn verlassen oder bei ihm bleiben konnten, wie es ihnen beliebte, und bei denen er erlebte, daß er gänzlich ohne Einfluß darauf war, was geschehen würde. Das Gefühl der Ohnmacht und des Ausgeliefertseins kann nicht überzeugender vermittelt werden, als daß es induziert wird. Interaktionelles Mittel dazu ist die Objektmanipulation.

Schwierige Trennungen: Frau G.

Im Abschnitt "Der körpereigene Fremdkörper" habe ich eine Patientin beschrieben, die ihre Entfremdungserlebnisse dadurch unterstrich, daß sie sich körperfremde Gegenstände unter die Haut schob und eine offene Dauerwunde herstellte. Als es um die Entlassungsplanung ging, richtete sie all ihre Aktivitäten darauf, sich nicht im Guten trennen zu müssen. Unter allen Umständen schienen wir, das Personal und die Klinik, zu einem Objekt werden zu sollen, von dem man sich nur enttäuscht und verbittert trennen konnte und das dann selbst ratlos und in dem Gefühl zurückbleiben sollte, Schlechtes getan zu haben. Erst als die Trennung durch einen unvermeidlichen Gewaltakt unsererseits vollzogen war, gewannen wir aus der so hergestellten Distanz heraus wieder an Qualität. Wegen ihrer relativen Häufigkeit will ich die die Entlassung begleitenden Umstände etwas ausführlicher schildern.

In der Schlußphase ihrer Behandlung machte Frau G. mit gutem Erfolg einen Arbeitsversuch in einer Buchhandlung. Einige Wochen vor dem geplanten Termin wurde ich eines Nachmittags vom Stationsarzt gerufen. Frau G. habe ultimativ um ihre Entlassung gebeten, sie wolle morgen nach Hause fahren und sich dort umbringen. Er habe bereits lange mit ihr gesprochen und ihr die Zusage abringen können, den Entschluß zur Abreise noch einmal zu überdenken, um morgen erneut darüber zu sprechen. Er sei sich aber unsicher, wie verbindlich er diese Zusage nehmen könne. Ich war noch in einer Therapiestunde und wollte eine halbe Stunde später mit der Patientin ein Gespräch führen.

Als ich aus meinem Zimmer kam, stand sie in gebeugter Haltung an dem großen, zum Park hin geöffneten Fenster der Vorhalle und schien in die Ferne zu schauen. Ich bat sie herein, und sie nahm in dem Sessel Platz, in dem sie schon häufiger gesessen hatte. Ich gebe das Gespräch, das etwa eine dreiviertel Stunde dauerte, ausschnittsweise wieder.

Ich: "Frau G., Dr. F. hat mich vorhin angerufen und mir gesagt, daß er in Sorge um Sie sei. Sie hätten ihm gesagt, daß Sie morgen abreisen wollten, um sich zu Hause umzubringen. Ist das richtig?"
Frau G.: "Er hat das so interpretiert."
Ich: "Hat er es denn richtig interpretiert? Oder ist es anders?"
Frau G.: "Ja, das kommt schon hin."
Ich: "Warum? Was ist los?"

Es folgt ein langes Schweigen. Frau G. schaut zu Boden. Ihre Lippen werden schmal, ihre Augen eng, ihre Stirn legt sich in Falten. Soll ich es ihm sagen, was in mir vorgeht oder nicht?, schien sie sich zu fragen. Was geht es ihn eigentlich an? Kann ich nicht machen, was ich will? Kann ich nicht denken und sagen, was ich will und vor allem auch verschweigen, was ich will? Dann hebt sie ihren Kopf, sieht mir in die Augen und zischt heftig heraus: "Man strampelt sich ab und strampelt sich ab für nichts und wieder nichts!"

Ich sehe sie auf dem Fahrrad, wie ich ihr morgens oft begegnete, wenn sie zum Arbeitsversuch und ich zur Klinik fuhr. Bei regnerischem Wetter, den Kopf gegen den Wind gebeugt, verausgabt sie ihre zähen, aber auch begrenzten Energien. Sie strampelt sich ab. Mit einem Bus zu fahren, verachtet sie.

Wir kommen auf die Zeit nach ihrer Entlassung und auf den riesigen Berg an Arbeit zu sprechen, den sie sich zu Haus vorgenommen hat. Der lange Anfahrtsweg zum Ausbildungsplatz. Außerdem jobben, um Geld zu verdienen. Die Unmöglichkeit, dies alles zu schaffen, sei ihr am letzten Wochenende klar geworden, als sie nach Hause gefahren war, um dort verschiedene Dinge zu regeln. In ihrer Wohnung hätte sie auf den Fernseher gestarrt, der nicht eingeschaltet war, und es sei ihr nichts mehr eingefallen. Überflüssig schien es auch, die Heizung anzustellen. Wozu?

Ich: "Ein riesiger Berg. Wir hatten bei der letzten Visite schon einmal darüber gesprochen. Ich war erschrocken, als ich hörte, was Sie sich alles aufbürden wollten."

Frau G. muß grinsen.

Ich: "Aber Sie wollen sich umbringen. Das verstehe ich noch nicht."

Doch dann wird es deutlicher.

Bitter sagt sie: "Wenn das mein Vater erfährt, daß ich das nicht geschafft habe, lacht er sich doch eins ins Fäustchen."

Ich: "Tut er das? Warum, wie hängt das zusammen?"

Frau G.: "Die ganzen Jahre habe ich darauf hingearbeitet, einen Beruf, von dem ich leben kann, zu erlernen. Das war mein einziger Wunsch. Und wenn jetzt mein Vater erfährt, daß ich das nicht geschafft habe, sagt er sich: "Ich habe es doch immer gesagt, es lohnt sich nicht, in die überhaupt noch einen Pfennig zu investieren."

Ich: "Der Kampf zwischen Ihnen und Ihrem Vater ist noch in vollem Gange."

Frau G. äußert ein verächtliches und bitteres "Hm". Sie schaut zu Boden, bekommt wieder harte Lippen, schmale Augen und eine krause Stirn.

Nach einer Weile frage ich: "Wie finden Sie das eigentlich, daß Sie den Anspruch haben, das alles zu bewältigen: Ihre Ausbildung, abends jobben und vielleicht noch eine Hausarbeit schreiben. Muß man das eigentlich alles schaffen?"

Frau G. überlegt, nach einer Weile: "Das muß man schaffen, andere schaffen das auch."

Ich: "Ihrem Vater können Sie also nicht unter die Augen treten, wenn Sie es nicht schaffen. Und sich selbst?"

Sie schweigt. Schließlich erwidert sie unvermittelt: "Würden Sie zustimmen, wenn ich morgen abreise?"

Ich bin verblüfft und sage: "Abreisen? Nach Hause fahren?"

Frau G.: "Ja."

Ich: "Nein, natürlich nicht."

Frau G.: "Auch nicht, wenn ich unterschreibe, daß ich auf eigenen Wunsch fahre?"

Ich: "Nein, auch dann nicht."

Es folgt ein längeres, zähes Schweigen. *Nach einer Weile sage ich:* "So schnell werden Sie mich nicht los."

Frau G.: "Schön dumm."

Ich: "Ich soll sagen können: 'Endlich, jetzt bin ich die Frau G. los. Ich bin da noch einmal gut herausgekommen, bin für nichts verantwortlich, auch wenn ihr etwas passiert. Ich habe ja eine Unterschrift'."

Frau G.: "So ungefähr."

Ich: "Aber durch Ihre Unterschrift werde ich meine Verantwortung nicht los, und ich will sie auch gar nicht loswerden."

Frau G. schaut mich erstaunt und verwundert an, fast als wollten sich Tränen melden. Dann, sich leicht zurücklehnend, die Augen schmaler, die Lippen fester, die Stirn wieder kraus, zischt sie mich mit verbissener Stimme an: "Dann wird das ganze eben um ein paar Wochen hinausgeschoben" (der Entlassungstermin war in einigen Wochen geplant).

Ich: "Jetzt geben Sie mir etwas zurück."

Sie muß lächeln: "Ich will nicht, daß sich jemand um mich kümmert."

Ich: "Anscheinend möchten Sie sich lieber mit mir anlegen."

Sie grinst: "Hm, kann sein."

Es folgt eine längere Pause. *Nach einer Weile frage ich sie:* "Was macht eigentlich die Wunde an Ihrem Bein?"

Frau G.: "Ganz gut."

Ich: "Ist dafür jetzt hier innen drin," (ich zeige auf meine Brust) "eine Wunde entstanden? Und machen Sie, wenn Sie sagen, 'ich unterschreibe Ihnen eben einen Zettel, daß ich auf eigenen Wunsch gehe', machen Sie dann sozusagen diese Wunde wieder auf?"

Frau G., nach einer Weile: "Ja, das kann sein, daß es so ist."

Ich: "Wir sollten darüber weiter sprechen."

Sie sagt nichts. *Ich spreche den Suizidpakt an:* "Wie ist es, können Sie sich melden, wenn die andere Seite wieder die Oberhand ergreifen will, die Seite, mit der Sie sich etwas antun wollen?"

Frau G.: "Ja, ich denke schon."

Wir verabschieden uns.

Ob dieses Gespräch, von dem ich den Eindruck hatte, daß es positiv verlaufen war, auch im Sinne einer Krisenintervention seinen Effekt gehabt hatte, ist schwer einzuschätzen. Vermutlich hat sich die Patientin verstanden gefühlt, aber wahrscheinlich hat darin auch die Gefahr einer zu großen Annäherung gelegen.

Am folgenden Tag saß sie bei der Visite in gefährlicher Position auf dem Fenstersims. Schon öfter hatte sie so dagesessen, aber diesmal hatte der Stationsarzt Angst, sie könne tatsächlich springen, und zog sie blitzschnell ins Zimmer. Sie machte deutlich, daß sie gefährdet war, und wir verlegten sie in eine andere Klinik, die über eine geschlossene Station verfügt. Nach ihrer Entlassung schrieb sie uns und berichtete von ihren Berufsplänen. Es ging ihr verhältnismäßig gut. Bei regulärer Entlassung wäre sie etwa zum gleichen Zeitpunkt zu Haus eingetroffen. Sie mußte eine Zeitspanne gewaltsamen "Abgeschobenwerdens" dazwischenlegen, um die Trennung zu bewerkstelligen. Dieser Patientin war es noch nicht möglich, sich aus der Nähe heraus im Guten zu trennen. Zu große Sehnsüchte würden geweckt werden, die ihr nicht steuerbar schienen, da sie ihr Ausmaß nicht kannte. Sicherer war es, sich verstoßen und abgelehnt zu fühlen und das Objekt, von dem sie Gutes erfahren hatte, zu zwingen, sich so zu verhalten, daß sie sich abgeschoben fühlen konnte. Erst aus der Distanz war ihr wieder eine positive Kontaktaufnahme möglich.

Suizidalität mit dem Ziel der Objektänderung:
Zur Bedeutung der guten Objektrepräsentanz

Nach meiner Auffassung besteht der in der Suizidalität zum Ausdruck kommende Wunsch darin, ein Objekt zu ändern und nicht darin, zu sterben. Die der Suizidalität innewohnende Intention gilt also dem Objekt und nicht dem Selbst. Unter Umständen nimmt das Subjekt den eigenen Tod in Kauf, um das vorrangige Ziel, die Änderung des Objekts, zu erreichen. Warum und wann in der Objektänderung ein höherer Wert gesehen wird als im eigenen physischen Leben, werde ich zu zeigen versuchen. Offenbar geht es um eine Funktion des Objekts, ohne die Leben nicht möglich ist.

Ich wiederhole hier noch einmal die These von FREUD, nach der "kein Neurotiker Selbstmordabsichten (verspürt), der solche nicht von einem Mordimpuls gegen andere auf sich zurückwendet" (1916, S. 438). Was die Richtung der suizidalen Intention angeht, stimme ich mit der FREUDschen These überein: gemeint ist letzten Endes ein Objekt. Was den am Objekt zu verrichtenden Vorgang angeht, vertrete ich einen entgegengesetzten Standpunkt: FREUD ging davon aus, daß das Objekt getötet werden soll (und dies würde über den Weg der Introjektion in das sich tötende Subjekt erfolgen). Nach meiner Erfahrung spricht dagegen vieles für die Annahme, daß das Objekt nicht getötet, sondern *geändert* werden soll. Aus einem gleichgültigen und abweisenden Objekt soll ein anteilnehmendes und zugewandtes, ein "empathisches Objekt" werden, wie ROHDE-DACHSER (1986) es im Zusammenhang mit masochistischen Inszenierungen bezeichnet hat.

Beide Thesen ergänzen einander. Sie sind auf verschiedenen Ebenen angesiedelt: Die These von der Tötung des Objekts bezieht sich auf eine archaischere Entwicklungsstufe, die These von der Änderung des Objekts auf eine reifere.

"Ich lasse Dich nicht, Du segnest mich denn", heißt es in Jakobs Kampf mit dem Engel. Erst dann, wenn der Engel sich ihm zuwendet, ihn wahrnimmt und durch den Akt des Segnens bezeugt, daß er ihn für segnenswert (also nicht für verstoßenswert) hält, kann Jakob ihn freigeben.

Das Bild vom Kampf mit dem Engel führt in den Bereich der *Objektänderung*, dem zweiten Ziel der Objektmanipulation. Es geht um die Gewißheit, daß der andere nicht das Gefühl hat, bleiben zu *müssen*, weil er dazu gezwungen wurde, sondern bleiben zu *wollen*, weil er es möchte. Letztlich läßt sich das Ziel der Suizidalität, die sich interaktionell als Objektmanipulation äußert, darin bestimmen, den anderen zu halten, um ihn zu ändern, ihn "gut" zu machen, was immer auch heißt, in ihm ein gutes Bild von sich selbst zu erzeugen. So betrachtet scheint das "Und er sah, daß es gut war", diese Begutachtung des Schöpfers, der entscheidende Satz zur Erhaltung des Objekts zu sein. Die Schöpfungsformel "Es werde" erschuf das Objekt. Die beurteilende Schlußformel, "Und er sah, daß es gut war", verleiht ihm die Berechtigung zur Existenz und Dauerhaftigkeit. Das allmächtige Objekt Kohuts muß neben der Erschaffung seines Subjekts diesen Satz sagen können, um dessen Existenz zu sichern. Wenn das Subjekt nicht das Gefühl hat, "daß er sah, daß es (das Subjekt) gut war", wird es nicht leben können. Wenn der Patient nicht erlebt, daß sein Therapeut davon überzeugt ist, daß er, der Patient "gut" ist, wird die Therapie auch nicht in guter Form in ihm zur Wirkung kommen können. Solang die den Inhalt dieser Schlußformel verkörpernde Instanz (die *Selbstrepräsentanz der Existenzberechtigung*) der Psyche fehlt, wird man aus eigener Kraft noch nicht leben können, sondern ist auf ein entsprechendes äußeres Objekt angewiesen. In diesem Sinne ist dieses äußere Objekt tatsächlich allmächtig. Seine Allmächtigkeit speist sich nicht aus seinen verschiedenen Fähigkeiten, die so viel größer sind als die des abhängigen Subjekts, sondern eben aus dieser zentralen Funktion der positiven Wertschätzung des noch abhängigen Subjekts.

Unmittelbar tödlich wäre der Satz: "Und er sah, daß es schlecht war". Da das Subjekt im psychologischen Sinne zu dem hier gemeinten Zeitpunkt seiner Entwicklung noch kein Individuum ist, das heißt, noch kein vom allmächtigen Objekt weitgehend unabhängiges Wesen, wird es, wenn es für schlecht befunden wird, wieder in den leblosen Zustand zurücksinken müssen und sterben - vielleicht in der Hoffnung, neu erschaffen zu werden, um dann mit der Segnung "und er sah, daß es gut war" ins eigenständige Leben entlassen werden zu können.

Die Suche vieler suizidaler Patienten ist die Suche nach einem solchen, Existenzberechtigung verleihenden Objekt, und ihr Kampf geht darum, dem Objekt diesen entscheidenden, lebenserhaltenden Satz abzuringen: Aus jemandem, der verstößt, soll jemand werden, der annimmt. Eigentlich soll er segnen und dadurch zeigen, daß er wünscht, daß ich lebe. Tut er das nicht, bleibt nur die Hoffnung auf Reue, den *Segen post mortem.* Der andere soll bereuen, daß er das von ihm abhängige Subjekt vernachlässigt hat, daß es ihm gleichgültig war, ob es lebte oder nicht. Durch den suizidbedingten Tod soll im anderen doch noch ein positives Gefühl erzeugt werden, das sich auf das Subjekt richtet. Weil ein Leben ohne die Gewißheit eines solchen sich auf mich richtenden Gefühls nicht möglich ist, kann dem Tod ein Sinn gegeben werden, der darin liegt, retrograd einem Leben doch noch Berechtigung zu verleihen: Wenn man vermißt wird, hat man wohl doch leben sollen. Da der andere aber, so wie er sich gegenwärtig verhält, ein Verstoßender ist oder zu sein scheint und freiwillig keine positiven Gefühle für mich hat, bleibt nur die Möglichkeit, ein auf mich gerichtetes Gutes in ihm zu *erzwingen.* Stellt sich diese Dynamik in der Übertragung ein, wird der Therapeut um jeden Preis als ein den Patienten Verstoßender gesehen. Denn erst dann, wenn er als verstoßend erlebt wird, befindet sich die Beziehung zwischen Patient und Therapeut an jenem kritischen Punkt, der durch die Aktivitäten des Subjekts (eben auch durch Suizidalität) zum Umkehrpunkt werden kann. Durch dieses kritische Fahrwasser muß die Beziehung zwischen Therapeut und Patient in der Behandlung dieser Suizidalitätsform hindurchgehen. Es ist das verstoßene Subjekt, welches das Objekt durch seine Suizidalität oder auch durch seinen Suizid gut zu machen hofft, zumindest in ihm eine nicht mehr auszulöschende Spur eingravieren will, um dadurch die Voraussetzungen für das eigene Lebenkönnen zu schaffen.

Liest man die Anschauungen der Psychoanalytiker Anfang dieses Jahrhunderts über den Selbstmord, wie sie von FEDERN (1928/29) zusammengefaßt wurden, muß man feststellen, daß diese Sichtweise so neu nicht ist. Daß ein Leben ohne die Gewißheit, von jemandem geliebt zu werden, nicht möglich ist, haben auch damals verschiedene Analytiker so gesehen. So sagt SADGER:

"Das Leben gibt nur jemand auf, der Liebe zu erhoffen aufgeben mußte" (FEDERN, S. 339). Und bei FREUD (1923) heißt es: "Die Todesangst der Melancholie läßt nur die eine Erklärung zu, daß das Ich sich aufgibt, weil es sich vom Über-Ich gehaßt und verfolgt anstatt geliebt fühlt. Leben ist also für das Ich gleichbedeutend mit Geliebtwerden, vom Über-Ich geliebt werden ... Das Über-Ich vertritt dieselbe schützende und rettende Funktion wie früher der Vater, später die Vorsehung oder das Schicksal" (S. 288).

KLEMANN hat in seiner Untersuchung "Zur frühkindlichen Erfahrung suizidaler Patienten" (1983) festgestellt, daß diese Patienten nicht nur von häufigen Objektverlusterlebnissen und Trennungen betroffen waren, sondern daß diese Trennungen "als eine spezifische Form frühkindlicher Lebensbedrohung" (S. 119) erlebt werden. Ein solches Kind, kann man vermuten, wird es schwer haben, ein Über-Ich zu entwickeln, von dem es sich, wie FREUD es fordert, geliebt fühlen kann, um sich so als gewünscht und lebenswert zu erleben.

Zur Zeit FREUDs lag es aber wahrscheinlich fern, in der Selbstmordhandlung selbst den Versuch zu sehen, sozusagen unter Einsatz des eigenen Lebens ein solches liebendes Objekt herbeizuführen. Möglicherweise war unter dem Eindruck der bestehenden Theorie vom Mord am introjizierten Objekt für diese Sichtweise kein theoretischer Raum vorhanden.

FREUD geht also bereits davon aus, daß es, um leben zu können, einer liebenden intrapsychischen Struktur bedarf, und er siedelt sie im Über-Ich an. Wenn später KOHUT (1973) vom spiegelnden Selbstobjekt spricht, geht es dabei um etwas sehr Ähnliches: Ein in der Entwicklung des Kindes zunächst noch äußeres Objekt verfügt über bestimmte Eigenschaften und kann daher auch bestimmte Aufgaben erfüllen. Es liebt das Kind als eine sich von ihm ablösende Person und kann es daher wahrnehmen und bestätigen. Es tut dies, indem es dem Kind sein Verhalten zurückspiegelt und dadurch zeigt, daß es das Kind wahrgenommen hat.

Die Bezeichnung des "Spiegelns" hat sich zwar eingebürgert, ist aber nicht besonders glücklich, da sie die Fülle des Gesamtvorgangs auf eine etwas dürre Vorstellung reduziert. Denn eigentlich geht das, was dieses Objekt tut, ganz wesentlich über ein bloßes Spiegeln hinaus. Es handelt sich um ein umfassendes In-sich-Aufnehmen. Das Objekt zeigt, daß es das Kind wahrnimmt, als Ganzes und in seinen unterschiedlichen Eigenschaften und

Eigenheiten. Es zeigt, daß es sich über das, was das Kind tut, freut. Es spiegelt dem Kind nicht nur sein Verhalten, sondern nährt es mit seiner eigenen bejahenden Reaktion. Es ermuntert dadurch das Kind, weiter das zu tun, was es tut, nämlich sich zu entwickeln und zu wachsen. Ein solches empathisch-spiegelndes Objekt zeigt dem Kind, daß es in ihm Kräfte gibt, die eine gute Entwicklung nehmen und mehr noch, daß es nicht nur über solche Kräfte verfügt, sondern selbst diese Kraft ist. Nicht das "Du hast" will das Kind erfahren, sondern das "Du bist".

Kleine Kinder sind erfinderisch im Entwickeln von Spielen, in denen sie ihren Eltern etwas zum Essen kochen. Kleine Steine, Blätter, Knöpfe, was auch immer sich anbietet, werden sorgfältig zubereitet und serviert. Und das Kind benötigt das Erlebnis, daß die Eltern symbolisch in sich aufnehmen, was von ihm zubereitet wurde, also von ihm stammt. Und wenn die Eltern sagen, daß es gut schmeckt, sagen sie damit auch, daß das Kind in sich über etwas verfügt, das Gutes herstellen kann. Dadurch, daß sie es essen, geben sie dem Genossenen in ihrem Selbst einen Platz, der zunächst offenbar ganz konkret-körperlich vorgestellt wird, und lassen es so zu einer Repräsentanz werden.

Kinder geben den Eltern, was sie finden, und zeigen ihnen, was sie können. Sie erwarten, daß die Eltern es sehen, und vergewissern sich so, mit ihnen in einer gemeinsamen Welt zu leben. Sie warten auf ein gutheißendes Wort und versichern sich so täglich einer guten Repräsentanz im anderen, die sie in einem zweiten Schritt in sich selbst aufzubauen haben. Das Schöpferwort "und er sah, daß es gut war" müssen Eltern beim Heranwachsen ihrer Kinder täglich neu leisten. Es ist keine einmalige Begutachtung des Produkts, sondern ein den Entwicklungsprozeß ständig begleitender Zustrom.

Durch diese Vorgänge baut sich das Kern-Selbst auf, das später, wenn es vom reifer gewordenen Ich wahrgenommen und beurteilt werden kann, die Formulierung ermöglicht: "So bin ich". Ungünstige Entwicklungsbedingungen dieses Kern-Selbst können sich als Identitätsstörungen zeigen. Man ist dann unsicher darin, wer und wie man eigentlich ist. Das kann zu der verzweifelten Suche nach sich selbst führen. Aber man kann sich nicht finden: Das "So bin ich" taucht nirgendwo auf. Immer nur findet man, was andere über einen gesagt haben. Diese Form von Identitätsstörung, bei der die Suche nach dem Kern-Selbst ins Leere läuft, scheint damit zusammenzuhängen, daß man selbst wiederum vom damaligen allmächtigen Objekt nie gesucht und nie gefunden wurde.

Das zunächst noch äußere empathische Objekt wird Schritt für Schritt ins Selbst des Kindes hineingenommen, es wird internalisiert und dadurch zu einer inneren, psychischen Struktur. Fehlt in der Entwicklung ein solches äußeres, empathisch-spiegelndes Objekt, wird sich eine entsprechende innere Struktur, die sich von dem äußeren Prototyp unabhängig machen könnte, nicht in ausreichendem Maße entwickeln können. Man ist dann auf die Anwesenheit eines äußeren Objekts in stärkerem Maße angewiesen und von ihm abhängiger als andere. Von der Selbstpsychologie und der Objektbeziehungstheorie herkommend, spricht ROHDE-DACHSER in diesem Zusammenhang deshalb von einem "empathischen Objekt". In ihrer Untersuchung der Psychodynamik masochistischer Phantasien (1986) beschreibt sie den eindrucksvollen Kampf dieser Patienten darum, ein solches Objekt zu erschaffen. Im "Ringen um Empathie" wird es, wie sie es formuliert, "herbeigelitten".

Destruktive oder konstruktive Suizidmotivation:
Der Fall Fritz

FEDERNs These, "daß (in der Regel) nur der sich mordet, den ein anderer tot wünscht" (1928/29, S. 388), können wir unter der hier vorgeschlagenen Perspektive die Ergänzung hinzufügen "... und der durch seinen eigenen Tod den Todeswunsch des anderen in einen Lebenswunsch umwandeln möchte".

In einer Kasuistik, die ich auszugsweise wiedergebe, beschreibt BERNFELD im Grunde diese Vorgänge schon 1928, wenngleich er sie damals noch ganz unter dem Blickwinkel des gegen das Selbst gerichteten, ursprünglich dem geliebt-gehaßten Objekt geltenden Todeswunsches interpretierte und daher auf die destruktive Suizidmotivation fokussierte:

"Fritz, ein 19j. Jugendlicher", schreibt BERNFELD "befindet sich unter Schutzaufsicht in einer Schmiedelehre auf dem Lande. Er drängt die Eltern und den Schutzaufsichtsbeamten, ihm die Rückkehr nach Hause und den Wechsel der Lehre zu gestatten. Da er aber bisher eine höchst besorgliche Unstetigkeit aufwies, wird diesem Drängen nicht nachgegeben. Mehr als ein halbes Jahr lang zieht sich der Kampf bereits, als Fritz auf einen Brief seiner Mutter am 10. Dezember 1923 mit einem Versuch, sich mit Leuchtgas zu vergiften, reagiert. Der Versuch mißlingt, er erneuert ihn in der nächsten Nacht, gleichfalls vergeblich. Vor der Tat schreibt er Abschiedsbriefe an seine Eltern, die ihre Adresse nicht erreichen und die er auch nach dem Entschluß, weiter zu leben, nicht vernichtet, sondern die er zu briefartigen Tagebuchaufzeichnungen fortspinnt...Dieses Tagebuch schließt am 14. Mai 1924 mit einer inneren Versöhnung mit den Eltern."

In einem an Fritz gerichteten Brief der Mutter heißt es: "Vater bereut es heute, daß er Dich nicht fester in die Kandare genommen hat und so fest auf den *guten Kern in Dir* (Hervorhebung d. Verf.) gerechnet hat. Jetzt möchte er aus der Haut fahren, wenn solche Briefe von Dir kommen. Daß das Leben dort nicht all zu schön ist, wissen wir ja, aber ein Charaktermensch löffelt die Suppe aus, die er sich eingebrockt hat."

Der Vater, ein ehemals allmächtiges Objekt, bereut, mit einem guten Kern in seinem Sohn gerechnet zu haben. Fritz reagiert mit verzweifelten Versuchen, von seinen Eltern doch noch angenommen zu werden. "Vielgeliebte Eltern", schreibt er in seinem letzten Abschiedsbrief, "Trauert nicht um mich ... Hättet Ihr nur richtig sehen gelernt, was mir fehlte. Ich hatte es Euch dreimal angedeutet. Hättet Ihr jemals denken können, und hauptsächlich Du, Du guter Vater, daß ich, der ich doch Dein Blut bin, Dein Einziger bin, auf den Du doch im Herzen Deine Hoffnungen gesetzt hast, der Du in mir Deine Jugend noch einmal vor Augen siehst, hättet Ihr ... denken können, daß ich meine Lehre dreimal aufgabe nur aus Spaß, einer Grille oder Traumes wegen? ... Was mir fehlte, und woran ich krankte, das war mein geistiger Hunger, den ich nicht befriedigen konnte. ... Ich bin unter der Wucht und Schwere meines Hasses vollständig zusammengebrochen. Prüf Dich und prüf mich, mein Vater, ich bin Dein echter Sohn, und Du hättest auf mich stolz sein können. ... Geliebte Eltern, liebt deshalb Eure beiden Mädchen desto mehr. ... Werdet glücklich und nehmt noch zum Schluß noch allerherzl. letzten Gruß von Eurem Jungen."

Anders als Jakob, der den Segen des Engels erreichte, erreicht Fritz ihn in dem dokumentierten Tagebuchausschnitt nicht und unternimmt mehrere Suizidversuche. Daß er nicht starb, war vielleicht Zufall. Wäre er gestorben, so möglicherweise deswegen, weil es keinen mehr gab, der einen "guten Kern" in ihm sah, und er selbst noch nicht über eine ausreichend ausgebildete, protektive psychische Struktur verfügte, sich aus eigener Quelle mit der dem Segen innewohnenden Kraft zu versorgen. Offenbar war aber der Ausgang dieses inneren und zwischenmenschlichen Dramas so, daß er die Suizidversuche in Folge einer Versöhnung mit den inneren Repräsentanzen seiner Eltern beenden konnte. Real hat kein Austausch mit den Eltern mehr stattgefunden.

Die Phantasie vom gewaltsamen Suizid

Frau R. hatte seit vielen Jahren die Suizidphantasie, von Hochhäusern zu springen oder auf der Autobahn in ein heranrasendes Fahrzeug zu laufen. Während ihres stationären Aufenthalts entwickelten sich diese Phantasien zu Suizidimpulsen, die nach Umsetzung drängten. Die Patientin half sich dann so, daß sie die Umgebung der nahegelegenen Autobahn mied und sich auf der Station nicht in höheren Stockwerken aufhielt. Gelegentlich mußten wir sie für einige Tage auf eine geschlossene Station verlegen.

Warum und wann wird Suizidalität in dieser Weise phantasiert? Worin liegt der Unterschied zu Suiziden oder Suizidvorstellungen des fusionären Typs mit der Vorstellung, in einem unendlich guten Objekt aufzugehen? Ich meine, daß der Unterschied genau darin liegt, daß ein solches Objekt eben *nicht vorhanden* ist. Da es fehlt, ist ein Suizidversuch nach dem Verschmelzungstyp nicht denkbar. Mit wem sollte verschmolzen werden? Wie wir gesehen haben, gibt jedoch die in Bedrängnis geratene Psyche nicht auf. Wenn es ein gutes Objekt nicht gibt, kann man versuchen, es herzustellen. Und wenn andere Mittel versagt haben, kann vielleicht der eigene Tod etwas bewirken. In diesem Ziel sehe ich einen der Gründe für gewaltsame Suizidformen. Das Stürzen vom Hochhaus, das Fahren gegen eine Brücke, die Phantasie, vor ein Auto zu laufen, sind Suizidformen, die den Körper in extremer Weise verändern. Was bisher nicht kommunizierbar oder nicht sichtbar war, wird jetzt durch Transformation ins Körperliche unübersehbar. Man läuft nicht nur einem Zug entgegen, sondern dieser Zug ist auch der signifikante Andere, gegen den man sich wirft, und der auf diese Weise etwas spüren soll, was er sonst anscheinend nicht tat. In ihm soll etwas ausgelöst werden, das bleibt, auch wenn es eine immerwährende Wunde ist. Der gewaltsame Suizid drückt die Bereitschaft aus, den eigenen Körper einzusetzen, um im anderen einen Prozeß ins Leben zu rufen, der dahin führen soll, daß man in ihm repräsentiert ist. "Mich *posthum verorten*", nannte es eine Patientin. Wenn man vermißt wird, würde sich zeigen, daß man dem anderen doch etwas wert war. Unerläßlich scheint es, jemanden zu haben, der nachvollziehen kann, wie es um einen steht. Der es *kann*, weil es ein Abbild von mir in ihm gibt, und der es *möchte*, weil er die Person, für die dieses Abbild steht, liebt oder schätzt. Bei dieser conditio sine qua non ist der Körper offenbar das weniger Wichtige.

Reue am Grab

"Mamatschi schenk mir ein Pferdchen" lautet der scheinbar harmlose Titel eines rührseligen Liedchens, das man früher in Radiowunschkonzerten hören konnte. Ein Kind wünscht sich von seiner Mutter ein Pferdchen, aber die Mutter kann es nicht schenken. Ihr bricht darüber das Herz, und sie grämt sich zu Tode. Der Leichenwagen, der sie zu Grabe fährt, ist mit zwei Pferden bespannt. Und nun grämt sich das Kind: "Solche Pferde wollt' ich nicht", schluchzt es und bereut zu spät seine Wünsche, die die Mutter getötet haben. Gute Kinder, legt dieses Schreckenslied nahe, haben keine Wünsche, denn Mütter können sich gegen die Wünsche ihrer Kinder nicht wehren. "Mamatschi schenk mir ein Pferdchen" ist das Lied von einer Mutter, die durch ihren Tod im anderen Reue erzwingt.[8]

In der Analyse von Frau E. spielten Suizidtendenzen über lange Strecken eine große Rolle. Die Psychodynamik ihrer Suizidalität änderte sich entsprechend ihren Therapiefortschritten. In der ersten Zeit war ihre zeitweise erhebliche Suizidalität kaum zu spüren. Sie hatte ihre Objekte nur schwach besetzt und war daher auch nicht in der Lage, Gefährdungen auszudrücken, geschweige denn, Forderungen zu stellen. Mit zunehmender Verbesserung ihrer Selbst- und Objektbesetzungen nahm ihre Suizidalität deutlicher manipulative Züge an. So forderte sie zusätzliche Termine und setzte mich, teilweise mit Suizidtendenzen, unter Druck - ein prognostisch günstiges Zeichen, wenn man darin ein beginnendes Wiederaufblühen objektlibidinöser Besetzungen sieht. Später konnte sie in der *Phantasie der Reue am Grab* eine

---

8 Den Hinweis auf dieses Lied verdanke ich Frau Dr. BURGEMEISTER.

weitere Facette ihrer Suizidalität beschreiben. Sie näherte sich diesem Thema über einen Traum, in dem sie an einem Abgrund steht, aber nicht hinunterfallen kann, da sie durch ein Seil gesichert ist. Hinter ihr stehen zwei Männer, und sie sagt sich, daß die doch eigentlich in Angst und Sorge um sie sein und sie festhalten müßten. "Ich wollte", sagt sie, "daß mich jemand festhält, obwohl das ja eigentlich nicht nötig war. Ich war ja festgeschnallt."

Ihr fielen frühere Abgrundträume ein, in denen sie fürchtete, abzustürzen, oder tatsächlich abstürzte und kurz vor dem Aufprall aufwachte. *Sie sagte:* "Ich weiß nicht, wer die beiden Männer waren. Sie waren es nicht!"
Ich: "Sie betonen das so."
Frau E.: "Früher waren Sie immer da in solchen Träumen."
Ich sagte: "Vielleicht bin ich jetzt nicht mehr ganz so notwendig", merkte aber, daß ich zu früh etwas gesagt hatte und nicht ausreichend wußte, worum es eigentlich ging. Etwas zu selbstsicher hatte ich gehofft, daß die Patientin ihre wachsende Unabhängigkeit von mir thematisieren wollte.
Frau E. schwieg. Nach einer Weile sagte sie in ernsthaftem Ton: "Lassen Sie es nicht darauf ankommen. Wenn Sie denken, daß ich Sie nicht mehr brauche, ist das vielleicht doch noch zu riskant."
Die Patientin warnt mich also vor einer zu hohen Erwartungshaltung an ihre Autonomieentwicklung und Reifung innerer Strukturen. Ich solle, so scheint sie zu sagen, nicht zu viel auf einmal von ihr fordern.

Ich dachte daran, daß die Patientin früher von leeren, innen zerfallenen Hochhäusern mit brüchigen Treppen und einsturzgefährdeten Zimmerdecken geträumt hatte, und daß diese Häuserträume im letzten Jahr Gebäuden mit solider, fester Innenstruktur gewichen waren.
Ich: "Vielleicht wäre das riskant. Vielleicht ist aber das Riskante jetzt nicht mehr so sehr die Absturzgefahr wie früher. Es kann ja auch in gewisser Hinsicht riskant sein, sich selbst besser sichern zu können. Andere müssen dann nicht mehr sogleich zur Stelle sein und wirken dadurch gleichgültiger und kümmern sich nicht mehr um einen."
Frau E.: "Wenn das so ist, kann ich auch ebensogut springen."
Nach einer Pause: "Ich weiß gar nicht, ob ich springen würde, um zu sterben, oder um es Ihnen zu zeigen, Ihnen etwas heimzuzahlen, aus Wut darüber, daß Sie mich so schlecht behandelt haben."
Ich: "Vielleicht soll ich etwas bereuen."
Frau E.: "Mein Wunsch war immer, daß Sie bereuen, daß Sie mich verkannt haben, daß Sie nicht gesehen haben, was ich wert bin. Und ich hatte immer die Hoffnung, daß Sie dann, wenn ich tot bin, meinen Wert sehen und es Ihnen leid tut, daß Sie die anderen Patienten vorge-

zogen haben. Daß Sie überhaupt andere Patienten hatten, hat schon gereicht, daß Sie mich immer und immer wieder verkannt haben."

Die Sicherheit, im entscheidenden Moment vom anderen gehalten zu werden, ist eine wichtige Erfahrung. Ohne sie sind wirkliche Individuations- und Separationsschritte nur schwer denkbar, läuft man doch Gefahr, ins Leere zu springen, oder, wie eine andere Patientin ihre Objektverlustängste symbolisierte, ins Meer hinauszutreiben, ohne von einem Seil gehalten zu werden. Die freundlichen philobatischen Weiten sind eben nur unter bestimmten Bedingungen freundlich, und zwar nur dann, wenn Rückkehr möglich ist. Und Rückkehr ist nur möglich, wenn man die Gewißheit hat, daß am Ufer jemand ist, der einen erwartet und zu dem es eine Verbindung gibt. Wenn diese Verbindung auch dann nicht abreißen soll, wenn das reale Objekt nicht mehr anwesend ist, ist man auf dessen Repräsentanz angewiesen.

Suizidalität als Folge der Objektaufgabe
(Resignative Suizidalität)

Erschöpfen sich aufgrund ihrer Vergeblichkeit die Versuche, auf manipulative Weise das Objekt an sich zu binden und es zu ändern, kann ein Zustand der Resignation eintreten. Von der Suizidalität in der bisherigen dramatischen Form ist dann unter Umständen kaum noch etwas zu spüren - was nicht heißt, daß sie nicht mehr vorhanden wäre. Im Gegenteil, der Patient, der seine manipulativen Versuche der Objektsicherung und der Objektänderung aufgegeben hat, kann in außerordentlich starkem Maße weiterhin von Suizidalität bedroht sein; jetzt nicht mehr, um auf diese Weise in den Besitz eines Objekts zu gelangen, sondern aus dem Gefühl heraus, daß es eigentlich gleichgültig ist, ob man lebt oder nicht. Eine Patientin konnte mit der Frage, ob sie etwas dazu sagen könne, warum sie nicht mehr leben wolle, nicht viel anfangen und sagte sinngemäß: "Für mich geht es nicht so sehr darum, ob ich leben will oder nicht. Früher gab es Zeiten, da wollte ich mich umbringen und wollte, daß es andere merken und sich etwas dabei denken. Es ist auch nicht so, daß ich nicht mehr leben möchte. Diese Ausdrücke beschreiben es nicht. Es ist so, daß ich nicht mehr zu leben *brauche*".

Diese Patientin hat vor dem Wunsch, von einem Objekt positiv besetzt zu werden, resigniert und selbst das Objekt innerlich losgelassen. Ein Patient mit einer auf Objektsicherung und -änderung zielenden Suizidalität würde eine solche Formulierung nicht benutzen können und müssen, hat er doch noch Hoffnung, aus eigener Kraft das Objekt halten und an sich binden zu können. Diese Hoffnung besteht bei jemandem nicht mehr, der von sich sagt, nicht mehr leben zu brauchen.

Diese Patienten können das, wessen sie dringend bedürfen, nicht mehr fordern. Man muß sich davor hüten, aus einem scheinbaren Fehlen von Hilfsappellen auch auf das Fehlen einer Notsituation zu schließen. Nur ist sie manchmal schwer erfaßbar. Die Differenzierung zwischen nicht gegebener und nicht geäußerter Notsituation gelingt möglicherweise über die Gegenübertragung.

Man wird sich vielleicht zu Recht mit einiger Skepsis fragen, wieso aus den eigenen Gefühlen und Reaktionen, die man in bezug auf einen Patienten hat, auf den Grad seiner Gefährdung geschlossen werden kann, wenn er selbst darüber kaum direkt etwas äußert. Ich werde im Abschnitt zur Gegenübertragung genauer auf einen Gefühls- und Befindlichkeitszustand des Therapeuten eingehen, den ich als *Konstellation des aufgegebenen Objekts* bezeichnet habe (KIND 1986). Der Therapeut fühlt sich vom Patienten aufgegeben. Er hat das Gefühl, vom Patienten nicht mehr benötigt zu werden, überflüssig und wertlos für ihn zu sein. Auf dem Höhepunkt dieser Gegenübertragungsentwicklung fühlt sich der Therapeut nicht nur überflüssig für den speziellen Patienten, sondern er fühlt sich überflüssig überhaupt. Man kann sich fragen, wie es dazu kommt, daß sich der Therapeut in dieser Weise erlebt, wo es doch der Patient war, der davon sprach, sich überflüssig und nutzlos zu fühlen. Das Konzept der projektiven Identifikation versucht, hierauf eine Antwort zu geben. Nach diesem Konzept können eigene Gefühlszustände durch Interaktion im Gegenüber induziert werden. In der therapeutischen Situation zeigen sie sich - wenn man den Patienten als Quelle betrachtet - in der Gegenübertragung des Therapeuten. Bei der Verwendung der projektiven Identifikation als erklärendes Prinzip für eigene Gefühlszustände und Handlungsimpulse sollte man jedoch eine gewisse Vorsicht walten lassen. Zu leicht wird unter Vernachlässigung eigener wunder Punkte gesagt: "Ich fühle dies und jenes, also hat der Patient dies und jenes in mir ausgelöst."

Befragt man die Gegenübertragung und berücksichtigt dabei

die eigenen Konflikte, soweit man sie kennt, so wird deutlich, daß der Patient auf nonverbale Weise, eben gerade durch seine fehlenden Interaktionen, den oben beschriebenen Gefühlszustand des Aufgegebenseins im Therapeuten entwickeln hilft. Der Therapeut fühlt nun so (oder ähnlich), wie der Patient sich fühlt. Per projektiver Identifikation hat der Patient einen Gefühlszustand in ihm aktiviert, der einem Selbstaspekt oder einem inneren Objekt des Patienten ähnelt. Er hat, wie man auch sagt, etwas in den Therapeuten "verlagert". Und nun ist es an diesem, einen Handlungsvorgang einzuleiten, zu dem der Patient selbst nicht mehr in der Lage ist. Der Therapeut kann sich sagen: "So wie es mir jetzt geht, verlassen, überflüssig, ohne jede Möglichkeit, den anderen zu erreichen, so geht es dem Patienten selbst, und dies ist sein Weg, es mir mitzuteilen".

Am deutlichsten läßt sich nach meiner Erfahrung dieser Gegenübertragungszustand bemerken, wenn eine ehemals lärmende, interaktionsreiche, manipulative Suizidalität abklingt und der Patient, ohne daß zuverlässige Anhaltspunkte für eine Besserung seines Zustandes auffindbar sind, nicht mehr von seiner Suizidalität spricht. Das Gefühl des Gebanntseins schwindet, man fühlt sich vielleicht zunächst etwas freier, aber gleichzeitig spürt man, daß der Patient nicht nur seinen Griff gelockert hat, sondern daß man von ihm losgelassen wurde. Arbeitsbündnis und Suizidpakt - in der manipulativen Form der Objektsicherung immer wieder Gegenstand therapeutischer Auseinandersetzung - scheinen ihre Therapeut und Patient verbindende Kraft verloren zu haben. Und wenn in solchen Übergangsstadien von Objektsicherung zur Objektaufgabe in die entstandene scheinbare Entspannung und in den scheinbar wiedergewonnenen Handlungsfreiraum des Therapeuten sich Ratlosigkeit, Skepsis und schließlich die anderen genannten Gefühle einmischen, kann es sich im Sinne des aufgegebenen Objekts um einen per projektiver Identifikation kommunizierten Gefährdungszustand des Patienten handeln.[9]

---

9 Man kann sich natürlich fragen, ob die resignative Suizidalität im Übergangsbereich II richtig eingeordnet ist und nicht eher zu den fusionären Formen des Übergangsbereichs I gehört. Das mag im Einzelfall durchaus so sein. Ich habe sie hier aufgeführt, weil ich bei den von mir beobachteten Fällen keine ausreichenden Hinweise für eine destabilisierte Subjekt-Objekt-Grenze gefunden habe.

Objektvernichtung und -restitution

Nach Durcharbeitung verschiedener Enttäuschungssituationen mit anderen Menschen und mit mir hielt Frau E. in einer Stunde ruhige Rückschau: "Immer dann, wenn ich von Ihnen enttäuscht bin, zum Beispiel weil Sie zu einer Tagung fahren oder Urlaub machen, richte ich einen systematischen Vernichtungsfeldzug gegen Sie. Ich nehme mir der Reihe nach alle guten Erlebnisse vor, die ich mit Ihnen hatte, alle Situationen, in denen Sie mir geholfen haben, alles, was ich an Ihnen schätze, und mache es systematisch kaputt. Ich sage mir dann, daß Sie mir nur helfen wollen, um eine erfolgreiche Analyse vorweisen zu können, oder um Geld zu verdienen oder weil Sie, käme ich nicht voran, nur noch mehr Schwierigkeiten mit mir hätten und Sie das nicht wollen, weil es Ihnen lästig wäre. Ich fahre mit diesem Vernichtungsfeldzug so lange fort, bis kein gutes Haar mehr an Ihnen ist und ich ein total schlechtes Bild von Ihnen habe. Dann ist ein gefährlicher Zustand erreicht. Denn dann scheint es mir nur folgerichtig, mich umzubringen. So jemand verdient es nicht, daß sein Patient sich entwickelt, der verdient nur, daß der Patient scheitert. Ich stelle mir dann vor, mich umzubringen, um Ihnen zu zeigen, wie mies Sie mich behandelt haben. Irgendwie geht es mir dadurch besser. Ich fühle mich nicht mehr so sehr von Ihnen wertlos gemacht".

Bei dieser Patientin war ein deutlicher Therapiefortschritt darin zu erkennen, daß sie diesen Vernichtungsfeldzug gegen die Objektrepräsentanz, die sie von mir hatte, nicht mehr automatisch durchführen mußte, sondern den Impuls für eine solche Aktion in statu nascendi erkennen konnte, zum Beispiel in Form einer Kränkung, und in der Lage war, darüber zu sprechen. Sie war bereits so weit, eigenständige Bewegungen von mir nicht mehr verleugnen zu müssen. Ihr Ich war stark genug geworden, eine genauere Realitätswahrnehmung zuzulassen. Sie interpretierte von ihr unabhängige Planungen und Handlungen meinerseits allerdings häufiger weiterhin als gegen sich gerichtet. Sie fragte sich dann, was mit mir sei, wo ich doch sonst stets für sie da war, keine anderen Patienten zu haben schien und keine Verpflichtungen. Natürlich gab es solche Situationen immer schon, wurden von ihr aber bisher nicht als kränkend wahrgenommen, da eine ausreichende Realitätsverleugnung sie davor geschützt hatte. Die Tatsache, daß sie jetzt eigenständige Bewegungen ihres Therapeuten wahrnahm, wenngleich zunächst noch über den Weg der Kränkung, wies auf eine Entwicklung ihres Ich hin: Es machte ihr etwas aus. Es war ihr nicht mehr gleichgültig, ob ich mit ihr etwas zu tun hatte oder mit einem anderen Menschen. Sie begann, ihre Objekte libidinös zu besetzen. Ein deutlicher Fortschritt gegenüber dem halb verhungerten Säugling, der sich nicht mehr zu artikulieren vermochte.

Nun aber bekommen die sich regenden objektlibidinösen Besetzungen einen schweren Schlag. Das Objekt, dem man sich anvertraute, von dem man zum ersten Mal etwas wollte und ihm auf diese Weise zeigte, daß man es liebte, dieses Objekt erweist sich als gleichgültig. Es geht einfach fort. Man muß sich klar machen, daß diese Form der Objektbeziehung eine noch ganz einseitige ist und vom Subjekt auch ganz selbstverständlich so erlebt wird, ohne daß es sich über das Faktum dieser Einseitigkeit Rechenschaft ablegt. BALINT beschreibt die zu diesem Zeitpunkt erreichte Objektbeziehung in seinem Aufsatz "Über Liebe und Haß" (1951) so: "Die urtümliche Objektbeziehung ist eine Beziehung, in welcher nur *ein* Partner Forderungen stellen darf, der andere wird als Objekt behandelt, wenn auch als Trieb- oder Liebesobjekt" (S. 138). Wird aber eine solche Beziehung, in der eine und nur eine Person von der anderen abhängig ist, enttäuscht, so bricht Haß hervor, von dem BALINT sagt: "Um aber hassen zu können, müssen wir von den betreffenden Menschen und Dingen erst abhängig sein. Haß ist ein Maßstab der Ungleichheit zwischen Objekt und Subjekt; je geringer diese, je reifer das Objekt ist, um so weniger bedarf es des Hasses" (S. 142).

Der Haß diente meiner Patientin der Initiierung ihrer Vernichtungskampagne gegen die guten Objektaspekte. Dies war notwendig, um ihr beschädigtes Selbstwertgefühl zu stabilisieren. Der schwarze und der weiße Fluß wollten zusammenfließen, und der schwarze schien den weißen auszulöschen. An dieser Stelle aber spürte sie Angst. Sie merkte, daß sie auf diese Weise ihr Problem nicht würde lösen können, da sie das Objekt, von dem sie noch abhängig war, und welches sie deswegen zum Leben und zu ihrer weiteren Entwicklung benötigte, auslöschen würde (subjektiv, d.h. dessen Repräsentanz). Ihr blieben nur zwei Wege, mit diesem Dilemma umzugehen. Sie konnte versuchen, das Objekt in seiner vorherigen reinen, nur guten Form zu restituieren, das heißt, sie müßte die auf Integration drängenden Flüsse getrennt halten, würde dann aber wieder idealisierte Abhängigkeitsbeziehungen zu ihren Objekten haben. Oder sie konnte versuchen, sich auf den schwierigen Weg der "Anerkennung des Objekts als ein Wesen mit eigenem Recht", wie WINNICOTT

(1971, S. 101-110) es formulierte, zu begeben, um dann davor geschützt zu sein, Eigenbewegungen des anderen als gegen sich gerichtete Aktionen zu erleben.

Die Patientin fährt fort: "Wenn ich all das, was ich an Ihnen schätze, schlecht und mies gemacht habe, wenn ich Sie nur noch hasse und mich umbringen könnte, um es Ihnen heimzuzahlen, dann bekomme ich Angst und sage mir, 'Ob er wirklich so gleichgültig ist dir gegenüber, weißt du ja auch nicht sicher'. Dann krame ich alles Positive, was ich über Sie finden kann, zusammen. Das Schlimme ist, daß ich nicht weiß, wie Sie wirklich sind."

Deutlich beschreibt die Patientin, daß sie noch keine ambivalenten Gefühle zu erleben vermag, Gefühle, die sich auf das eine beziehen, ohne das andere auszuschließen, daß sie sich noch im "präambivalenten Stadium" befindet, wie ABRAHAM (1924) es bezeichnet hat.

Später in ihrer Analyse war Frau E. in der Lage, ihren inneren Vernichtungsfeldzug gegen die guten Objektaspekte rechtzeitig zu bremsen und den gefährlichen Zustand der völligen Entleerung ihrer inneren Objekte zu vermeiden. In diesem Zusammenhang kamen wir auf eine ihrer frühen Kindheitserinnerungen. Sie fuhr mit dem Fahrrad einen steilen Berg hinunter, konnte nicht bremsen und hielt sich nur noch am Fahrrad fest. Sie stürzte und verletzte sich schwer. Diese Erinnerung war schon längere Zeit in der Analyse bekannt. Ich war aber immer davon ausgegangen, daß dieses Fahrrad keine funktionstüchtigen Bremsen besaß. Bei genauerem Nachfragen stellte sich aber heraus, daß sehr wohl Bremsen vorhanden waren. Das Fahrrad war also in Ordnung und verfügte über alle Funktionen, aber die Patientin, das damalige Kind, konnte diese Funktionen noch nicht nutzen.

Inzwischen war sie in der Lage, den inneren Vernichtungsfeldzug gegen die gute Repräsentanz ihres Therapeuten aufzuhalten und zu bremsen. Als ich sagte: "Im Gegensatz zu früher können Sie jetzt bremsen, wenn Sie wollen", antwortete sie: "Das ist neu. Vorher bin ich da immer so hineingerauscht". Ihr fällt auf, daß sie inzwischen mit Kränkungen besser umgehen kann und sich nicht mehr so stark vom anderen zurückziehen muß wie früher.

Zusammenfassend beschrieb die Patientin ihre Entwicklung in diesem Analyseabschnitt mit den Vorgängen der Verortung, Vernichtung und Restitution des Objekts etwa so:

"Es ist beruhigend zu wissen, wo Sie sind, zum Beispiel am Wochenende. Ich stelle mir dann vor, wo Ihr Auto steht und was Sie tun. Auf diese Weise halte ich Kontakt zu Ihnen. Wenn ich nicht weiß, wo Sie sind, besteht die Gefahr, daß Sie für mich verloren gehen. Meine Phantasie wandert dann umher und sucht Sie, kann sich aber nie sicher sein, wo Sie sind. Ich glaube, ich habe noch nie jemanden richtig ernsthaft vermißt. Ich habe zwar bestimmte Dinge vermißt, die ich mit jemandem zusammen gemacht habe, Essengehen, Kino, Kochen, aber nicht eigentlich die Person.

Früher konnte ich für mich nicht richtig sorgen, vielleicht konnte ich es aber auch doch, aber es war mir vollkommen egal, wie es mir ging, ob ich fror, oder ob ich Hunger hatte.

Ob ich Leute wirklich kenne? Ich erkenne schnell die Schwächen und Macken von anderen. Aber ich kenne diese Leute nicht wirklich, akzeptiere eigentlich nicht deren Stärken und das, was sie im positiven Sinne ausmacht. Ich will nicht sehen, was ich an anderen Leuten beneiden könnte.

Früher war es so, daß ich Leute, wenn ich beleidigt war, völlig abschrieb. Die waren dann für mich gestorben. Auch bei Ihnen war es so, und ich sagte mir dann, den brauche ich überhaupt nicht! Das ist dann ein sehr gefährlicher Moment, wenn ich kein gutes Haar mehr an Ihnen lasse.

Der Ablauf ist ja immer wieder derselbe:

- Sie enttäuschen mich, und das heißt für mich, daß ich Ihnen nichts bedeute.
- Ich bin dann verzweifelt, und das ist schlimmer als Wut.
- Dann erinnere ich mich an all die Situationen, wo Sie gemein waren, und es bleibt dann immer weniger Gutes von Ihnen übrig.
- Schließlich bekomme ich Angst, und ich merke, daß dies daran liegt, daß es Sie nicht mehr geben würde, wenn ich so weitermache.
- Dann versuche ich, die guten Erlebnisse, die ich mit Ihnen hatte, wieder wachzurufen. Ich muß das dann sehr schnell tun, weil es sonst zu spät werden könnte.
- In solchen Momenten, also dann, wenn ich Sie innerlich fast ausgelöscht habe, muß ich Sie anrufen, um die andere Seite zu stärken. Sonst könnte es passieren, daß ich keine Gewalt, keinen Einfluß mehr über mich habe und dann etwas abläuft, was ich nicht mehr steuern kann. "Ich" tue es dann nicht mehr, sondern "Es" tut es mit mir.

Ob ich Leute mag? Ja, das gibt es auch, aber ich kann diese Leute genauso schnell im Stich lassen, von einer Sekunde auf die andere, und zwar dann, wenn ich enttäuscht werde.

Ich wundere mich übrigens, was ich alles bei Ihnen ausgehalten habe. Ein anderer hätte mir nicht einen Bruchteil von dem, was Sie mir angetan haben, antun können.

Warum ich das ausgehalten habe? Das weiß ich nicht, das ist mir ein Rätsel. Vielleicht war es der Anspruch, die Analyse nicht abzubrechen. Mein Verstand ist mir zur Hilfe gekommen und hat mir gesagt, daß Sie nicht nur gemein sind. Ich habe mich an Situationen erinnert, in denen Sie anders waren. Mein Kopf hat mir gesagt 'Du bleibst'. Und außerdem war da das wunderbare Gefühl der Rache: 'Irgendwann bringe ich mich um, und dann werden Sie sehen'.

Ob mich mein Gefühl von Rache gerettet hat? Nein, es hat mich immer nur der Anruf bei Ihnen gerettet. Wenn ich anrief, hatte ich nicht das Gefühl von Rache, sondern das Gefühl, mich nicht mehr bremsen zu können und meine Gefühle für Sie, mein gutes Bild von Ihnen zerstören zu müssen. Das war immer dann, wenn ich an Ihnen kein gutes Haar mehr lassen konnte. Aber die Rache half mir auch irgendwie. Es war ja dann zumindest das Gefühl da, daß da jemand ist, jemand existiert, an dem ich mich rächen kann, daß da also eine Person vorhanden ist.

Aber es gab auch Momente, wo Sie nicht mehr richtig da waren. Das waren Momente, wo die Enttäuschung noch schlimmer war, wo nicht einmal mehr Rache möglich war, wo nur noch das Bedürfnis da war, weg zu sein."

Die Suizidalität aus Resignation geht noch über das Wut-Rachestadium hinaus. Sie ist Folge der Erfahrung, daß nicht einmal Wut und Rachegefühle Aussicht auf eine Antwort des Objekts haben werden. Die Entwicklung mündet in eine weitestgehende Ablösung innerer Objektbesetzungen. Dieser Zustand, der sich im Therapeuten als Gegenübertragung des Aufgegebenseins widerspiegelt, stellt sozusagen die Talsohle dar, aus der ein Patient oft aus eigener Kraft nicht mehr herausfindet. Er ist dann darauf angewiesen, daß der Therapeut aktiv auf ihn zugeht, auch wenn er manifest nicht unbedingt suizidal erscheint. Er erscheint nicht suizidal, weil er diesen Hinweis auf seine desolate Situation nicht mehr geben kann oder eine solche Äußerung ihm sinnlos erschiene. Diese Talsohle ist der *Zustand des aufgegebenen Objekts*. Es ist jetzt stärker als sonst Aufgabe des Therapeuten, die Beziehung zu halten. Regen sich wieder objektlibidinöse Besetzungen, bekommt man die Suizidalität wieder stärker zu spüren. Eigentlich darf man dann in gewisser Hinsicht aufatmen, wenngleich es von der therapeutischen Interaktion her schwieriger erscheint und aufreibender ist.

Die integrationsnahe Suizidalität der depressiven Position
(Spaltung ich-dyston)

Bei den bisherigen aus dem Übergangsbereich II dargestellten Suizidalitätsformen ging es um eine Suizidalität, die nur auf dem Hintergrund einer Aufspaltung der Objekte und des Selbst in ihre antithetischen Teilaspekte denkbar war. Im borderline-nahen Pol wird die Spaltungsaktivität noch weitgehend ich-synton erlebt, im integrationsnahen Pol nicht mehr. Bei einer ich-syntonen Form des Erlebens kommt gar nicht erst die Frage auf, ob das Objekt auch anders sein könnte, als man es erlebt. Die psychischen Voraussetzungen für eine Infragestellung sind erst mit Annäherung an die Integrationsprozesse gegeben. Erst dann entsteht zunehmend häufiger das Gefühl, das Objekt vielleicht doch zu verkennen, es unter Vernachlässigung seiner negativen Aspekte idealisiert zu haben, um sich auf diese Weise vor Enttäuschungsaggressionen zu schützen, oder es abgewertet und verdammt zu haben, um das Selbstwertgefühl zu stabilisieren und es verlassen zu können, dann aber in einer anderen Person ein ideales Objekt neu konstituieren zu müssen. Ein mittelgutes Objekt wäre schal und damit auch schon wieder schlecht.

Wird mit fortschreitender Therapie das Borderline-Funktionsniveau mehr und mehr verlassen, werden auch die in diesem Bereich angesiedelten Suizidalitätsformen tendenziell funktionslos. Es ist aber nicht so, daß die Integrationsprozesse ohne kritische Phasen durchlaufen werden könnten. Im Gegenteil, man macht sich vielleicht manchmal gar nicht genug klar, welche Turbulenzen in einem Patienten entstehen, der sich an diesem Punkt seiner Therapie befindet. Er hat nun die Aufgabe zu bewältigen, völlig neue Aspekte in sein Selbst und in die Imagines seiner Objekte hineinzuarbeiten und muß dabei das bisherige Bild modifizieren, ohne es gänzlich zu verlieren. Wenn er auf borderline-nahem Niveau Objekte *austauschte*, um Änderungen herbeizuführen, so muß er sie jetzt *umwandeln*. Tritt bei diesen Umwandlungsprozessen der Selbst- und Objektbilder Suizidalität auf, ist es wichtig, sie in ihrem wiederum anders gearteten Kontext zu verstehen. Es handelt sich dann meist nicht mehr um die bisher beschriebenen Formen, sondern um eine neue Qualität, bei der Schuldgefühle eine größere Rolle spielen als bisher. Diese im Zusammenhang mit den Integrationsprozessen auftretende Suizidalität bezeichne ich deshalb als *Integrationssuizidalität der de-*

pressiven Position. Der Terminus ist etwas umständlich, hat aber den Vorteil, daß man weiß, auf welche Therapiephase er sich bezieht.

Mit einem stationär aufgenommenen Patienten entwickelte sich aufgrund einer Enttäuschung durch mich ein Gespräch, das die oben beschriebene Modifizierungsarbeit illustriert. Ich hatte ihm irrtümlich einen Termin gegeben, an dem ich dienstlich verhindert war; und darüber war er empört. Es gab nur zwei Erklärungen für meine Fehlleistung: entweder war ich schusselig, das wäre verzeihbar, weil ich so viel zu tun hatte, oder ich hatte es absichtlich gemacht, um ihn zu testen.

In dem folgenden Gespräch weiß er nicht, wie er es sehen soll. Bei keiner der beiden Möglichkeiten ist ihm wohl. Mein Verhalten hatte ihn mehr als geärgert. Es fällt ihm ein bissiges Tier aus einem Traum ein. Ich frage ihn, wem dieses Tier gehören könnte.

Er lacht: "Sie meinen, es gehört mir, weil ich es geträumt habe?"

Ich: "Vielleicht, vielleicht auch einem anderen. Mir oder sonst jemandem."

Pat.: "Vielleicht meinem Chef, der treibt mich ja auch weg vom Arbeitsplatz, weil er einen anderen hat."

Ich: "Wie ist Ihnen bei der Vorstellung, daß in jedem dieser drei ein solches beißendes Wesen stecken könnte, in Ihrem Chef, in Ihnen und in mir?"

Pat.: "In mir nicht! Oder doch? Ich kann manchmal ganz schön bissig und aggressiv sein."

Er schweigt eine Weile und fährt fort: "In Ihnen nicht. Jedenfalls möchte ich nicht, daß es so etwas in Ihnen gibt und gegen mich geht. Nein, Sie haben so etwas nicht. Oder haben Sie so etwas auch?"

Ich: "Ich glaube schon, daß ich auch so etwas habe, daß ich bissig und aggressiv werden kann."

Pat. zögernd: "Ich weiß nicht."

Ich: "Und wenn es so wäre?"

Pat.: "Irgendwie ist mir nicht so ganz wohl bei dem Gedanken. Aber wenn ich Sie manchmal so auf der Station erlebe, kann das schon sein. Sie sind ja manchmal ganz schön kurz angebunden und können sauer werden."

Ich: "Ja, manchmal bin ich so."

Pat.: "Vielleicht sind Sie, wenn Sie so sind, durch die Patienten so, durch den Ärger den Sie haben."

Ich: "Dann läge es wieder an Ihnen, und in mir selbst gäbe es so etwas eigentlich nicht. Ist das angenehmer?"

Pat.: "Irgendwie klarer. Macht auch weniger Angst. Aber so ganz scheint es nicht zu stimmen."

Der Patient wurde nachdenklich. Wenn ich solche Seiten hatte, mußte er sein Bild von mir ändern. Wenn ich aber auf der anderen Seite mit solchen Seiten einigermaßen zurechtkam, mußte er vielleicht auch seine eigene Aggressivität nicht mehr so fürchten, sondern konnte sie in konstruktiverer Weise einsetzen und für sich nutzbar machen.

Die Frage "wie bin ich und wie ist der andere?" kann bei einer Rücknahme des Spaltungsmechanismus nicht mehr so eindeutig beantwortet werden wie zuvor. Die antithetischen Selbst- und Objektrepräsentanzen des Dr. Jekyll und Mr. Hyde, die bisher ausreichend sicher voneinander getrennt gehalten werden konnten, rücken näher zusammen und scheinen einander gegenseitig Eigenschaften abzutreten. Damit wird auch die eigentliche Person, deren Teilkomponenten Dr. Jekyll und Mr. Hyde darstellen, allmählich in ihren Umrissen erkennbar.

Aber diese Annäherung bringt Probleme mit sich. KERNBERG (1978) weist darauf hin, daß "in diesem entscheidenden Moment für den Patienten eine außerordentlich schwierige emotionale Situation [entstehe]: Er muß jetzt die realen guten Anteile des Analytikers/der Mutter, die er bislang verleugnet und entwertet hatte, anerkennen und sich damit einem überwältigenden Schuldgefühl wegen seiner früheren Aggression gegen den Analytiker aussetzen. Mancher Patient gerät in Verzweiflung darüber, daß er seinen Analytiker und überhaupt alle Menschen, die in seinem Leben für ihn bedeutsam geworden sind, immer wieder mißachtet und rücksichtslos behandelt hat; manchmal steigert sich dieses Gefühl sogar zu der Überzeugung, alle diejenigen, die er hätte lieben können und die ihn hätten lieben können, wirklich zerstört zu haben. In solchen Momenten treten oft starke Selbstmordgedanken oder gar Selbstmordabsichten auf." (S. 296).

Von einer Patientin berichtete die Nachtwache, daß sie auf dem Treppengeländer des zweiten Stockwerks gesessen hatte und in lebensgefährlicher Weise heruntergerutscht war. Außerdem hätte sie wieder in unkontrollierter Weise Kalium zu sich genommen, "in Eigensubstitution für das Erbrechen", wie sie sagte. Während der Visite am folgenden Morgen sprachen der Stationsarzt und ich sie auf diese Ereignisse an und sagten ihr, daß wir in Sorge um sie seien, daß wir wegen der unkontrollierten Kaliumeinnahme eine Zimmerdurchsuchung machen würden und uns überlegten, wie wir sie besser schützen könnten. Das Gespräch war eindringlich und direkt.

Am Abend wurde sie auf der Station vermißt. Erst spät kam sie zurück. Der diensthabende Arzt berichtete, daß sie sich in dem Gespräch heute morgen mit dem Stationsarzt und mir geschämt habe. Sie habe gemerkt, wie schlecht sie sei, schlecht deswegen, weil sie denjenigen Leuten, die sich um sie kümmern würden, die Sorge um sie hätten, immer einen "Tritt in den Hintern" geben würde. Als wir am folgenden Morgen miteinander sprachen, erzählte sie, wie sie in letzter Zeit unter ihrem üblichen Umgang mit anderen Menschen leide. Sie würde andere nur von sich wegstoßen. Ich fragte sie, ob es ihr manchmal zu nahe sei, wenn andere sich um sie kümmerten. Sie bestätigte das, und ich sagte ihr, daß das Wegstoßen dann eine wichtige Fähigkeit sei, um den anderen wieder auf die richtige Distanz zu bringen, trotzdem vielleicht aber auch schmerzlich, wenn man es eigentlich anders machen möchte.

Die Arbeit an den Integrationsprozessen kann aus verschiedenen Gründen kritisch sein und zur Suizidalität führen. Mit zunehmender Toleranz für die psychische Realität des anderen schwinden dem Patienten die subjektiven Rechtfertigungsmöglichkeiten seiner Feindseligkeit. Dadurch kann es zu einem Wiederaufleben des Spaltungsmechanismus mit einem überwiegenden Erleben des negativen Selbstanteils kommen, was zu kritischer Selbstanklage führen kann. In dieser Situation kommt es darauf an, dem Patienten den konstruktiven Aspekt seiner Feindseligkeit aufzuzeigen; zum Beispiel den darin zum Ausdruck kommenden enttäuschten Wunsch nach einem guten Objekt.

Früher oder später kommt es in der Behandlung von Borderline-Patienten zu dem, was als "Geburtsstunde der depressiven Position" bezeichnet werden kann. Mit zunehmender Integration gegensätzlicher Selbst- und Objektbilder wird eine realitätsgerechtere Einschätzung des anderen möglich und damit auch die Entwicklung der Fähigkeit, sich in den anderen einzufühlen. Der Patient erkennt dann, daß seine gegen den Therapeuten gerichteten Attacken diesen nicht gleichgültig lassen, sondern daß er bei feindseligen Ausbrüchen betroffen, ärgerlich oder gekränkt sein kann, aber auch Sorge über Gefahren und Freude über Entwicklungen erlebt. Parallel zum Erwerb der psychisch-strukturellen Voraussetzungen für Empathie erscheinen Schuld und Bedauern. Zum ersten Mal erlebt der Patient *Trauer*, wo vorher Depressivität war.

Die Patientin, die die Angst vor den Integrationsprozessen in den Traum mit den beiden Flüssen gekleidet hatte, beschreibt diese Therapiephase so: "Irgend etwas ist anders geworden. Etwas geht in mir vor". Sie berichtet darüber, daß sie mich bei meiner bevorstehenden Reise gern begleiten würde, daß mein Auto eine Delle hätte, daß der Kindersitz unsicher sei, daß ich heute anders aussähe als sonst, abgespannter. Sie beschäftigt sich damit, wie es mir geht, macht sich Sorgen und stellt Überlegungen an, in welchen Zusammenhängen ich sonst noch tätig sei. Sie beginnt, Empathie zu entwickeln, eine Fähigkeit, die eine größere Distanz, verbunden mit größerer Selbständigkeit gegenüber ihrem Selbstobjekt voraussetzt. Dann beschäftigt sie sich damit, was die Therapie gebracht habe, und stellt fest, daß es ihr besser ginge und daß sie Dankbarkeit mir gegenüber empfinde. Auf der anderen Seite aber habe sie sehr unter der Therapie gelitten, unter all dem Frust, den sie durch mich erfahren habe.

Pat.: "Ich habe diese beiden Gefühle in mir."

Ich: "Vielleicht besteht das Neue jetzt darin, daß Sie diese Gefühle, einerseits Dankbarkeit, andererseits den Frust durch mich, gleichzeitig und nebeneinander in sich haben können."

Pat.: "Sonst hatte ich immer nur eines von beiden, das war viel schwieriger und anstrengender. Aber es war auch klarer. Entweder hatte ich eine Mordswut auf Sie, oder ich fand Sie unheimlich toll. Jetzt weiß ich nicht mehr, wie ich Sie finden soll. Ich finde Sie jetzt auch noch gut, aber manchmal denke ich, ob Sie nicht eigentlich auch ziemlich einseitig sind, in dem, was Sie so machen, ob ich nicht auch enttäuscht bin von Ihnen. Ich möchte diesen Gedanken beiseite schieben, weiß aber auch, daß irgend etwas dran ist. Das macht mich irgendwie ratlos."

Ich: "Fließen die beiden Flüsse jetzt zusammen, der silbrig-weiße und der dunkle?"

Die Patientin antwortet mit etwas trauriger Stimme: "Weiß nicht, vielleicht."

Und nach einer Weile: "Wäre ich heute doch bloß nicht hergekommen."

Die depressive Position ist die Phase der Entwicklung neuer Affekte, wobei die Fähigkeit zu Trauer (anstelle von Depressivität) und Dankbarkeit (anstelle von Neid) eine wichtige Rolle spielen (MELANIE KLEIN 1957). Sie ist, um das Bild der Patientin zu benutzen, vergleichbar mit dem Zusammenfluß zweier Flüsse. Bei Hannoversch-Münden heißt es auf einem Schild:

> Wo Werra sich und Fulda küssen
> Sie ihren Namen büßen müssen[10]

---

10 Den Hinweis auf diese schöne Analogie zum Übergang der paranoid-schizoiden in die depressive Position verdanke ich meinem Kollegen Herrn Dr. HAUSTEIN.

In der Tat müssen in der depressiven Position die alten Namen, die alten Ich-Zustände und Objektbilder aufgegeben werden, um neuen Sichtweisen und neuen Formen des Erlebens Platz zu machen. Das Zusammenfließen zweier Flüsse bringt etwas Drittes hervor. Sie selbst aber müssen ihre bisherige Form ändern.

In einem späteren Traum griff die Patientin das Thema der Integration wieder auf. Während ihr in ihrem ersten Integrationstraum das Zusammenfließen der entgegengesetzten Strömungen noch Angst bereitete, da ihr Ich überschwemmt zu werden drohte, sah es in dem folgenden Traum anders aus:

> Ich befinde mich in einem alten, halbverrotteten Güterwaggon. Er ist leer, und ich habe in der Ecke ein Lager. Dann sehe ich, daß die Tür weit geöffnet ist, und ich klettere heraus und stehe auf einem Bahnhof mit vielen Gleisen. Es stehen viele Leute auf dem Bahnsteig, und die sagen, daß da drüben der letzte Zug fahren würde. Alle wollen hin, um den Zug noch zu kriegen. Ich laufe mit.

Ihr fielen die Waggons der Konzentrationslagertransporte ein, und das sogenannte lebensunwerte Leben. Ich erinnere sie an ihre eigenen früheren Einschätzungen ihrer selbst als jemand minderen Wertes, den die Welt nicht gebrauchen könne.

Der letzte Zug ist aber auch ein Zug, bei dem man allein auf dem Bahnhof zurückbleibt, wenn man ihn verpaßt. Und der Patientin fielen die letzten Sitzungen ein, in denen es darum gegangen war, daß sie sich im Laufe ihrer Analyse mehr und mehr sozial isoliert hatte. Jetzt stellte sie fest, daß es inzwischen eigentlich gar nicht mehr so war. Die Leute riefen sie wieder an, was, wie sich herausstellte, nicht zuletzt Folge davon war, daß sie wieder ans Telefon ging, wenn es läutete. Sie war nicht mehr lebensunwert und konnte sich am Telefon wieder den Menschen zumuten und den Hörer abnehmen.

Sie sagte: "Ich gehe ans Telefon, wenn es klingelt. Früher ließ ich es einfach läuten, wenn es mir schlecht ging. Ich wollte mich den anderen nicht zumuten".

Die Türen des Waggons waren geöffnet, und sie durfte hinaus aus dem leeren, dunklen Behälter ihres abgelehnten Selbst mit dem destruktiven Ziel. Sie konnte es wagen, sich in eine Welt zu begeben, in der es andere, und zwar ganz normale Menschen gab. Sie merkte, daß sie die gleichen Ziele hatte wie diese, und ging mit ihnen. Sie hatte keine Angst mehr, "in der Menge unterzugehen". Sie merkte, daß sie im Gegensatz zu früher nicht mehr auf jede Kontaktmöglichkeit angewiesen war. Sie konnte sich ihre Kontakte besser aussuchen, da sie besser allein sein konnte.

Im Traum der beiden Flüsse wird der Integrationspunkt (der Beginn der depressiven Position) symbolisiert durch das Zusammenfließen entgegengesetzter Strömungen. In diesem zweiten Traum wird diese entscheidende strukturbildende Position im Bild des Waggons auf einer weiterentwickelten Ebene erneut thematisiert. Auch hier gibt es zwei entgegengesetzte Elemente: Das Lager im dunklen Waggonteil und die offene Tür. Im ersten Traum war es ein Bild, auf das die Patientin noch mit Angst reagierte und sich gegen die neu sich ankündigenden Strukturen wehren mußte. Jetzt entwickelt sie ein Bild, das zeigt, daß ihr ein neuer Weg offensteht.

Die Waggontür, Trennung zwischen abgelehntem Selbst und der dem Leben zugewandten Welt, darf offen bleiben. Keine Versuche der Patientin, sie zu schließen. Beide Selbstaspekte dürfen umeinander wissen.

Frau E. hatte ihr ehemals zu vernichtendes Selbst zurückgewonnen und brauchte es nicht umbringen zu lassen oder selbst umzubringen, weil es etwa lebensunwert gewesen wäre. Dieser Selbstanteil hatte das lebensnotwendige Gefühl, lebenswert zu sein, wiedererlangt. Die ursprünglich der Objektänderung dienende Suizidalität hatte ihre Funktion verloren, weil es zu einer Selbständerung gekommen war - die Patientin war nicht mehr suizidal. Die Funktion des äußeren Objekts (Annahme des Subjekts) war zu einem inneren Strukturelement geworden, so daß die Patientin diese Regulation selbst übernehmen konnte. So war es auch nicht verwunderlich, daß sie, die sich nie hatte vorstellen können, einmal ihre Analyse zu beenden, nun davon sprach, aufzuhören.

Übersicht

Suizidalitätsformen zwischen präpsychotischem Niveau und dem Niveau der Integrationsprozesse

Funktionsniveau

Suizidalitätsformen

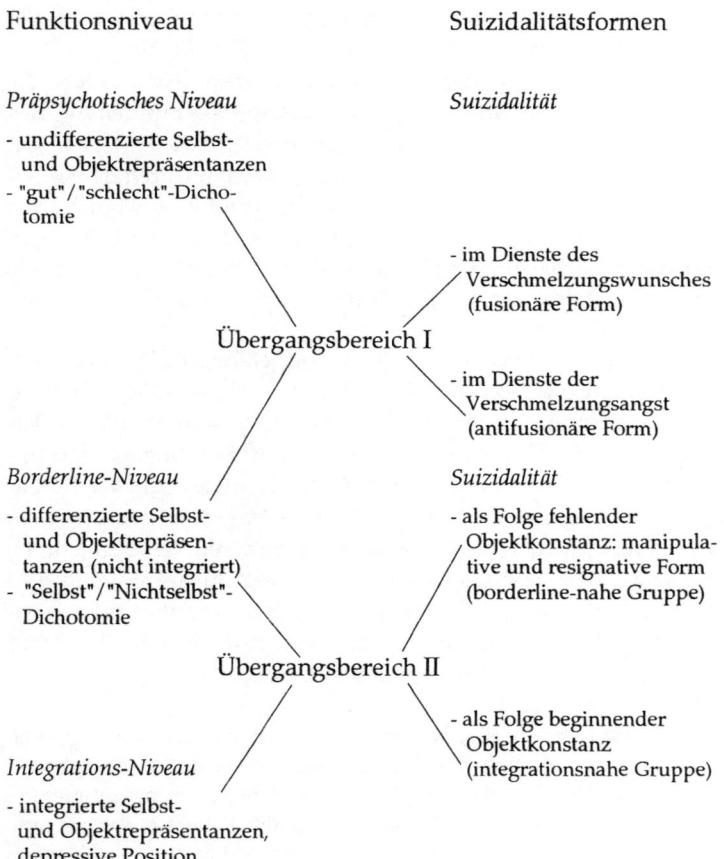

Präpsychotisches Niveau

Suizidalität

- undifferenzierte Selbst-
  und Objektrepräsentanzen
- "gut"/"schlecht"-Dicho-
  tomie

Übergangsbereich I

- im Dienste des
  Verschmelzungswunsches
  (fusionäre Form)

- im Dienste der
  Verschmelzungsangst
  (antifusionäre Form)

Borderline-Niveau

Suizidalität

- differenzierte Selbst-
  und Objektrepräsen-
  tanzen (nicht integriert)
- "Selbst"/"Nichtselbst"-
  Dichotomie

- als Folge fehlender
  Objektkonstanz: manipulative und resignative Form
  (borderline-nahe Gruppe)

Übergangsbereich II

- als Folge beginnender
  Objektkonstanz
  (integrationsnahe Gruppe)

Integrations-Niveau

- integrierte Selbst-
  und Objektrepräsentanzen,
  depressive Position

5. Gegenübertragung

Als Angehöriger helfender Berufe muß man im Umgang mit suizidalen Patienten mit habituellen Gegenübertragungsschwierigkeiten rechnen. Das liegt mit daran, daß beide Gruppen (Patienten und Therapeuten) zwei wesentliche Konfliktbereiche miteinander teilen: Schwierigkeiten im Umgang mit der Aggression und mit der Selbstwertregulation (vgl. REIMER 1981). Die mit diesen Themen verbundenen Konflikte werden durch den suizidalen Patienten im Therapeuten aktiviert (und umgekehrt). Man wird daher bei sich auf Gegenübertragungsschwierigkeiten stoßen, die zunächst einmal nichts mit dem Patienten zu tun haben, sondern aus der eigenen psychischen Struktur und der eigenen Berufswahl resultieren.

Ärzte sind in höherem Maße suizidgefährdet als andere Berufsgruppen (REIMER 1981, 1982; BLACHLY et. al. 1968). Sie bringen sich häufiger um als der Bevölkerungsdurchschnitt und leiden mehr unter Depressionen und Suchterkrankungen. Und unter den Ärzten scheint am stärksten die Berufsgruppe der Psychiater betroffen zu sein. Man wird sich fragen müssen, was in Ärzten ausgelöst wird, wenn sie in ihren Patienten demjenigen begegnen, das sie bei sich selbst abwehren müssen; wenn also für ihre eigene (durch Abwehrmaßnahmen von ihrem Bewußtsein ferngehaltene) suizidale Latenz durch die Suizidalität ihrer Patienten eine Versuchungssituation entsteht.

REIMER (1981) beschreibt, wie er als Psychiater in der chirurgischen Ambulanz eine Patientin untersuchte, die sich Schnittwunden beigebracht hatte. Der Oberarzt der Klinik sei ins Untersuchungszimmer gekommen und habe in aufgebrachtem Ton der Patientin etwa gesagt, daß man "solche Leute wie sie hier gar nicht haben wolle, und wenn sie schon so etwas wie einen Suizidversuch mache, dann solle sie es auch richtig machen. Er sei gern bereit, ihr am Hafen ein Geschäft zu nennen, wo sie sich einen ordentlichen Strick kaufen könne; mit dem könne sie sich dann zu Hause auf ihrem Dachboden aufknüpfen" (S. 2).

TABACHNICK (1961a, S. 66) beschreibt ein Beispiel, in dem ein Arzt nach erfolgreicher Reanimation "with almost undisguised hostility" sagt, "Well, now you can go out and do it again".

120

Hier begegnen uns Ärzte, die Todeswünsche gegen ihre Patienten äußern. Gegen die Mobilisierung der eigenen Latenz, so scheint es, ist auch der hippokratische Eid kein ausreichender Schutz, und man kann sich fragen, warum es sich in der Geschichte der Medizin als notwendig erwiesen hat, den Angehörigen der medizinischen Disziplin diesen Eid abzuverlangen, wenn nicht Entgegengesetztes abzuwehren wäre.

Neben den möglichen Gründen für die unkontrollierten Gegenübertragungsreaktionen sind diese Beispiele noch durch einen anderen Punkt interessant. Sie weisen auf konkret-körperlicher und daher eindeutiger Ebene auf die kontroverse Beziehung zwischen suizidalem Patienten und seinem Arzt hin: Der eine schädigt sich, der andere soll das bewußt und gezielt Geschädigte heilen. Er soll also etwas tun, was der Patient immer wieder zerstören kann und auch so lang zerstören wird, bis die Gründe dafür aufgedeckt und bessere Alternativen gefunden sind. Der Patient macht dem Therapeuten nicht nur vor, wie nahe man dem Tod, wenn man es will, sein kann, sondern zeigt ihm auch, daß er eine dem Arzt entgegengesetzte Absicht verfolgt. Er will, zumindest auf bewußter Ebene, den Tod; der Arzt will auf bewußter Ebene das Leben.

Die Berufswahl des Arztes scheint in besonderem Maße auch bestimmt durch Ängste vor Krankheit und Tod. REIMER hat hierfür überzeugende Befunde vorgelegt, die er so interpretiert, daß bei Ärzten eine große Angst vor unheilbaren Krankheiten, Angst vor dem Tod, vor Ohnmacht, Abhängigkeit und Hilflosigkeit vorliegt. All das seien Ängste, schreibt REIMER, "vor denen sie [die Ärzte] schon die Wahl ihres Berufes mit seinem spezifischen Rollenverständnis zu bewahren scheint" (S. 23). TABACHNICK (1961a) stellt unumwunden fest: "As a matter of fact, it is often true that the choice of a healing profession represents a systemized reaction formation against the expression of sadistic impulses" (S. 65).

Starke latente Todesangst schon vor der Berufswahl? Abwehr sadistischer Impulse als Motiv? Und Umgang mit dieser Dynamik durch einen Sprung nach vorn in denjenigen Bereich, in dem es berufsbedingt stets um Leben und Tod geht? Der Arzt erscheint so als jemand, der auf manifester Ebene durch sein tägliches Handeln den Tod anderer zurückdrängt, und darauf bereitet sein Studium ihn vor. Er ist aber auch jemand, der auf unbewußter Ebene dadurch seine eigenen Todesängste und suizidalen Tendenzen zurückzudrängen hofft, und darauf bereitet sein Studium ihn nicht vor. In der sicheren Überzeugung, bei seinem therapeutischen Handeln den Patienten stets auf seiner Seite zu haben, mit einem gleichgesinnten Bündnispartner Krankheit und Tod zu bekämpfen, beendet er seine medizinische Ausbildung und nimmt seine therapeutische Tätigkeit auf. KREUZER-HAUSTEIN (1992) stellt in ihren Überlegungen zur Rezeption des Todestriebs innerhalb der FREUDschen Kulturtheorie bei Medizinern eine Ablehnung fest, "vorübergehend die ärztliche Position zu verlassen und die beunruhigende Möglichkeit ins Auge zu fassen, daß die lebenserhaltenden, heilenden Kräfte letztendlich scheitern" (S. 55). WEGEHAUPT (1981) hat auf Lernwiderstände gegen medizinische Psychologie und Psychotherapie bei Medizinstudenten hingewiesen, die er auf die Befürchtung zurückführt, daß "ihr eigener Entwurf vom Arztsein hinterfragt" werden könnte (S. 146). Dieser Widerstände eingedenk, wird man daher mit Überraschung und Unverständnis rechnen können, wenn der examinierte Mediziner nun Menschen begegnet, mit denen die von ihm als selbstverständlich vorausgesetzte Gleichsinnigkeit in der therapeutischen Zielsetzung nicht herzustellen ist, Menschen, die in Krisen geraten, in denen sie von ihrer bewußten Intention her eine entgegengesetzte Richtung verfolgen und körperliche Schädigung oder den Tod zu suchen scheinen.

Durch die Suizidalität seines Patienten wird der Arzt und der Angehörige helfender Berufe in einem zentralen Konfliktbereich seiner Persönlichkeit getroffen. Gerade in jenem Berufsfeld, durch das er hoffte, seine eigenen Konflikte und Ängste vor Tod, Suizidalität, Ohnmacht und Auslieferung am besten verdrängen zu können, begegnet er ihnen, und zwar auf eine Weise - und das ist das Brisante -, die Identifikation ermöglicht.

Da, wo die Gegenübertragung spezielle Schwierigkeiten und Gefahren birgt, birgt sie aber auch entsprechende Chancen. PAULA HEIMANN (1950) hat zur Gegenübertragung gesagt, daß sie "eine Schöpfung des Patienten" (the patients *creation*) sei und "ein Teil der Persönlichkeit des Patienten" (part of the patient's personality, S. 83), und sie hat damit unsere Stützpunkte für diagnostische und therapeutische Überlegungen um einen wichtigen Bereich erweitert. Häufig wird aber dieser Ansatz mißverstanden oder zumindest überstrapaziert. Trotz der HEIMANNschen Aussage muß betont werden, daß die Gegenübertragung zunächst einmal Ausdruck und Teil der *eigenen* Persönlichkeit ist.

Nicht all das, was wir gegenüber unserem Patienten erleben, läßt direkte Rückschlüsse auf ihn zu. Es läßt zuerst und vor allem Rückschlüsse auf uns selbst zu. Diese Fraktion aus dem Pool der Gegenübertragungsreaktionen gilt es abzutrennen und zu bewerten. Erst dann wenden wir uns dem Patienten zu und fragen uns, in welchem Verhältnis das, was wir bei uns vorfinden, zu dem steht und paßt, was er selbst mitbringt. Hier werden wir nun allerdings die Beobachtung machen können, daß das, was wir nach dieser Gegenübertragungsanalyse als unser eigenes erkennen, so fern von dem nicht ist, was der Patient mit sich auszumachen hat, und wir können, wenn wir Gegenübertragung in dieser Weise nutzen, einen ertragreichen Zugangsweg zur Psyche des Patienten betreten. In diesem Sinne läßt sich dann der Satz PAULA HEIMANNS verstehen, wenn sie von der Gegenübertragung als einem "Instrument der Forschung in das Unbewußte des Patienten" spricht (S. 81). Die therapeuteneigenen Konflikte können dann sozusagen als Resonanzboden dienen, der durch die suizidale Interaktion in seinen verschiedenen Frequenzbereichen zum Schwingen gebracht wird, dem der Ohnmacht und des Ausgeliefertseins, dem des defensiven Helfenwollens und der Schuldgefühle, dem des Selbstwertzweifels und dem der narzißtischen Kränkbarkeit. Aus einer potentiellen Einschränkung kann so eine Erweiterung der Wahrnehmung werden. Die Tatsache ähnlicher Konflikte kann den Therapeuten dafür sensibilisieren, Entsprechendes bei seinem Patienten eher zu erfassen, als es sonst der Fall wäre.

Bekanntlich wird unter Gegenübertragung sehr Unterschiedliches verstanden. Die Definitionen (vgl. KERNBERG 1965; SANDLER et al. 1973) reichen auf einer breiten Skala von einem engen bis zu einem sehr weit gefaßten Begriff.

"Wir sind", heißt es bei FREUD (1910) in 'Die zukünftigen Chancen der psychoanalytischen Therapie' (S. 104-115) "auf die 'Gegenübertragung' aufmerksam geworden, die sich beim Arzt durch den Einfluß des Patienten auf das unbewußte Fühlen des Arztes einstellt, und sind nicht weit davon, die Forderung zu erheben, daß der Arzt diese Gegenübertragung in sich erkennen und bewältigen müsse".

Diese Textpassage wurde, worauf NERENZ (1985) kritisch hinweist, häufig so ausgelegt, als sähe FREUD in der Gegenübertragung einen störenden Faktor und als sei es ausschließlich späteren Autoren vorbehalten geblieben, sie aus ihrem Stiefkinddasein zu befreien. Wenngleich in der Folge das Konzept der Gegenübertragung sehr viel weiterentwickelt wurde, so muß man doch FREUD in seiner Kernaussage, daß der Analytiker seine Gegenübertragung in sich bewältigen (und eben nicht in sich unterdrücken) müsse, nach wie vor voll zustimmen.

Im Lauf der Zeit wurde immer stärker betont, daß die Gegenübertragungsphänomene des Analytikers ohne Einbeziehung der seelischen Vorgänge im Patienten und ohne Berücksichtigung der Beziehung, in der sie sich manifestieren, nicht verstanden werden könnten, aber auch umgekehrt Stimmung, Befindlichkeit und Mitteilungen des Patienten nicht losgelöst von Stimmung, Befindlichkeit und Gefühlen seines Therapeuten zu sehen seien. Dies hat sogar zu der überspitzten Formulierung geführt, daß die Gegenübertragung der Übertragung vorausginge, was etwa heißt: So, wie der Therapeut in den Wald hineinruft, so schallt es heraus.

Diese, die gegenseitige Verschränkung von Übertragung und Gegenübertragung berücksichtigende Sichtweise wurde besonders dadurch notwendig und gefördert, daß sich die psychoanalytische Therapie zunehmend mehr präödipalen Störungen zuwandte. Im Umgang mit diesen Patienten sind Gegenübertragungsreaktionen bisweilen sehr heftig, und man hat manchmal das Gefühl, daß das, was in einem vorgeht, gar nicht von einem selbst stammen könne, weil es einem so fremd erscheint. Gelegentlich hört man die Meinung, daß dieses Gefühl der Ich-Fremdheit ein gutes Kriterium für das Vorliegen und die Wirksamkeit einer projektiven Identifikation sei: Was einem fremd ist, müsse von einem anderen stammen. Dieser vorschnelle Schluß läßt außer acht, daß wir aus dem Bereich des Fremden die größten Kontinente in uns selbst beherbergen und wir es gar nicht nötig haben, nach außen zu schauen, um Fremdem zu begegnen. Dem Fremdesten und Bizarrsten begegnen wir in unserem eigenen Unbewußten, und sicherlich erschiene das tatsächlich außen liegende Fremde uns weniger befremdlich, wenn wir mit unserem eigenen Fremden bekannter würden.

Insgesamt halte ich es für günstig, in die Gegenübertragung alles mit einzubeziehen, was einem über einen Patienten durch Kopf und Gemüt und darüber hinaus auch durch den Körper geht. Heftige "archaische" Gefühle, oder vielleicht besser Affekte, versammeln sich häufig als primäre Bildungsstätte zunächst im körperlichen Bereich (ein körperliches Unruhegefühl, Schwere der Glieder, Wutvorläufer im Bereich des Bauches, ein schnellerer

Puls, Gänsehaut, Kopfschmerzen etc.) bevor sie sich zu benennbaren Affekten formieren und zu erkennen geben. Es geht also um alle Gefühle, Impulse, Phantasien, Handlungsbereitschaften und körperliche Reaktionen, die man bei sich vorfinden kann.

Zwei Grundkonstellationen der Gegenübertragung im Umgang mit suizidalen Patienten

Die Gegenübertragungsgefühle im Umgang mit suizidalen Patienten sind vielfältig, und doch handelt es sich natürlich nur um einen eingegrenzten Sektor aus dem Gesamtspektrum der Gefühle und Reaktionsbereitschaften, mit denen man es üblicherweise bei sich zu tun hat. Forscht man bei sich nach, welche Gefühle man im Umgang mit suizidalen Patienten hatte, oder in gegenwärtigen Behandlungen hat, so geht es wahrscheinlich im großen und ganzen um das folgende Spektrum:

- Sorge um den Patienten und Angst um und vor ihm,
- Mobilisierung aggressiver Impulse wie Wut, Haß und Feindseligkeit,
- Gefühle der Auslieferung und des Gebanntseins,
- das Gefühl, vom Patienten in die Enge getrieben und manipuliert zu werden,
- ihn quasi im Gegenzug selbst in den Griff bekommen, ihn abschieben und lossein zu wollen,
- ihm seinerseits etwas anzutun, zum Beispiel einzusperren oder medikamentös "ruhig zu stellen",
- die Einstufung aller nicht auf den Patienten bezogenen Pläne, Gedanken und Tätigkeiten als nebensächlich,
- schließlich um Schuldgefühle.

Weiterhin wird man bei sich auf Gefühle stoßen von

- Resignation, Hilflosigkeit und Ohnmacht,
- Selbstzweifel und Insuffizienz,
- Zweifel an der eigenen beruflichen Kompetenz, bis hin zu
- dem Gefühl, für diesen Beruf im Grunde nicht geeignet zu sein.

Auf den ersten Blick mag das als eine große Vielfalt erscheinen. Versucht man aber bei all diesen Gefühlen und Handlungsimpulsen ein erstes Ordnungsprinzip zu erkennen, so wird man feststellen, daß es sich im Grunde um zwei Gebiete handelt. Die erste oben beschriebene Gruppe ist mehr auf das Objekt bezogen, die zweite mehr auf das Selbst, auf den Narzißmus des Therapeuten.

Diese Einteilung erleichtert zwar bereits in einem ersten Schritt den diagnostischen Umgang mit der Gegenübertragung, ist aber immer noch ein mehr äußerliches Kriterium. Wenn wir den Gedanken ernst nehmen, daß wir Gefühle und Affekte nicht einfach irgendwie "haben", sondern daß wir sie immer nur in bezug auf jemanden oder auf etwas haben, daß wir also immer von einem Subjekt, einem Objekt und der sie wie eine Achse verbindenden gefühls- und affektbetonten Interaktion ausgehen müssen, dann werden wir auch bei der Untersuchung unserer Gegenübertragung immer ein hypothetisches, dieser Interaktion zugrundeliegendes Anliegen des Patienten mit einbeziehen müssen. Der Patient ist nicht feindselig schlechthin, fühlt sich nicht aus sich heraus verzweifelt oder ausweglos in die Enge getrieben, unrehabilitierbar beschämt, sondern er ist es stets in bezug auf jemanden. In der Therapie und in der Übertragung ist er es in bezug auf uns.

Auch in unserer Gegenübertragung sind wir nicht einfach feindselig, sondern sind es gegenüber unserem Patienten, sind nicht für uns wütend, sondern sind es auf ihn und auf uns. Wir geraten um ihn in Sorge und haben um ihn und vor ihm Angst. Oder wir haben Angst vor uns, zum Beispiel vor unserer eigenen Suizidalität oder Aggression. (Hier spielen natürlich persönlichkeitsspezifische Verstärkungen und Abschwächungen eine nicht unerhebliche Rolle.)

Wenn wir ernst nehmen, daß der Patient in diesen Gefühlszuständen, die sich jetzt womöglich auf uns richten, alte und konflikthafte frühkindliche Objekterfahrungen wieder aktiviert und neu inszeniert, werden wir uns weiterhin fragen müssen, welche Art Beziehungspartner aus der Vergangenheit des Patienten wir im Hier und Jetzt sind oder werden sollen, und was der Patient, wenn er uns diese Rolle zuweist und so hartnäckig bestrebt ist, uns in sie hineinzumanövrieren, damit intendiert. Seine Suizidalität ist, so gesehen, nicht mehr bloß lebensgeschichtliche Zuspitzung, bei der wir von außen beratend, helfend, Ausweg weisend tätig werden könnten (manchmal wird darin ein psychotherapeutischer Zugangsweg gesehen), sondern es ist eine Neuinszenierung konflikthafter, alter Objekterfahrungen, für die er einen anderen Lösungsweg als den bisherigen sucht, und bei dem uns als

Therapeut die Rolle des ehemaligen Konfliktpartners übertragen wird.

Manchmal werden die Gegenübertragungsgefühle im Umgang mit suizidalen Patienten als etwas betrachtet, was wir in uns zu bewältigen haben, damit sie sich nicht schädlich auswirken. Das ist natürlich ganz zweifellos eine wichtige und erste Aufgabe. Aber wir werden nicht dabei stehen bleiben und meinen können, daß wir nach dieser Gegenübertragungsbearbeitung, sozusagen innerlich bereinigt und frei, uns den Problemen des Patienten, losgelöst von uns selbst, wieder zuwenden könnten. Diese die Probleme des Patienten verobjektivierende Therapiehaltung geht an der Intention des Patienten vorbei und läßt ihn, obwohl man doch das Gegenteil vorhatte, nämlich sich um ihn kümmern wollte, nur wieder allein. In der Gegenübertragung haben wir viel mehr als bloß ein eigenes Problem vor uns. Sie stellt einen entscheidenden diagnostischen und therapeutischen Gegenstand der Therapie dar. Die Rolle, in der wir uns gegenüber unserem Patienten befinden und die wir per Gegenübertragungsdiagnostik bestimmen können, korrespondiert oftmals wie Schlüssel und Schloß zu demjenigen, was der Patient bei sich selbst zu bewältigen hat. Er weist uns zum Beispiel Gefühle von Wut, Haß und Feindseligkeit zu, damit wir in uns spüren, wie es in ihm aussieht. Er kommuniziert uns Gefühle von Ohnmacht, Selbstzweifel, Resignation, damit wir nicht nur wissen, sondern unmittelbar erleben, wie es ihm in solchen Zuständen geht. Der Patient weist uns aber nicht nur eine Rolle zu, damit wir ihm zeigen, wie wir unsererseits mit dieser Rolle fertigwerden, sondern er kommuniziert uns auch auf unbewußtem Wege Gefühlszustände, die er bei sich nicht mehr wahrnehmen kann, und die wir sozusagen stellvertretend wahrnehmen, formulierbar machen und in den therapeutischen Prozeß und Dialog einbringen sollen.

Die Gegenübertragungskonstellation des manipulierten Objekts

Auf einer Visite ging es um die Entlassungsplanung. Auf die Frage, wie es draußen weitergehen würde und was sie geplant hätte, zuckt die Patientin leicht verächtlich die Schultern und erwidert: "Wie soll es schon weitergehen. Vermutlich werde ich mich umbringen".

Ein Patient spricht von seinen großen Hoffnungen, die er in die Therapie gesetzt habe. Die Klinik sei für ihn die letzte Hoffnung gewesen. Er müsse jetzt aber erkennen, daß er sich geirrt habe. Er sei wohl doch ein zu schwerer Fall, dem niemand mehr helfen könne. So bliebe ihm nichts übrig, als sich umzubringen. Man solle dies nicht als Vorwurf auffassen. Im Gegenteil, er erkenne die große Mühe, die man sich gegeben habe, an und frage sich, wieso man es überhaupt so lange mit ihm ausgehalten habe. Andere hätten sicher viel früher aufgegeben, und so könne er verstehen, daß man jetzt mit dem therapeutischen Latein am Ende sei.

Eine Patientin mit häufigen Selbstbeschädigungen und Suizidversuchen suchte gewöhnlich kurz vor Dienstschluß das Pflegepersonal auf, um mitzuteilen, daß sie es nicht mehr lang mit sich aushalten könne. Sie könne nicht mehr für sich garantieren und sage dies jetzt, da sie einen Suizidpakt habe. Sie wisse nicht, ob sie den Pakt einhalten könne. Medikamente lehne sie ab, eine Verlegung auch. Weiterhin sagte sie zur Schwester: "Mein Messer steckt in der Pinnwand, aber vielleicht steckt es morgen früh oder heute nacht auch schon in mir". Die diensthabende Schwester geht zusammen mit der Patientin in deren Zimmer und bittet sie, ihr das Messer auszuhändigen. Dort stellt sich die Patientin vor sie, schaut ihr lange und schweigend ins Gesicht, geht dann wortlos an ihr vorüber und verläßt das Zimmer. In einem Nachgespräch berichtet die Schwester, daß ihre Wut so groß war, daß sie sich nicht in der Lage fühlte, der Patientin etwas zu entgegnen, und sich daher hilflos fühlte.

In diesen Interaktionen ist der Therapeut in gewisser Weise gegenüber seinem Patienten ohnmächtig, da der Patient darüber bestimmt, ob er leben wird oder nicht. Diese Ohnmacht ist real. Die Schwierigkeiten, den Patienten mit seinem destruktiven Verhalten zu konfrontieren, haben hingegen etwas mit den spezifischen Konflikten von Angehörigen helfender Berufe zu tun.

Wie das Erleben des Objekts konkret manipuliert werden kann, wird aber vielleicht erst an dem folgenden Beispiel deutlich:

Eines der zentralen Themen in der Analyse des etwa 35jährigen Herrn L. war seine Angst vor Auslieferung und Ohnmacht. Diese Angst hatte er durch Anklagen an die ausbeuterische Gesellschaft, die er für seine "tiefe, basale Störung", wie er sich ausdrückte, verantwortlich machte, zu bewältigen versucht. In der Therapie erlebte er mich als Agenten dieser Gesellschaft, als jemanden, der sich nicht wirklich für ihn interessierte, sondern es lediglich darauf abgesehen hatte, ihn zu einem funktionierenden Mitglied dieser so gehaßten Gesellschaft zu machen. Therapiefortschritt war identisch mit Unterwerfung und Auslieferung an diese ausbeuterische Gesellschaft. In dieser Phase der Therapie war er mehr und mehr in eine bedrohliche suizidale Krise geraten, und er machte deutlich, daß es dabei um eine Krise in seiner Beziehung zu mir ging: Ich würde ihn nicht richtig behandeln, käme nicht an den eigentlichen "Kern seiner Störung" heran, wie er sich ausdrückte. In ihm sähe es jetzt schlimmer aus als am Anfang der Analyse. Er hätte mich immer wieder darauf hingewiesen, daß meine Deutungen viel zu wenig direkt auf den Kern zielten. Jetzt sei es zu spät. Er spüre, wie der Krankheitsprozeß unaufhaltsam fortschreite. Er wisse keinen anderen Ausweg mehr, als sich umzubringen. Er stelle sich vor, wie die Presse über mich herfallen würde. Ich sei dann erledigt, und er schien diese Vorstellung zu genießen.

Der Patient schien mich durch die Androhung eines bevorstehenden Suizids mehr und mehr in die Hand bekommen zu wollen und, wie ich mir eingestehen mußte, schrittweise auch bekommen zu haben. Ich reagierte zunehmend mit Angst, fühlte mich in die Enge getrieben und bewegungsunfähig. Ich spürte Schuldgefühle, zweifelte an meiner beruflichen Kompetenz und merkte, daß meine Gefühlswelt zum willkürlich manipulierbaren Objekt des Patienten geworden war. Wenn er mir mitteilte, daß es ihm "besser" ginge, war ich entlastet, atmete auf und stutzte über Gefühle von Dankbarkeit. Wenn sich seine Suizidalität wieder verstärkte, hatte ich das Gefühl, daß er die mir angelegten Daumenschrauben wieder fester anzog. Gleichzeitig erschrak ich vor blitzartig sich dagegen auflehnenden und den Patienten abweisenden Gefühlen von Haß in Reaktion auf den mich in sadistischer Weise quälenden Patienten.

Es handelte sich hier um die Reinszenierung einer frühen Mutter-Kind-Interaktion: versagend und ihre Mittel ungleich verteilend war die Gesellschaft im unbewußten Erleben des Patienten zu einer übermächtigen Mutterfigur geworden, die gleichzeitig aber auch detailliert über ihre Bürger informiert sein will. In der therapeutischen Interaktion mit mir hatte der Patient zunächst die Objektrepräsentanz dieser Figur auf mich übertragen und sah in mir einen Agenten dieser Gesellschaft. Er selbst fühlte sich ohnmächtig diesem Agenten ausgeliefert, dem er in seiner Phantasie alles erzählen und dem er sich ganz preisgeben mußte. Im Laufe der Therapie hatte sich eine Umkehr dieser Verhältnisse eingestellt. Der Patient war nun selbst zum Kontrollierenden geworden und hatte in mir einen ohnmächtigen, sich ausgeliefert fühlenden Selbstanteil untergebracht, und zwar dadurch, daß er einen eigenen, entsprechenden Anteil in mir aktivierte.

Ein anderes Beispiel:

Auf einer Visite forderte eine Patientin Wochenendurlaub. Wir fragten sie, was sie vorhabe und wie sie den Tag verbringen wolle. Sie zuckte die Schultern: "Was soll ich schon vorhaben in meinem Zustand. Es wird alles ziemlich sinnlos sein. Vielleicht bringe ich mich um", und sie fügte hinzu: "Wenn Sie mich aber nicht fahren lassen, weiß ich nicht, was hier passiert".

Es ist eine Situation, in der es keinen Ausweg zu geben scheint. Man kann nur das Falsche tun, es sei denn, man steigt aus dieser Beziehungsebene aus und spricht auf der Metaebene die Pattsituation an, in der sich beide, Patient und Therapeut, befinden.

Die manipulative Suizidalität ist erpresserisch. Sie gleicht einer Geiselnahme des Ich am Selbst. Erpreßt werden soll der Therapeut. Wichtig ist, daß dieser seinem Patienten zeigt, daß er nicht erpreßbar ist. Gibt er den Erpressungsversuchen nach (zum Beispiel durch Lockerung der Ausgangsbeschränkung oder Absetzen eines Medikaments), erfährt der Patient, daß der Einsatz angedrohter Destruktivität Erfolg hat. Das kann ihn im Umgang mit seiner eigenen Destruktivität weiter verunsichern. Wenn nicht einmal der Therapeut ihr widerstehen kann, wie sollte er selbst es können.

Charakteristisch für den Gegenübertragungszustand der Objektmanipulation ist das Gefühl, vom Patienten in die Enge getrieben zu werden, wie unter einem Bann zu stehen, dem man nicht entkommen kann, mit ihm verstrickt zu sein, in einem Clinch ohne Bewegungsmöglichkeiten. Man fühlt sich dem Patienten ausgeliefert, fühlt sich genötigt, jederzeit für ihn bereit zu stehen, jegliche Tätigkeit unterbrechen und sogleich einen Nottermin anbieten zu müssen. Der Patient hat den Therapeuten durch seine Suizidalität sozusagen in die Hand bekommen.

Die häufig bei suizidalen Patienten in der Gegenübertragung auftretenden Schuldgefühle lassen sich ebenfalls in diesen Zusammenhang einordnen und verstehen. Auch die Induktion von Schuldgefühlen kann der Objektsicherung dienen. Menschen können sich durch Schuldgefühle miteinander verstricken, um nicht voneinander lassen zu müssen. Ebenso ist es mit der Mobilisierung aggressiver Impulse bis hin zum Haß. MALTSBERGER und BUIE (1974) fassen den Haß als einen aus zwei Subkomponenten zusammengesetzten Affekt auf: eine *objektabweisende* Qualität, die Aversion, und eine *objektbindende* Qualität, den Sadismus. Offenbar stützen sie sich hier auf die von ABRAHAM aus dem Jahr 1924 stammenden Ausführungen zum Sadismus, der innerhalb der anal-sadistischen Entwicklungsphase der Libido eine frühere von einer späteren Stufe unterscheidet: Der früheren Stufe schreibt ABRAHAM "objektfeindliche Strebungen des Vernichtens und Verlierens" zu, der späteren "die konservativen Tendenzen des Festhaltens und Beherrschens" (S. 125). Im Umgang mit suizidalen Patienten müsse man nach Meinung von MALTSBERGER und BUIE mit dem Auftreten von eigenen Haßgefühlen rechnen, da diese Patienten dazu tendierten, Sadismus im anderen hervorzurufen. Ich glaube, daß hier ein sehr wichtiger Punkt benannt wird, den man sich als Therapeut nicht klar genug machen kann und den man bei sich selbst vielleicht gern übersieht. Wer mag sich schon mit der Tatsache konfrontieren, daß in ihm auf den Patienten gerichtete sadistische Tendenzen mobilisierbar sind? Und wer macht sich gern klar, daß die Verordnung extrem hoher Psychopharmakadosen oder eine Klinikeinweisung neben dem bewußt intendierten Schutzaspekt auch agierter *Gegenübertragungshaß* sein kann, desgleichen aber auch die Unterlassung dieser Schutzmaßnahmen? In solchen Therapieverdichtungen oder auch -verstrickungen kommt der Supervision für den Prozeß der Trennung des Gegenübertragungspools in seine einzelnen Fraktionen eine große Bedeutung zu. MALTSBERGER und BUIE fahren fort, daß ein solcher Patient oft nur auf sado-masochistische Weise Objektbindungen aufrechterhalten könne. Ich halte diese Annahme zwar nicht generell bei suizidalen Patienten für gültig, aber bei der hier besprochenen Suizidalitätsform der manipulativen Objektsicherung für sehr plausibel: In einer suizidalen Krise vom Typ der Objektverlustangst kann sich ein Patient in masochistischer Weise als Opfer erleben (da der andere ihn ja anscheinend verstößt), diese Rolle aber in sadistischer Weise benutzen, um die Zielperson, zum Beispiel einen nahen Angehörigen oder den Therapeuten, zu manipulieren. Dadurch kann nun wiederum der Masochismus des Therapeuten aktiviert werden. Wenn sich der Therapeut aus subjektiv quälenden Therapiesituationen nicht befreien kann und länger als notwendig in ihnen verharrt, kann das Ausdruck einer masochistischen Unterwerfung sein.

Das Gefühl des Manipuliertwerdens entwickelt sich meist fort und ruft Wut und Haß hervor. Einerseits sind Wut, Haß und Feindseligkeit natürlich als Reaktion auf die Ohnmachts- und Auslieferungsgefühle dem Patienten gegenüber zu verstehen.

131

Andererseits stellen sie aber auch eine wichtige Entwicklungsphase in der Beziehung zwischen Therapeut und Patient dar. Sie entwickeln sich weiter bis hin zu der Tendenz, den Patienten abschieben zu wollen, und treiben dadurch die therapeutische Interaktion zu einem entscheidenden Punkt, nämlich zu demjenigen, den der Patient aus seinem Leben schon immer kannte: das Gefühl, nicht gewollt und nicht gewünscht zu sein und deswegen abgeschoben werden zu sollen. Um die zu diesem "Reifungspunkt" strebende Entwicklung der therapeutischen Beziehung nicht von ihrem Ziel abzudrängen, ist es wichtig, den eigenen Haß und die eigene Feindseligkeit gegenüber dem Patienten zuzulassen (vgl. WINNICOTT 1949).

Die *Gegenübertragungswut* entsteht oft aus einer Verletzung des Narzißmus des Therapeuten. Ich habe das Beispiel von REIMER erwähnt, in dem ein Chirurg in Wut darüber gerät, daß ein Patient sich körperlich schädigt und er, der Chirurg, diese Schädigung reparieren soll. Hier zeigt sich, daß der Patient nicht nur sich, sondern auch das Produkt des Arztes, nämlich die Therapiemaßnahme, zerstört und damit - und das ist das Entscheidende - auch einen Teil des mit seinem Produkt identifizierten Arztes selbst. Der Arzt kann nichts dagegen tun, daß der Patient, der durch seine suizidale Selbstschädigung ihn zu einer reparativen Handlung verpflichtete, diesen Reparationsvorgang immer wieder zerstören kann. In der Konstellation "Ich zerstöre Deine Tätigkeit" sehe ich einen wesentlichen Grund für die Gegenübertragungswut von Angehörigen therapeutischer Berufe im Umgang mit suizidalen Patienten. Das, was der Chirurg in dem zuvor genannten Beispiel erfuhr, erfährt der Psychotherapeut im Bereich seiner Arbeit ebenso: Der Patient kann die Tätigkeit seines Therapeuten zerstören, wenn er will, und er wird es, solange er zur Stabilisierung seines psychischen Gleichgewichts die ursprünglichen Verhältnisse von Macht und Ohnmacht, die er erfuhr, umkehren muß.

Über diese Zerstörung seiner Arbeit muß der Therapeut mit seinem Patienten sprechen, aktiv und von sich aus. Der Patient muß sich dann damit auseinandersetzen, daß er es nicht aushalten kann, wenn es einem anderen nicht gleichgültig ist, wie es ihm geht, und der sich für ihn zuständig fühlt. Er hält es nicht aus, weil dadurch ein Bereich seines Selbst angesprochen würde, der ihm unersättlich nach einer solchen Einstellung erscheint, und den er durch Gegenmaßnahmen abschirmen muß. Die therapeutische Arbeit zerstören heißt, einen Angriff auf diesen Bereich abwehren.

Bei der *Gegenübertragungsangst* kann es sich sowohl um eine Angst *vor* dem Patienten als auch um eine Angst *um* ihn handeln. Ein Patient, der sein Objekt noch nicht völlig aufgegeben hat, sondern um dasselbe kämpft und versucht, es unter Kontrolle zu bringen und von sich abhängig zu machen, wird in seinem von ihm manipulierten Objekt Angst erzeugen. Diese Angst findet zum Beispiel in der Phantasie des Rufmordes ihren Ausdruck. Bei einer solchen Angst handelt es sich um eine Angst *vor* dem Patienten. Die Angst *um* den Patienten kann von ihrer Qualität mehr als zugespitzte Sorge aufgefaßt werden. Neben diesen beiden Angstformen kann die Angst des Therapeuten aber auch Ausdruck des Gefühls sein, seinerseits vom Patienten verlassen zu werden.

All diese Gegenübertragungsgefühle gehören zu einem charakteristischen Gegenübertragungszustand, der sich bei einer bestimmten Gruppe suizidaler Patienten einstellt. Von seiner Hauptqualität ausgehend habe ich ihn als *Konstellation des manipulierten Objekts* bezeichnet. Der Patient versucht, das Objekt Therapeut durch manipulierende Kontrolle zu sichern. Das Motiv dazu kann die Angst sein, abgeschoben zu werden. Der Patient ist dann der Überzeugung, man bemühe sich nur um ihn, um ihn möglichst bald wieder loszuwerden. Oder es besteht die Angst, verstoßen zu werden, weil man im Grunde nichts wert sei. Generell läßt sich vielleicht sagen, daß die Patienten Angst haben, dem Wohl und Wehe des Therapeuten ohnmächtig ausgeliefert zu sein, und daß sie deshalb einen vergleichbaren Zustand in ihm induzieren.

Weisen die lebensgeschichtlichen Daten des Patienten in eine entsprechende Richtung und diagnostiziert der Therapeut bei sich diese Gegenübertragungskonstellation, so kann er mit einiger Sicherheit darauf schließen, daß der Patient akut oder chronisch von Objektverlustängsten bedroht ist und daß es ihm um Objektsicherung geht. Der Therapeut kann dann sein therapeutisches Handeln entsprechend einstellen und diese Ängste in den therapeutischen Fokus rücken. Die Suizidalität wird dadurch nicht verschwinden, aber sie erhält eine Funktion, die sowohl Patient als auch Therapeut als sinnvoll anerkennen müssen.

Die Konstellation des manipulierten Objekts stellt sich ein, wenn sich die Beziehung des suizidalen oder potentiell suizidalen Patienten zu seinem Therapeuten einem kritischen Punkt nähert. Die intrapsychische Dynamik des Patienten an diesem Punkt ist sicher sehr komplex und mit "Objektverlustangst" nur in Umrissen skizziert. Bei den interpersonellen Vorläufern, die an der Entwicklung eines solchen Zustandes beteiligt sind, handelt es sich häufig um durch Kränkungen ausgelöste narzißtische Krisen (vgl. HENSELER 1984) und vollzogene oder drohende Objektverluste. Als Reaktion gibt es für den Patienten entweder die Möglichkeit des resignativen Rückzugs, der eine gefährliche Entwicklung darstellt, oder die des manipulativen Angriffs. "Angriff" stellt für den suizidalen Patienten in einer krisenhaften Situation *ein* Mittel bei dem Versuch dar, das Objekt wieder unter Kontrolle zu bringen. Auf seiten des Patienten geht es um Objektsicherung. Auf seiten des Therapeuten stellt sich als dazu passende Antwort das Gefühl des Manipuliertwerdens ein.

Die Gegenübertragungskonstellation des aufgegebenen Objekts

Erschöpfen sich wegen ihrer Vergeblichkeit die Versuche, das Objekt auf manipulative Weise zu sichern und zu verändern, oder haben solche Versuche gar nicht erst stattgefunden, so tritt ein anderer Gegenübertragungszustand ein. Der Therapeut hat dann das Gefühl, überflüssig zu sein, vom Patienten nicht mehr benötigt zu werden, und zwar nicht deswegen, weil Hilfe nicht nötig wäre, sondern weil sie nicht möglich scheint. Der Therapeut fühlt sich vom Patienten aufgegeben, nicht mehr benötigt. Eine solche Behauptung wird vielleicht zunächst Skepsis auslösen. Wieso sollte der Therapeut sich aufgegeben fühlen, wo es doch der Patient ist, der meint, von den Menschen aufgegeben und verlassen worden zu sein. Und dennoch ist es so: Ein Gefühl, das wir zu Recht im Patienten vermuten, tritt im Therapeuten auf. Dieser spürt, daß der Patient nichts mehr von ihm möchte und innerlich an ihm vorbeigeht, ihn aufgegeben hat und ihn verläßt. Der Patient scheint zu gehen, scheint nichts mehr von einem zu wollen, und man schaut hinterher. Man scheint ohne Einflußmöglichkeit, nicht verwickelt und nicht schuldig, lediglich überflüssig.

Es ist immer wieder erstaunlich, wie gut Patienten durch ihr Verhalten im Therapeuten ihren eigenen Gefühlszustand zu induzieren vermögen und ihm auf diese Weise, manchmal besser als auf verbalem Weg, ihr Befinden vermitteln. Wegen der typi-

134

schen Komponenten dieser Gegenübertragungsgefühle (Verlassenwerden verbunden mit der Angst vor Objektverlust im Therapeuten) kann man auch hier von einer spezifischen Gegenübertragungskonstellation sprechen. Es handelt sich um *die Konstellation des aufgegeben Objekts* (KIND 1986), neben dem manipulierten Objekt die zweite grundlegende Gegenübertragungskonstellation im Umgang mit suizidalen Patienten.

Diese Konstellation macht weniger zwingend und weniger dramatisch auf sich aufmerksam. Eigentlich macht sie gar nicht auf sich aufmerksam, sondern scheint sich der Wahrnehmung durch den Therapeuten entziehen zu wollen, so daß man sie sozusagen von sich aus aktiv in sich selbst aufsuchen muß. Die einzelnen Gefühlskomponenten sind schwerer zu fassen, weniger grell, manchmal leicht zu übersehen. Der Patient hat seine interaktionellen Manöver der Objektsicherung eingestellt oder sie gar nicht erst versucht. Im Gegensatz zur manipulativen Suizidalität verlangen diese Patienten eigentlich nichts von einem. Sie berichten davon, wie sinnlos ihr Leben geworden sei und wie gleichgültig es sei, ob sie lebten oder nicht. Es scheint - und darin liegt das eigentlich Alarmierende - kein Vorwurf gegen andere Menschen oder gegen den Therapeuten mitzuschwingen. Der Therapeut erlebt auch weniger Schuldgefühle, sondern eher Hilflosigkeit und das Gefühl, ausgeschaltet zu sein und ohne Einflußmöglichkeit einem von ihm abgekoppelten Geschehen zusehen zu müssen. Auch die Gefühle der Einengung und des Gebanntseins fehlen. Man fühlt sich mit dem Patienten nicht verclincht und nicht schuldhaft verstrickt. Man fühlt sich von ihm verlassen, er entgleitet einem. Das kann Angst hervorrufen, ihn wirklich zu verlieren. Man hat dann keine Angst *vor* dem Patienten, man hat Angst *um* ihn. Es entsteht das Gefühl, vom Patienten aufgegeben worden zu sein. Diese Angst hat noch eine weitere Schattierung, die meist weniger gut konturierbar ist und leichter übersehen wird: In die Angst um den Patienten mischt sich eine auf die eigene Person bezogene Angst, *die Angst des Therapeuten vor Objektverlust*.

Es ist jetzt also nicht mehr der Patient, der Angst vor Objektverlust hat, wie in der manipulativen Form, wodurch er zu einem Kampf um die Erhaltung des Objekts aktiviert würde. Es ist jetzt der Therapeut, der, wenn er genau in sich hineinsieht, diese Angst vor Objektverlust (vor dem Verlust seines Patienten) bei sich spürt. Überflüssig zu betonen, daß dies ein außerordentlich wichtiger Gegenübertragungszustand ist. Er gibt Aufschluß über einen gefährlichen Vorgang: Den *Besetzungsabzug* des Patienten. Nicht mehr der Patient hat Angst vor Objektverlust, wie vielleicht zu Beginn seiner suizidalen Entwicklung. Mit diesem Verlust scheint er sich auf bewußter Ebene abgefunden zu haben. Vielmehr liegt diese Angst jetzt im Therapeuten. Eine letzte Zuspitzung dieser Entwicklung liegt dann vor, wenn der Therapeut den Patienten aufgibt, zum Beispiel dadurch, daß er ihn für nicht mehr gefährdet hält.

Hat man mehrere suizidgefährdete Patienten in Behandlung, was in Kliniken die Regel ist, ergibt sich für Therapeuten, Schwestern und Pfleger eine ganz bestimmte Schwierigkeit: Die *Erschöpfung des Teams* durch chronische Überforderung mit suizidalen Patienten. Das kann zu einer Verkennung der resignativen Suizidalität führen. Man ist erleichtert, wenn die aufreibende interaktionell-manipulative Suizidalität abnimmt, und übersieht womöglich den Übergang in die interaktionsarme resignative Form.

Auffällig ist, daß bei diesen Patienten jeglicher Zusammenhang zwischen innerer Gestimmtheit und äußeren Ereignissen zu fehlen scheint. Sie stellen keine Verbindungen zwischen ihrer Befindlichkeit und äußeren Ereignissen her, jedenfalls dann nicht, wenn diese etwas mit zwischenmenschlichen Beziehungen zu tun haben könnten. In dieser Hinsicht erinnern sie an Patienten mit einer endogenen Depression.

Eine 40jährige Patientin kam in die Klinik wegen schwerer depressiver Verstimmungen, Selbstvorwürfen, dem Gefühl, nichts wert zu sein und der Überzeugung, ihre eigentliche Bestimmung sei, sich umbringen zu müssen. Sie schien überzeugt, wenn sie sagte: "Es gibt keinen, dem ich fehlen würde. Auch meine Tochter kommt besser ohne mich zurecht. Sie könnte sich ohne mich vielleicht sogar besser entwickeln." Sie verfügte über eine gute Introspektionsfähigkeit und konnte nach Abklingen der akuten Symptomatik ihre Befindlichkeit differenziert beschreiben. Sie nahm aber nie Bezug auf Menschen, mit denen sie zu tun hatte. Sie beteiligte sich zwar an gemeinsamen Unternehmungen mit anderen Patienten, aber ihre Einbrüche von Selbstabwertung und Zerknirschung schienen stets wie aus heiterem Himmel zu kommen. Sie sagte von sich: "In solchen Zuständen ist die Welt wie tot. Dann kommt nichts mehr an mich heran. Letzte Woche war es so, daß ich ruhig und überlegt Schluß machen wollte."

In den Therapiesitzungen schien sie mir in solchen Situationen keine Einflußmöglichkeit mehr anzubieten. Durch ihr deutlich zum Ausdruck kommendes Leidensgefühl zeigte sie zwar indirekt, daß sie eine Änderung ihres Zustandes wenn vielleicht auch nicht wünschte, so doch benötigte, aber weder vom Therapeuten noch von irgendeinem anderen Menschen Hilfe erwartete. Das trug zu dem Gegenübertragungsgefühl des Stehen-gelassen-Werdens und Aufgegeben-worden-Seins bei. Ich fühlte mich von der Patientin verlassen, und es entstand das Bild eines von dem übermächtigen Sog der Ebbe fortgezogenen Menschen in mir, was darauf hinzudeuten schien, daß hier alles Interpersonelle, was zur Ursache von Interaktion hätte werden können, vermieden werden sollte. Der einzige Wert, den diese Patientin für sich auf der Welt sehen konnte, schien darin zu bestehen, die Welt von sich zu befreien. Außerdem hatte sie eine latente Angst, sich von jemandem abhängig zu fühlen. In der Therapie spürte sie die Gefahr, von mir verstanden zu werden, sich tiefer einzulassen und dann von mir abhängig zu werden. Der Wunsch, verstanden zu werden, beschwor die tiefe Angst herauf, sich dann auszuliefern und als unwert erkannt zu werden. Freundlichkeit und Verständnis wurden in der Phantasie der Patientin zu einem grandiosen Akt barmherziger Gnade, der ihr nur dann zuteil werden durfte, wenn sie sich als völlig unwürdiges, nichtsnutziges und zerknirschtes Geschöpf fühlte. Wenn aber Verstandenwerden für sie in so enger Nachbarschaft zum Gefühl des Ausgeliefertseins stand und deswegen so gefährlich war, war es auch verständlich, daß alles Material, das dem Therapeuten hätte helfen können, die Patientin zu verstehen, vermieden werden mußte. "Aus heiterem Himmel", "ohne Auslöser durch andere Menschen", "ohne Bezug zum Therapeuten" waren Schutzmaßnahmen gegen das Wiedererleben einer frühen, als entwürdigend erlebten Mutter-Kind-Interaktion. Für die Patientin war ich jemand, von dem nichts zu erwarten war, und sie wiederholte damit einen Beziehungsaspekt zur Mutter, die, so wie ich, vergessen werden mußte, da sie zu enttäuschend war.

Man kann sich fragen, was es einem Patienten denn nützen würde, im Therapeuten Gefühle der Hoffnungslosigkeit, des Verlassenseins, des Objektverlusts zu induzieren. Der Patient kennt diese Gefühle oft seit langem, und nun gibt es jemanden, der sie - zumindest tendenziell - auch noch kennt. Therapeutisch betrachtet wird es erst zum Gewinn, wenn der Therapeut das auf diese

Weise Erfahrene umsetzt. Die Patientin hatte nicht Gefühle von Selbstzweifel, Selbstvorwürfen in mir hervorgerufen. Diese Gefühle herrschten in ihr selbst. Vielmehr war in mir durch die Angst, verlassen zu werden, der Impuls entstanden, halten zu wollen. Das ist es, was durch den Therapeuten neu hinzukommt. Der Impuls des Haltenwollens war offenbar Hinweis auf ein Objekt, das in der Patientin selbst zu schwach ausgebildet war. Sie selbst verfügte nicht ausreichend über dieses innere, schützende Objekt, das sie hätte halten können und dadurch ausgedrückt hätte, daß sie haltenswert sei. Durch ein solches Objekt wäre sie gegen ihre selbstdestruktiven Tendenzen besser geschützt gewesen. Es war ihr aber gerade durch das Aufgeben aktiver Interaktionen gelungen, diesen Objektaspekt in mich zu verlagern oder in mir zu aktivieren, so daß er, wenn man die Beziehung zwischen Patientin und ihrem Therapeuten als System betrachtet, nicht verloren gegangen war.

Abwehr von Gegenübertragung

Für jemanden, der mit Gegenübertragungsdiagnostik weniger vertraut ist, mag es vielleicht befremdlich sein zu hören, daß Angehörige helfender Berufe ihren Patienten gegenüber feindselige Impulse haben können. Sollte nicht diese Berufsgruppe solche Gefühle gerade nicht haben? Diese Frage wird man getrost mit Nein beantworten können und müssen. Feindselige Gefühle gehören, wie alle anderen Gefühle auch, zu jedem Menschen. Es kann deshalb nicht darum gehen, ob man solche Gefühle haben sollte oder nicht, sondern nur darum, wie man mit ihnen umgeht.

Ein Grund, sich dieser Gefühle bewußt zu werden, liegt, wie bei aller Gegenübertragungsdiagnostik, darin, bei sich ein Agieren der Gegenübertragung zu verhindern und damit den Patienten vor diesem Agieren zu schützen. Ein anderer Grund besteht darin, dem Patienten sozusagen zu "zeigen", daß es möglich ist, solche Gefühle zu haben, ohne gegen andere oder gegen sich selbst destruktiv zu werden.

Oft werden diese Gefühle aber mit Erschrecken wahrgenommen. Angehörige helfender Berufe haben häufig die Überzeugung, daß Gefühle von Wut und Haß oder auch Feindseligkeit gegenüber dem Patienten nicht sein dürften. Daß dies oft weniger Ausdruck eines Berufsethos, sondern eher Folge zugrundeliegender eigener intrapsychischer Konflikte ist, hat REIMER (1981) gezeigt.

Was passiert nun aber, wenn bestimmte patientengerichtete Gefühle nicht sein dürften, aber dennoch sind?

Hier steht die breite Palette der Abwehrmechanismen zur Verfügung. Die Abwehr kann so vollständig sein, daß es zu einer Verleugnung der Suizidalität des Patienten überhaupt kommt. Man "vergißt", daß der Patient bei der Aufnahme in die Klinik darüber sprach, daß das Leben für ihn eigentlich keinen Sinn mehr habe und daß er in der Vorgeschichte einen oder mehrere Suizidversuche unternahm, den letzten wenige Wochen vor der Aufnahme. Die Folge kann eine Verlagerung der psychotherapeutischen Aktivität auf einen Nebenschauplatz sein. Dies mag vom Patienten mit gefördert werden, um das Thema seiner Suizidalität mit der Mobilisierung schmerzlicher und oft auch kränkender Erlebnisse zu vermeiden. MINTZ (1981) weist darauf hin, daß die Angst des Therapeuten vor einem Suizidversuch seines Patienten ihn daran hindern könne, die Suizidalität genau zu explorieren, womit er wiederum zu einer Intensivierung des Isolationsgefühls des Patienten beitrage. Bei der Besprechung von Anamnesen konnte ich oft feststellen, daß auch bei ausführlichen Interviews nicht nach Suizidalität gefragt wurde, auch dann nicht, wenn deutliche Hinweise vorlagen. Auf der anderen Seite kann man aber auch häufig die Beobachtung machen, daß der Therapeut aus dem gleichen Grund, nämlich der Angst vor Suizidalität seines Patienten, diesen invasiv-kontrollierend exploriert, ein Verhalten, das vom Patienten als bedrohlich-verfolgend erlebt werden kann und dann sein Rückzugsverhalten fördert, um einem verfolgenden Objekt zu entkommen.

Wie oben skizziert, fassen MALTSBERGER und BUIE (1974) den Haß als einen aus zwei Subkomponenten zusammengesetzten Affekt auf: einer ablehnend-zurückweisenden (aversion) und einer sadistischen Komponente (malice). Dabei scheint es so zu sein, daß die Aversion noch am ehesten vom Über-Ich des Therapeuten toleriert wird. Sie kann sich im Gewand der Fürsorgepflicht zeigen: "Ich schiebe den Patienten nicht ab, sondern ich gebe ihn in kompetentere Hände, zum Beispiel in eine Klinik". Die sich daraus ergebenden Folgen können für die Entwicklung der Therapeut-Patient-Beziehung ungünstig sein. Geht man davon aus, daß es ein Hauptanliegen des Patienten ist, seine Beziehung zum Therapeuten aufrecht zu erhalten, wird man eher verstehen können, daß er auf die in seinem Therapeuten mobilisierten Gefühle, zu denen auch Wut und Haß gehören, angewiesen ist. MALTSBERGER und BUIE weisen darauf hin, daß eine einigermaßen korrekte, von eigenen neurotischen Anteilen möglichst bereinigte Beurteilung der Gegenübertragung oft schwierig ist. Einerseits müsse man mit eigenen Abschiebetendenzen rechnen, die sich als Pflicht zur Verantwortung zeigen können. So ist bei der Entscheidung "ich verlege den Patienten auf eine geschlossene Station" abzuklären, ob man unbewußt das Argument der Pflicht zur Verantwortung in den Dienst einer Reaktionsbildung gestellt hat, um nicht zu spüren, daß das Hauptmotiv für diese Maßnahme der Wunsch war, den Patienten loszuwerden. Auf der anderen Seite ist die Verlegung auf eine geschlossene Station nicht selten erforderlich, und ein nicht rechtzeitiges Handeln in einer Situation, in der der Patient seine destruktiven Impulse nicht mehr kontrollieren kann, könnte Ausdruck eines nicht wahrgenommenen sadistischen Gegenübertragungsgefühls sein.

Da Abwehr unbewußt ist, merkt man sie nicht. Man kann nichts anderes tun, als indirekt auf sie zu schließen. Ich trage daher an dieser Stelle einige typische Anzeichen zusammen, die auf das Vorliegen unbewußter aggressiver und feindseliger Gegenübertragungsgefühle sowie auf Gefühle von Selbstzweifel und Insuffizienz schließen lassen. Solche Gefühle können vorliegen,

- wenn man sich bei einem Patienten, der einen noch vor einigen Tagen durch die manipulative Form von Suizidalität ohnmächtig, hilflos und wütend machte, in den Terminen langweilt und in Gedanken abschweift;
- wenn man sich in einer Situation völliger Ohnmacht vorstellt, den Patienten mit Höchstdosen von Neuroleptika zu behandeln;
- wenn man sich besonders eifrig und engagiert um das Wohl des Patienten bemüht zeigt, ihm Dinge abnimmt, für die er selbst zuständig sein kann und darauf verzichtet, ihn mit in die Verantwortung zu ziehen;
- wenn man sich vorstellt, der Patient bringt sich um, um Rufmord an einem zu verüben;
- wenn man sich auf andere Weise vom Patienten bedroht fühlt;
- wenn man sich durch die Suizidalität des Patienten über längere Zeit quälen läßt oder
- wenn man selbst suizidal wird.

Blinde Flecken:
Therapeuteneigene Gegenübertragungsschwierigkeiten im
Umgang mit suizidalen Patienten

"Die Persönlichkeit des Analytikers
hat eine weitaus größere Wirkung
auf den Verlauf der Behandlung, als
unsere Theorie es erlaubt."
(BAUDRY 1991, S. 917)

Ihre eigenen, ihnen verborgenen, unbewußten Konflikte bezeichnen Psychoanalytiker in der Behandlungssituation als *blinde Flekken,* weil diese sie in der Wahrnehmung bestimmter Konflikte ihrer Patienten behindern. Eigentlich geht es um eine Verzerrung der Wahrnehmung. Manche Aspekte des Patienten werden übertrieben, manche weniger deutlich gesehen, und so wird das Bild des Patienten in bestimmten Bereichen nach Maßgabe der therapeuteneigenen konflikthaften Verarbeitung des betreffenden Problems geformt. Man muß aber nicht erst ungelöste Konflikte haben, um zu blinden Flecken zu neigen. Bereits aus den unterschiedlichen Charakterstrukturen von Therapeuten folgt eine unterschiedliche Sensibilität für die verschiedenen Aspekte und Probleme des Patienten (BAUDRY 1991, KÖNIG 1992, RIEMANN 1959).

Blinde Flecken sind Folge der Unbewußtheit entsprechender Konflikte. Diese Eigenschaft führt zur Qualität der Blindheit sowohl beim Blick nach innen ins eigene Selbst (was unbewußt ist, sieht man nicht) wie auch beim Blick nach außen auf das Objekt (was man noch nie gesehen hat, erkennt man nicht). Implizit wird, wenn in diesem Zusammenhang von Blindheit gesprochen wird, vom Ich ausgegangen, das als wahrnehmendes Organ Träger dieser Blindheit ist.

Ein unbewußter Konflikt ist dadurch gekennzeichnet, daß zwei unbewußte Instanzen einander gegenüberstehen: unbewußte, ins Ich drängende Triebimpulse des Es und ein diese Impulse abweisendes Ich, dessen Abwehrtätigkeit ebenfalls unbewußt ist. Es sind also beide miteinander in Konflikt liegenden Kontrahenten unbewußt.

Bei Vorliegen eines unbewußten Konflikts sieht der bewußte Ich-Anteil zweierlei nicht: nicht seinen Gegner, den ins Bewußtsein drängenden Es-Inhalt, und nicht seinen Einsatzstab, die den

Abwehrvorgang auslösenden Abwehrmechanismen. Das bewußte Ich weiß nicht, daß ein solcher Konflikt überhaupt existiert, und der bewußte Teil der Persönlichkeit kann nur indirekt auf das Vorliegen einer solchen in ihr aktiven Dynamik schließen. Ich habe bereits auf vom Ich wahrnehmbare Anzeichen hingewiesen, die auf Abwehr von Gegenübertragung bei suizidalen Patienten schließen lassen. Um in einem Bild zu sprechen, geht der bewußte Teil des Ich mit solchen Anzeichen ähnlich um wie die Astronomen, die auf die Existenz eines Neptun nur indirekt aus Störungen der Uranusbahn schließen konnten, als ihre optischen Wahrnehmungsorgane noch nicht ausreichten, das Störende, den Neptun, ins Auge zu fassen.

In einem wichtigen Punkt hinkt aber dieser Vergleich: Die damaligen Astronomen *konnten* den Verursacher der Bahnschwankungen nicht wahrnehmen, der Träger eines unbewußten Konflikts hingegen *darf* es nicht. Sein bewußtes Ich wäre überfordert. Er darf beispielsweise seinen Haß nicht wahrnehmen, da er seinem Helferideal widerspräche, und er erreicht diesen eingeschränkten, aber tolerierbareren Zustand durch Reaktionsbildungen.

Warum wird aber ein unbewußter Konflikt zum blinden Fleck für die Wahrnehmung entsprechender Vorgänge beim anderen? Ist es doch üblicherweise so, daß wir das, was wir bei uns selbst nicht wahrnehmen, nur allzu gern im anderen sehen (manchmal sogar, wenn es anders dort nicht auffindbar ist, in den anderen *hinein*sehen). Und in diesem Hineinsehen liegt bereits *ein* Grund für die Qualität der Blindheit. Wenn ich meine eigenen Größenphantasien nicht wahrnehmen darf, zum Beispiel deswegen nicht, weil ich meine, ihnen folgen und sie umsetzen zu müssen, dann aber richtigerweise spüre, nur scheitern zu können, und wenn ich mich deswegen übertrieben unscheinbar gebe, so laufe ich Gefahr, diesen mir eigenen, konflikthaften Bereich auch bei meinen Patienten entsprechend konflikthaft wahrzunehmen und darauf widersprüchlich zu reagieren. Ich werde dann zum Beispiel übliche Strebungen nach Geltung als Ausdruck von Größenphantasien fehlinterpretieren und sie, weil ich es bei mir selbst so tun würde, nicht als Ausdruck sinnvoller und gesunder Impulse, sondern als Folge eines Konflikts deuten und den Patienten dadurch in seiner Entwicklung einschränken. Umgekehrt kann ich meinen Patienten als Stellvertreter für das Ausleben eigener Wünsche benutzen und dadurch seine Ambitionen über das für ihn günstige Maß hinaus stimulieren, um so in ihm das zu erleben, was ich selbst nicht zu erleben wage.

Auf das, was ich bei mir selbst nicht ausreichend konfliktfrei wahrnehmen und beurteilen kann, kann ich auch bei meinem Patienten nicht konfliktfrei reagieren. FREUD (1910) sagt in diesem Zusammenhang, "daß jeder Psychoanalytiker nur so weit kommt, als seine eigenen Komplexe und inneren Widerstände es gestatten" (S. 108).

Nun ist es aber nicht so, daß man die eigenen Konflikte "gelöst" haben müßte (ein Ausdruck, der sich eingebürgert hat, aber nicht besonders glücklich ist), um für den Patienten hilfreich sein zu können. SEARLES (1966) spricht in bezug auf Omnipotenzphantasien in anderem Zusammenhang davon, daß es nicht darum ginge, diese zu "lösen", sondern sich ihrer bewußt zu werden. Wenn unbewußt Konflikthaftes auch nicht gelöst sein muß, so sollte es doch nach Möglichkeit weitgehend bewußt sein, damit das Ich im Bedarfsfall steuernd in diesen Bereich eingreifen, Klippen im Therapieprozeß antizipieren und den Umgang mit ihnen möglichst schadfrei für den Patienten gestalten kann. Dieser Bedarfsfall ist regelmäßig bei stärker auslösenden Situationen gegeben.

Auch wenn man eine Analyse gemacht hat, ist ein Konflikt immer nur mehr oder weniger gelöst und immer nur mehr oder weniger bewußt. Wie weit er sich noch pathogen auswirkt, hängt von der Fähigkeit des Ich ab, ihm Bewußtsein zu verschaffen, und von der Intensität der aktuellen auslösenden Situation. Und hier werden wir in der Behandlung suizidaler Patienten immer wieder mit Situationen hoher auslösender Potenz konfrontiert. Auch wenn man sonst vielleicht ganz gut

- mit der eigenen Zwanghaftigkeit und der damit verbundenen Angst vor Chaos und Auslieferung,
- mit der eigenen Depressivität und der damit verbundenen Neigung zum Erleben von Schuldgefühlen,
- mit dem eigenen Narzißmus und der mit ihm verbundenen Kränkbarkeit,
- mit den Folgen der durch Reaktionsbildungen verdrängten Aggression und der dadurch bedingten Einschränkung, konfrontative Interventionen zu geben,

zurechtkommt, in entsprechend heftigen auslösenden Situationen können diese Konflikte wieder aktualisiert werden.

Ich will daher auf einige Charaktermerkmale eingehen und beschreiben, welchen Einfluß sie auf den Umgang mit suizidalen Patienten haben können. Der mehr zwanghaft strukturierte Therapeut neigt beispielsweise zu anderen habituellen Einschätzungen als der mit einer stärker hysterischen, depressiven, schizoiden oder narzißtischen Struktur.

In der stationären Psychotherapie hatte ich Gelegenheit, bei Vertretungen, Nachtdiensten oder Wechsel der Mitarbeiter verschiedene Reaktionen von Therapeuten auf ein und denselben Patienten zu beobachten. Dabei fiel mir auf, daß der Schweregrad der Symptomatik eines Patienten von verschiedenen Therapeuten bisweilen sehr unterschiedlich beurteilt wird. Besonders deutlich wird dies bei Patienten, die sich in Krisen befinden, dadurch Angst im Therapeuten erzeugen und ihn zum Handeln auffordern. Da Therapeuten, je nach Persönlichkeitsstruktur, verschieden auf Krisen reagieren, ist auch zu erwarten, daß sie die Diagnose "Suizidalität" oder "suizidale Krise" unterschiedlich stellen und entsprechend ihrer Einschätzung anders mit dem Patienten umgehen.

Der hysterisch strukturierte Therapeut

Vorwiegend hysterisch strukturierte Therapeuten benötigen Turbulenz, da sie sich sonst nicht ausreichend spüren. Aufgrund dieses Bedürfnisses neigen sie dazu, Krisen zu sehen, wo keine oder noch keine sind. Sie werden deshalb auch häufiger suizidale Krisen diagnostizieren, als es einer realistischen Einschätzung der Situation entspricht. Sie setzen mehr in Gang, als sie auf Dauer durchhalten können, und werden möglicherweise die im Patienten entfachte Dynamik, die sich zum Beispiel im "Schnippeln" oder anderen Selbstbeschädigungen zeigen kann, als Suizidalität interpretieren und darauf mit Angst reagieren. Dieser Therapeut kommt, wie RIEMANN (1959) es treffend ausdrückt, "in die Lage des GOETHEschen Zauberlehrlings: er hat so viel aktiviert, auch an Übertragung, daß es ihm nun über den Kopf zu wachsen droht, er plötzlich Angst bekommt, abwehrt, abweisend wird, was wiederum zu einer Krise führen kann, wenn die Zusammenhänge nicht erkannt werden" (S.151).

Im Gegensatz zum zwanghaften Therapeuten, der gar nicht erst viel zur Entfaltung kommen läßt, der sich primär kontrollierend verhält, kontrolliert der hysterische Therapeut, wenn überhaupt, dann sekundär. Ihm fällt es schwer, den von ANNA FREUD (1936) geforderten gleichmäßigen Abstand zu den drei Instanzen des Strukturmodells zu wahren und keine der Instanzen zu bevorzugen. Er tendiert zu einem besonderen Interesse am Es, da er sich von dessen Mobilisierung zu Recht Dynamik erhofft. Ihm fehlt die Geduld zu der meist mühseligeren Abwehranalyse am unbewußten Ich-Anteil. ANNA FREUD empfahl eine Haltung, in der "der Analytiker ... seine Aufmerksamkeit gleichmäßig und objektiv auf alle drei Instanzen (richtet)" (S. 38). Dieser gleichmäßige, unparteiische und den Instanzen gegenüber neutrale Standpunkt fällt dem hysterischen Therapeuten schwer. Ihm geht es anders als dem mehr zwangsstrukturierten Therapeuten, der mehr an der Beherrschung des Es interessiert ist und die der Kontrolle dienenden Ich-Funktionen fördert. Der hysterische Therapeut bringt viel zur Entfaltung und muß hinterher versuchen, die aktivierte Dynamik unter Kontrolle zu bringen. Das kann zu überkompensatorischen Maßnahmen führen, zum Beispiel vorschnellen Klinikeinweisungen.

Die Angst vor Suizidalität kann den hysterischen Therapeuten zu einem invasiv-kontrollierenden Explorationsstil verleiten. Er fragt etwa den Patienten häufig und eindringlich danach, wie es ihm geht und ob er wieder Suizidgedanken habe, ob er sich sicher fühle, ob es ihm gelungen sei, die Autobahnbrücke zu vermeiden und ähnliches; ein Verhalten, das vom Patienten möglicherweise als bedrohlich-verfolgend erlebt wird und so sein Rückzugsverhalten fördert, um einem persekutorischen Objekt zu entkommen. Da hysterisch strukturierte Therapeuten aber Schwierigkeiten haben, sich auf ihr Gefühl zu verlassen - sie fühlen mehr etwas in eine Situation hinein als heraus -, induzieren sie beispielsweise besorgnis-begründende Situationen, um dann aktiv werden zu können.

Ein Patient neigte immer wieder zu Selbstschädigungen in Form von "Schnippeln", wenn er seine Ziele, auch seine therapeutischen Ziele auf der Station, nicht erreichte und sich deswegen verachtet und abgelehnt vorkam. Er fühlte sich dann noch nichtswürdiger. Diese Art Selbstbeschädigung war ein Fortschritt gegenüber der früher bestehenden Suizidalität. Sein Therapeut erlebte das Schnippeln jedoch als gefährliche Suizidalität und tendierte dazu, sich ausführlicher, als es der Zustand des Patienten erforderlich machte, nach seinem Befinden zu erkundigen, den Suizidpakt zu erneuern, oder sich versichern zu lassen, daß er sich in einer Krise ganz bestimmt melden würde. Der Patient fühlte sich bedrängt und reagierte mit Rückzug, was den Therapeuten nun wiederum in seiner anfänglichen Annahme der Suizidalität bestärkte und zu einer Intensivierung seiner Erkundigungen nach dem Inneren des Patienten veranlaßte.

Auf diese Weise können Interaktionszirkel entstehen, bei denen Patienten- und Therapeutenverhalten sich gegenseitig verstärken. Entwickelt sich tatsächlich eine suizidale Krise mit dem Ziel der Objektsicherung, wird der hysterische Therapeut mehr auf die Krise an sich reagieren und weniger den Wunsch des Patienten erkennen können, ihn unter seine Kontrolle zu bringen. Dem zwanghaften Therapeuten wird weniger die Krise, dem hysterischen weniger das Kontrollbedürfnis deutlich. Da er Krisen schlecht aushält und zu dramatischen Reaktionen neigt, wird er dem Patienten das Bedürfnis, per Suizidalität seine Beziehung zu ihm zu sichern, weniger gut verdeutlichen können.

Der zwanghaft strukturierte Therapeut

Der mehr zwangsstrukturierte Therapeut hat Angst, daß ihm die Dinge entgleiten. Aber er spürt meist weniger seine Angst, sondern mehr den Erfolg seiner Kontrolle. Die kontrollierte, und zwar von ihm kontrollierte Welt ist die, die in Ordnung ist. Unkontrollierte Bereiche sind gefährlich.

Dieser Therapeut wird daher besonders empfindlich auf Versuche des suizidalen Patienten reagieren, ihn unter Kontrolle zu bringen, und dazu tendieren, sich mit ihm in einen Machtkampf einzulassen. Dabei besteht die Gefahr, die eigenen mobilisierten sadistischen Impulse zu verdrängen oder sie durch Reaktionsbildungen dem Bewußtsein fernzuhalten. Ihre Verdrängung führt aber leicht dazu, sie zu agieren. Gerade zwanghafte Therapeuten können im Umgang mit Haß und Sadismus Schwierigkeiten haben und werden, folgt man dem Konzept der Doppelstruktur des Hasses von MALTSBERGER und BUIE (1974), dazu neigen, den Haß in seine beiden Bestandteile aufzuspalten: in die ablehnend-zurückweisende und in die bösartig-sadistische Komponente. Da Ablehnung eines Patienten vom Über-Ich des Therapeuten in der Regel noch eher toleriert wird als bösartig-sadistische Impulse, kann es zum Agieren des Hasses über den Kanal der Ablehnung kommen. Eine weitere Verschleierung des ursprünglichen

Impulses ist gegeben, wenn Ablehnung sich etwa als Fürsorgepflicht maskiert.

Da der zwanghafte Therapeut Tendenzen, ihn als Objekt einzuengen, zu kontrollieren und in Schach zu halten, nur schwer ertragen kann, wird er Schwierigkeiten haben, das Gegenübertragungsgefühl des Manipuliertwerdens zur Entfaltung kommen zu lassen. Er wird früh mit Gegenmaßnahmen reagieren, die mehr der eigenen Befreiung als der Therapie dienen. Weniger gut wird er Ohnmacht aushalten und deshalb auch schwerer erfassen können, daß der Patient es ist, der sein eigenes Ohnmachtsgefühl per projektiver Identifikation in den Therapeuten verlagert. Im Gegensatz zum depressiven Therapeuten, der dazu tendiert, in der Gegenübertragungsposition des Manipuliert- und Gequältwerdens zu verharren, wird der zwanghafte Therapeut eher in eine Gegenbewegung einschwenken, wobei es dann darum geht, wer wen unter Kontrolle bringt.

Da er zu einer eher unflexiblen Handhabung seiner Methode tendiert, wird er in Krisen weniger die Möglichkeit haben, seinen Behandlungsstil zu variieren und dazu neigen, sein Heil in der Perfektionierung der Technik zu suchen. Er wird möglicherweise das Prinzip von Neutralität und Anonymität in einer suizidalen Krise nicht flexibel genug handhaben und nicht berücksichtigen, daß eine anonyme Haltung des Therapeuten von manchen Patienten als ein sich gerade vollziehender Objektverlust erlebt wird, und daß Suizidalität für sie eine letzte Möglichkeit sein kann, eine derart gefährdete Beziehung zu erhalten. In dieser Hinsicht ähneln zwanghafte Therapeuten dem Anfänger, der sich fest an die Methode klammert. Dieser tut es aus einem Orientierungsbedürfnis, der zwanghafte Therapeut aus einem Kontrollbedürfnis heraus. Das von ihm geübte Verfolgen einer sauberen Methode kann so zu einer Verstärkung der Suizidalität beitragen. Der Patient verstärkt aber seine Suizidalität, um den Therapeuten aus der anonymen Reserve zu nötigen.

Während MALTSBERGER und BUIE die negativen Gegenübertragungsgefühle im Therapeuten als Reaktion auf ein bestimmtes provokatives Patientenverhalten auffassen, gibt es andere Autoren (z.B. TABACHNICK 1961a, 1961b), die den Grund für negative Gegenübertragungsgefühle bei suizidalen Patienten mehr in den eigenen Problemen des Therapeuten sehen. TABACHNICK hält den Umgang mit feindseligen und sadistischen Impulsen für eine der Hauptschwierigkeiten von Angehörigen helfender Berufe. Seine

Meinung, daß die Wahl eines Therapieberufes oft eine Reaktionsbildung gegen sadistische Impulse sei, habe ich erwähnt. Wenn sich ein Patient die Freiheit nähme, - wenngleich gegen sich selbst - feindselige und sadistische Impulse zu agieren, entstehe für den Therapeuten eine Versuchungssituation für gleiche Impulse. Nun solle aber der Therapeut demjenigen, der ihn in diese Versuchungssituation bringt, helfen. Das erschwere den Umgang mit der eigenen Feindseligkeit. Der Patient begehe diesen vom Therapeuten insgeheim beneideten feindseligen Akt, ohne dafür bestraft zu werden. Im Gegenteil, er bekommt dafür in der Regel positive Zuwendung. An dieser Stelle bestehe für den Therapeuten die Gefahr eines Durchbruchs unterdrückter Feindseligkeit, die sich in verschiedener Form, offen oder versteckt, zeigen kann. TABACHNICK (1961a) sieht feindselige und sadistische Gegenübertragungsgefühle überwiegend als Ausdruck des neurotischen Anteils der Gegenübertragung und nicht als ein auch vom Patienten unbewußt induziertes Phänomen. "In physicians and members of allied professions, it has been held that the choice of profession is significantly concerned with their conflicts over sadism and hostility" (S. 65). Durch Abwehr derselben kann es per Dennoch-Durchsetzung dazu kommen, daß man die Suizidalität des Patienten "vergißt" und ihn dadurch einer gefährlichen Lage unkontrolliert überläßt. Eine Reihe von Autoren (z.B. BLOOM 1967, 1970; TABACHNICK 1961a) sehen in der Zurückweisung des Patienten durch den Therapeuten bei nicht ausreichender Diagnostik der Gegenübertragungsfeindseligkeit eine entscheidende auslösende Situation für Suizide.[11]

Der depressiv strukturierte Therapeut

Der depressive Therapeut ähnelt in gewisser Hinsicht dem Sterntaler-Mädchen: er möchte geben, um zu bekommen, ohne fordern zu müssen. Was er bekommen möchte, ist ein treuer Patient, einer, der nicht aggressiv ist, sondern mit Dankbarkeit das Gegebene zu schätzen weiß, etwa dadurch, daß er bleibt.

Mit ihrem *do ut des*, "Gib, damit Dir gegeben werde", formulierten die Römer einen wichtigen Aspekt der depressiven Struktur:

---

11 ANDRIOLA (1973) geht einen Schritt weiter und meint, daß Therapeuten ihre Patienten u.U. zum Suizid ermuntern [" ... encouraging patients to kill themselves" (S. 213)].

Hinter einer nach außen gewendeten Gebebereitschaft liegt die abgewehrte Gier.

Der depressive Strukturanteil erschwert es, konfliktfrei zu fordern, genauer gesagt, etwas *für sich* zu fordern. Für andere geht es in der Regel gut. Etwas für sich fordern heißt bei Überwiegen dieses Strukturanteils meist schon, zuviel zu fordern. Deshalb verhält der depressive Therapeut sich lieber so, daß ihm gegeben wird, ohne daß er zuvor einen entsprechenden Wunsch deutlich machen mußte. Wenn Geben seliger ist als Nehmen, dann gilt das besonders für den depressiven Strukturanteil.

Fordern hat immer auch einen aggressiven Aspekt. Zunächst muß man die Dinge haben wollen, und dann muß man zugreifen. Der depressiv Strukturierte spürt vielleicht noch, daß er haben möchte, aber er möchte es nicht nehmen müssen. Daher ist er in seiner Initiative eingeschränkt. Er muß also nach einem Weg suchen, der aus dem aktiven Nehmen ein passives Bekommen macht. Und es ist daher für den stärker depressiv strukturierten Therapeuten das Geben tatsächlich zunächst seliger als das Nehmen, da es ihm diese Umkehr gestattet.

Dennoch wird er auf diese Weise nie voll auf seine Kosten kommen können. Er wird ein unbefriedigtes Grundgefühl behalten, das die feste Gratifikationsschicht, "gut" zu sein, immer wieder durchbricht. Er hat aber Schwierigkeiten, Gefühle des Habenwollens und der Unzufriedenheit zu tolerieren und sie als Ausdruck seiner Lebens- und Entfaltungswünsche zu sehen, und wird sie von neuem als gierig und unbescheiden verurteilen und zurückdrängen. Latent spürt er sie aber dennoch, und da er nie Gelegenheit hatte, ihre Tiefe auszuloten, und nie erleben konnte, daß sie zu befriedigen, also begrenzt sind, muß er sie für unermeßlich halten. Die Folge sind Schuldgefühle. Die kaptativ-aggressiven Impulse, die sich trotz des *do ut des* noch melden, tauchen im Gewand der Schuldgefühle, also gegen das Selbst gewendet, wieder auf. Aggressives Verhalten, mahnt diese Struktur, ruft Trennung hervor. Deshalb wird der depressive Therapeut fürchten, daß der Patient die Therapie abbricht, wenn er, der Therapeut, sich konfrontierend und nicht gewährend verhält.

Diese Rahmenbedingungen seiner Struktur gestalten den Umgang mit suizidalen Patienten, bei denen es immer auch um die Themen Schuld, Aggressivität und Trennung geht, für den depressiven Therapeuten schwierig. Er wird, auch wenn Vorwürfe nicht explizit geäußert werden, dazu neigen, allein in der Tatsache der Suizidalität seines Patienten einen Vorwurf zu sehen. Er wird ihn auf sich beziehen und ihn für gerechtfertigt halten. Weniger wird er darin eine Übertragungsmanifestation erkennen. Statt interpretierend zu reagieren, wird er das Gefühl haben, zu wenig gegeben zu haben, und wird dazu tendieren, dies nachzuholen.

So werfen manche Patienten dem Therapeuten vor, tatenlos ihrem Weg ins Verderben zuzusehen. Dies wird besonders den depressiven Therapeuten treffen, und er wird versucht sein, in überkompensatorischer Weise, etwa durch Terminverlängerungen, Sondertermine oder Termine zu unüblichen Zeiten, seinen Schuldgefühlen zu begegnen. Häufig findet man die Rationalisierung, der Patient habe aus seiner desolaten Genese so viele Defizite und habe nun ein durchaus realistisches Nachholbedürfnis. Durch überkompensatorisches Geben kann sich das tiefe Gefühl des Patienten, nichts wert zu sein und deswegen nicht geliebt werden zu können, aber iatrogen der Analyse entziehen. Der depressive Therapeut gibt aus Angst vor der negativen Übertragung. Er kann diese jedoch ohnehin nicht verhindern, wird aber, wenn sie sich einstellt, mehr defensiv-versorgend und weniger konfrontierend und analysierend reagieren. In der Klinik kann man gut beobachten, wie bei einem defensiv-versorgenden Therapieverhalten die negative Übertragung aus der Beziehung zwischen Patient und Therapeut herausgedrängt wird und sich dann an ein anderes Teammitglied heftet. In solchen Situationen muß abgeklärt werden, wie weit die Spaltungstendenzen des Patienten iatrogen verstärkt wurden.

Schuldgefühle in der Gegenübertragung spielen in der Behandlung suizidaler Patienten oft eine herausragende Rolle. Nicht selten findet man einen bestimmten Mechanismus: Der Patient überträgt auf den Therapeuten eine negative Objektrepräsentanz. Er hat das Gefühl, daß dieser nicht an ihm interessiert sei, gleichgültig sei und sich nicht genug um ihn kümmere, ähnlich wie die Beziehung zu dem frühen Objekt aus der Sicht des Patienten erlebt wurde. Unter Umständen haßt der Patient diese im Therapeuten gesehene Person. Der depressive Therapeut wiederum wird den Übertragungsaspekt aufgrund seiner eigenen Tendenz, ein schlechtes Bild von sich zu haben, nicht erkennen, sondern eine mehr oder weniger realitätsgerechte Wahrnehmung des Patienten zugrunde legen und dementsprechend seinen therapeutischen Einsatz steigern. Dadurch entzieht sich der Haß und der in ihm steckende Therapieauftrag der Analyse. Die Haßimpulse bewirken nun wiederum weitere Gefühle, darunter Schuldgefühle dem Therapeuten gegenüber und Angst vor dessen Rache. Das Gemisch aus Haß- und Schuldgefühlen kann weiter anwachsen, wenn der Therapeut aufgrund seiner Bereitwilligkeit zu leiden sich vom Patienten quälen und in die Enge treiben läßt, anstatt diese Konstellation konfrontierend aufzuzeigen und später interpretierend aufzulösen. Bei einem überduldsamen, der Abwehr eigener aggressiver Gefühle dienenden Verhalten wird der Patient aber Zweifel bekommen, ob der Therapeut ihm und seinen Angriffen gewachsen ist.

Ein weiterer Aspekt betrifft die *eigene Suizidalität*. Dieser Faktor ist bei depressiv strukturierten Therapeuten wegen ihrer Aggressionshemmung wahrscheinlich höher zu veranschlagen als bei anderen Strukturen. Bei Ärzten, insbesondere bei Psychiatern, besteht ohnehin das höchste Suizidrisiko (REIMER 1981, 1982; BLACHLY et al. 1968). Es sind hierbei sicherlich verschiedene Ursachen beteiligt. In unserem Zusammenhang mag jedoch der folgende Gedanke von Interesse sein: BION (s. SANDLER 1987, vgl. auch OGDEN 1979) sieht einen wesentlichen Sinn der projektiven Identifikation in der Möglichkeit, sich von einem gefährlichen (oder auch gefährdeten) Selbst- oder Objektaspekt dadurch zu befreien, daß er im anderen "untergebracht" wird. Dieses Konzept, auf suizidale Patienten übertragen, führt zu dem Gedanken einer Induktion von Suizidalität im Therapeuten.

Aber auch der umgekehrte Vorgang ist vorstellbar. RACKER (1978) spricht bei der Erörterung des Masochismus des Analytikers von der Möglichkeit, daß es bei ihm zu einer "unbewußten 'negativen' Gegenübertragung" kommen könne, "wobei der Analytiker sein sadistisches inneres Objekt in den Analysanden verlegt" (S. 205). Ich halte diesen Gedanken für außerordentlich wichtig. Im Grunde geht es dabei um eine projektive Identifikation, wobei Projektor und Rezipient gegenüber der üblichen Vorstellung vertauscht sind: nicht der Patient projiziert, sondern der Analytiker; und nicht der Analytiker hat das vom Patienten Stammende auszuhalten, sondern der Patient das vom Analytiker Stammende.

Wir können demnach von einer *induzierbaren Suizidalität* sprechen. Sowohl der Patient kann im Therapeuten Suizidalität auslösen als auch umgekehrt, was zu dem Gedanken einer iatrogenen Suizidalität führt (vgl. ANDRIOLA 1973), ein Gedanke, der einer gesonderten Untersuchung bedürfte.

Zum depressiven Strukturanteil gehört aber nicht nur die Neigung, auf Vorwürfe in stärkerem Maße mit Schuldgefühlen zu reagieren, sondern auch die Abwehr derselben. Es gibt Menschen, die in Situationen, in denen es angebracht wäre, Schuldgefühle zu erleben, nicht oder kaum in der Lage dazu sind und stattdessen aggressive Impulse spüren. Schuldgefühle zu erleben ist aber kein Negativmerkmal, sondern eine Fähigkeit. In gewissem Sinn kann man von einer *Schuldgefühlstoleranz* sprechen, und diese kann höher oder niedriger sein. Bei einer niedrigen Toleranz kann anstatt eines Schuldgefühls ein flüchtiges Angstsignal entstehen etwa des Inhalts: "Sei auf der Hut, der Patient 'will' Dir Schuldgefühle machen". Dieses Signal kann den Therapeuten dazu bringen, seinen Patienten präventiv zu attackieren. Er wehrt sich dann dagegen, vom Patienten auf ein Feld gezogen zu werden, auf dem er, der Therapeut, selbst Schuldgefühle spüren soll. Wenn er in diesem Bereich aber Probleme hat, wird er die Versuche der *Schuldgefühlsinduktion* nicht als Wegweiser begreifen, den der Patient aufstellt, um den Therapeuten auf ein wichtiges Thema zu lenken, sondern als Angriff, gegen den er sich zur Wehr setzen muß. Er wird dann Schwierigkeiten haben, diesen Bereich zusammen mit dem Patienten zu betreten.

Bei der projektiven Identifikation geht es nicht um einen vom Bewußtsein kontrollierten Kommunikationsvorgang. Der Patient wird das Schuldgefühlsthema nicht verbal formuliert einführen. Der Kommunikationsvorgang der projektiven Identifikation durchstößt die Schwelle zum Bewußtsein erst, wenn der Rezipient (bei einem vom Patienten ausgehenden projektiven Identifikationsvorgang der Therapeut) auf bestimmte Gefühle bei sich aufmerksam wird. Erkennt er sie als einen vom Patienten ausgehenden, kommunizierten Inhalt, so hat die unbewußte Übermittlung geklappt, und weitere therapeutische Schritte können folgen. Erlebt er aber den Inhalt ihm als Realperson geltend, so ist der Kommunikationsvorgang auf halbem Weg stecken geblieben. Der Therapeut hat zwar den entscheidenden Inhalt in sich erfaßt, aber der Sinn der Induktion blieb unerkannt. An dieser Stelle befinden wir uns an einem typischen Scheideweg des Therapieprozesses: Entweder kommt es zu weiterer therapeutisch sinnvoller Arbeit oder zu einer Verstrickung mit als Agieren bezeichneten stärker handelnden Kommunikationsformen. Häufig weist der Therapeut an dieser Stelle, in der Vorstellung, zu strukturieren, auf die Rahmenbedingungen der Therapie hin und versucht, den Patienten erneut auf sie festzulegen, ohne zu erkennen, daß der Patient die Rahmenbedingungen attackieren und in Frage stellen *muß*. Er muß es, weil er ein sich auf sein Agieren beziehendes nicht-destruktives Nein des Therapeuten benötigt. Er benötigt es, weil er bisher mit Nein nur überwiegend Destruktives, seine Entwicklung Behinderndes verbinden konnte. In der *Umgestaltung des destruktiven in ein konstruktives Nein* kann ein Ziel der Grenzüberschreitungen des Patienten im klinischen Alltag gesehen werden. In einer solchen Situation Lockerungen der Rahmenbedingungen vorzunehmen, in der stationären Psychotherapie dem Patienten mehr zu gestatten als vorher, schiebt die Konfrontation meist nur hinaus. Der Patient wird sich die neue Grenze wieder suchen, da er das, was sich an ihr zwischen ihm und seinem Therapeuten abspielt, zu seiner Entwicklung benötigt.

Besteht dagegen eine ausreichende Schuldgefühlstoleranz beim Therapeuten, so hat der Patient es leichter, ihn auf dieses Feld zu führen, auf dem er dann ein bestimmtes therapeutisches Anliegen ausbreiten und bearbeiten kann. Je geringer diese Toleranz, um so stärker müssen die interaktionellen Manöver des Patienten werden, um seinem Therapeuten das Thema Schuld zu vermitteln. Versteht der Therapeut die unbewußte Zielsetzung nicht, droht die Entwicklung eines circulus vitiosus, in dem es um Vorwurf und Angriff geht, und dem Patienten bleibt möglicherweise nichts anderes mehr übrig, als über das Mittel der eigenen Suizidalität dem Therapeuten zu zeigen, daß er etwas versäumt hat, daß er eben "Schuld" hat.

Eine Patientin fand ein Verhalten von mir falsch und warf mir vor, sie dadurch zu schädigen. Wenn sie sich jetzt etwas antun würde, sei ich schuld. Ich reagierte gereizt. Wieder will sie versuchen, dich für sich verantwortlich zu machen, dachte ich. Du wirst ihr sagen, daß sie selbst für sich verantwortlich sei. Als sie mich fragte, ob ich mich ärgern würde, bestätigte ich es ihr und sagte, daß es mich gereizt mache, daß sie wieder gegen sich selbst vorgehen wolle. In Wirklichkeit war dies aber nur die Hälfte der Wahrheit. Tatsächlich konnte ich in diesem Moment meine aufkommenden Schuldgefühle nicht ertragen und hatte mit Impulsen zu tun, die Patientin, die diese Schuldgefühle in mir erzeugte, zu attackieren (mich zu rechtfertigen etc). An dieser Stelle war ich aus dem therapeutischen Prozeß ausgestiegen, da ich für real und mir geltend nahm, was einer Übertragungsfigur galt. Da ich das eigentliche unbewußte Ziel der Patientin, in mir Schuldgefühle und das Bewußtsein von Unvollkommenheit deswegen zu erzeugen, um diesen Bereich formulierbar und zum therapeutischen Thema werden zu lassen, nicht erkannte, entwickelte sich eine Spirale. Die Patientin "legte zu" bis hin zur Suizidalität, die als "Drohung" falsch beschrieben wäre. Sie nahm ihr Selbst zur Geisel und bedrohte es, um mich, ihren Therapeuten zu zwingen, mit ihr ein bestimmtes therapeutisches Feld zu betreten.

Der schizoid strukturierte Therapeut

Der schizoide Therapeut hat Schwierigkeiten, zwischen Nähe und Distanz die für ihn richtige Einstellung zu finden. Sein unbewußter Wunsch ist, eine Nähe zu anderen Menschen zu haben, die dann aber seine persönliche kritische Grenze unterschreitet, so daß er Angst vor Verschmelzung mit seinem Objekt bekommt und reaktiv auf Distanz gehen muß. Bei seiner Entfernungsbestimmung geht der schizoide Therapeut daher nicht primär von dem aus, was für den Patienten günstig erscheint, sondern wird von seinen eigenen Konflikten in diesem Bereich bestimmt. Vorsichtshalber wird er die Entfernung so groß wählen, daß sein Ich vor entgegengesetzten Wünschen sicher sein kann: Er wird die Distanz größer wählen als andere Menschen, die in diesem Bereich weniger Konflikte haben.

Aufgrund dieses Verhaltens gegenüber seinen Objekten wird der schizoide Therapeut in der Arbeit mit suizidalen Patienten in zwei Bereichen typische Schwierigkeiten haben müssen:

1. im Umgang mit Suizidalitätsformen, bei denen es um eine enge Verbindung mit dem Objekt geht,
2. in der Auswertung der projektiven Identifikation, durch die selektiv die Grenze zwischen Selbst und Objekt durchbrochen wird.

Was den ersten Punkt betrifft, wird die Entfaltung und Bearbeitung der fusionären Suizidalitätsformen für den schizoiden Therapeuten schwierig sein, da sie in seinem eigenen spezifischen Konfliktfeld angesiedelt sind und es aktivieren. Der Fusionswunsch des Patienten stellt eine Versuchungssituation für diesen Therapeuten dar, der von seiner Latenz her ebenfalls mit dem Objekt verschmelzen möchte. Dieses Objekt ist aber suizidal. Der schizoide Therapeut wird daher Schwierigkeiten haben, sich auf das Grundthema dieser Suizidalität einzulassen. Er wird Gefahr laufen, frühzeitig zu seinem Patienten auf Distanz zu gehen, da eine passagere Identifikation ihn in eine zu gefährliche Nähe zu den eigenen, seine Ich-Grenzen destabilisierenden Fusionswünschen bringen würde. Vielleicht wird er mehr den aggressiven Aspekt dieser Suizidalitätsform betonen, um auf diese Weise, ohne das Thema Suizidalität verlassen zu müssen, ein Feld zu betreten, das den eigenen Abgrenzungswünschen entgegenkommt. Dieser Therapeut wird sich mit der manipulativen Suizidalität leichter tun, obwohl auch hier die Nähe zum Objekt wesentliches Thema ist. Es geht bei dieser Suizidalität aber nicht um die gefürchtete Verschmelzung mit dem Objekt, sondern um dessen Sicherung bei unangetasteten Ich-Grenzen, und das macht dem schizoiden Therapeuten weniger Schwierigkeiten. Hier würde der zwanghafte Therapeut empfindlicher reagieren.

Der narzißtisch strukturierte Therapeut

Der Narzißmus des Therapeuten wird in der psychoanalytischen Therapie, besonders im Umgang mit suizidalen Patienten, einer starken Belastungsprobe unterzogen. Der Therapeut ist in bestimmter Weise selbst das diagnostische und therapeutische Instrument. Während in der organischen Medizin die Ursache eines Mißerfolgs leichter von der Person des Therapeuten abtrennbar ist (Fehlen eines wirksamen Medikaments oder einer Operationsmethode), ist dies in der Psychotherapie nicht so ohne weiteres möglich. Der Psychotherapeut ist daher eher geneigt, die Ursache eines Mißerfolgs in sich selbst zu suchen, da er selbst und nicht das, was er appliziert, einen Teil des Wirkfaktors ausmacht, beziehungsweise Wirkfaktoren im Patienten entwickeln hilft.

Auf diese Rahmenbedingungen jeglicher psychoanalytischer Therapie wird der narzißtische Therapeut empfindlicher reagieren als Therapeuten mit anderen dominanten Strukturmerkmalen. Signale von Bestätigung und Idealisierung bedeuten ihm mehr, und er nimmt sie deshalb deutlicher wahr als beispielsweise der zwanghafte Therapeut es tun würde, der mehr für Kontrollversuche, oder der depressive Therapeut, der mehr für Schuldthemen empfänglich ist.

Der narzißtische Therapeut hat von sich mehr die Vorstellung von Begabung und weniger die von Erarbeitung. Deshalb muß alles, was er tut, gelingen, und möglichst ohne viel Mühe. Letzteres würde seinem Selbstbild, begabt zu sein, widersprechen. Wenn er betont, daß er die Dinge, besonders diejenigen, die anderen Mühe machen und Zeit kosten, schnell macht und mit wenig Aufwand, sagt er damit seinem Selbst, daß es über höhere Potenzen verfügt als andere. Langdauernde Therapieprozesse sind für ihn weniger Folge schwieriger und komplizierter Entwicklungen, die ihre Zeit brauchen, wenn sie gelingen sollen, sondern Hinweis auf seine eigene Unfähigkeit, die Dinge schnell zu lösen. So können Patienten narzißtischer Therapeuten unter einen Leistungsdruck geraten und dann Schuldgefühle entwikkeln, weil ihre Therapiefortschritte den Vorstellungen ihres Therapeuten nicht entsprechen.

Nun bedeutet Suizidalität wohl für jeden Therapeuten eine Herausforderung an den Umgang mit seinem Narzißmus, stellt sie doch eine klassische Kränkungssituation dar: Das, was er tut, schlägt fehl. Und das ist besonders für den mehr narzißtisch strukturierten Therapeuten eine Kränkung seiner Ich-Ideal-Erwartung, nach der alles, was er tut, gelingen muß. Ganz allgemein wird er daher dazu tendieren, die Suizidalität seines Patienten zu verleugnen. So sehen auch MALTSBERGER und BUIE (1974) im Narzißmus des Therapeuten eine der Hauptschwierigkeiten im Umgang mit suizidalen Patienten.

Durch den suizidalen Patienten kommt aber noch etwas weiteres hinzu. Die therapeutischen Bemühungen schlagen nicht nur fehl - das tun sie womöglich bei anderen Patienten auch -, sondern der Patient macht sie aktiv zunichte. Ein Patient, der die vom Chirurgen versorgte Wunde wieder öffnet, zerstört nicht nur einen Teil von sich, sondern auch die Arbeit des Chirurgen. Eine solche parasuizidale oder suizidale Handlung stellt einen Angriff gegen die Therapie dar. Ein stärkerer narzißtischer Strukturanteil wird den Therapeuten aber dazu verleiten, bei dieser Kränkung stehenzubleiben und weniger nach einem dahinterstehenden Anliegen des Patienten zu suchen, etwa mit der Frage: "Kennt der Patient solche Entwertungs- und Kränkungszustände, wie ich sie jetzt bei mir erlebe, auch? Ist dies sein Weg, es mir mitzuteilen, weil es mit Worten nicht beschreibbar ist? Will er von mir wissen, wie man damit fertig wird, ohne sich von den Menschen abzuwenden, sie zu verachten und sich dadurch zu isolieren?"

Während der depressive Therapeut die Suizidalität seines Patienten verleugnet, weil er den Objektverlust fürchtet, der zwanghafte, weil er die Mobilisierung seiner eigenen destruktiven Impulse fürchtet, verleugnet der narzißtische Therapeut die Suizidalität, weil sie einen Angriff auf sein Selbstwertgefühl darstellen würde.

Neben dieser mehr grundsätzlichen, durch den narzißtischen Strukturanteil bedingten Schwierigkeit im Umgang mit suizidalen Patienten gibt es noch eine spezifische Klippe, die mit den Integrationsprozessen zusammenhängt. Je besser der Patient zur Bildung integrierter Objekt- und Selbstvorstellungen in der Lage ist, je realistischer er also seine Objekte wahrnimmt, um so mehr wird er auch seine Idealisierungen zurücknehmen. Weniger narzißtische Therapeuten können den darin liegenden Fortschritt erkennen. Der Patient nimmt seine Umwelt, zu der auch der Therapeut gehört, realistischer wahr und wird sich daher auch besser in ihr zurechtfinden. Die Patienten zeigen, daß sie stark genug geworden sind, in der Welt, den Therapeuten eingeschlossen, auch Schlechtes zu entdecken. Das draußen entdeckte Schlechte ist jetzt auch wirklich dort vorhanden und nicht mehr das nach draußen projizierte Innere. Auch vorher, als das Schlechte noch überwiegend durch Projektion entstand, war die Welt schlecht. Insofern hat sich nicht viel geändert. Aber das jetzt als schlecht Entdeckte dient dem Ich als Erweiterung und nicht mehr als Entlastung.

Der narzißtische Therapeut reagiert auf diese Entdeckungen an seiner Person notwendigerweise zwiespältig. Für ihn, der überwiegend mit seinem Ich-Ideal identifiziert ist und daher weniger Gespür für die Diskrepanz zwischen seinem Real-Ich und seinem Ideal hat, sind diese Entdeckungen gleichbedeutend mit Rückstufungen seines Wertes. Es kränkt ihn, wenn der Patient nicht mehr die Kleider an ihm sieht, die er nie trug. Der Patient kann aber die schmerzlichen (und erleichternden) Verabschiedungen von seinen eigenen Größenvorstellungen nur voranbringen und dadurch den Weg freimachen für die Integration seines grandiosen Selbst mit seinem abgewerteten Selbst, wenn diese Verabschiedungen auch bei seinem Therapeuten möglich sind.

6. Zur therapeutischen Haltung

Anonymitäts-Abstinenzprinzip und Angst vor Objektverlust

> "Sie reden immer davon, daß ich
> dieses Bedürfnis habe und jenes be-
> friedige; was ich wirklich möchte, ist
> ein Vater" (FAIRBAIRN 1946, S. 64).

Neutralität, Abstinenz und Anonymität, diese drei Prinzipien psychoanalytischer Haltung machen einen Teil des Rahmens aus, innerhalb dessen der Therapeut seinen Beitrag zur Entfaltung des psychoanalytischen Prozesses leistet. Abstinent ist er gegenüber den Triebbedürfnissen, sowohl gegenüber den eigenen, als auch gegenüber denen des Patienten. Neutral ist er gegenüber den Wertvorstellungen, Überzeugungen und Zielen des Patienten. Anonym verhält er sich in bezug auf die Merkmale seiner Person.

Der Kontroverse zwischen FREUD und FERENCZI um die Frage, wie punktgetreu ein Analytiker, um erfolgreiche analytische Arbeit tun zu können, dem Prinzip der Anonymität und Abstinenz folgen müsse - unabhängig von der spezifischen Problematik seines Patienten - will ich hier nicht nachgehen. Dazu haben zum Beispiel CREMERIUS (1984) und THOMÄ (1981) detailliert Stellung genommen. Wichtig ist aber zu betonen, daß eine Verabsolutierung der Anonymitäts-Abstinenz-Regel an dem Patienten vorbeigehen und verhindern kann, die sich aus seiner Struktur ergebenden, spezifischen Behandlungsmöglichkeiten ins Blickfeld zu bekommen. CREMERIUS plädiert daher "für einen operationalen Gebrauch der Abstinenz im Gegensatz zum regelhaften Gebrauch" (S. 793).

Die Nutzung der Abstinenz-Anonymitäts-Haltung ist einzubinden in die je spezifische Beziehung, in der man gerade arbeitet. Bei sogenannten frühgestörten Patienten wird man die Handhabung dieser technischen Regel stets in Zusammenhang mit deren Fähigkeit zur Objektkonstanz sehen und abstimmen müssen. Objektkonstanz ist *ein* Parameter bei der Handhabung der Anonymitäts-Abstinenz-Regel.

Bei Borderline-Patienten geht es nicht vorrangig um die Förderung der Übertragung intrapsychischer Repräsentanzen. Die Konflikte dieser Patienten benötigen in viel stärkerem Maß das interpersonelle Feld als es bei Übertragungsneurosen der Fall ist. Wir müssen davon ausgehen, daß der Patient, solang er nicht über eine ausreichend stabile Repräsentanz des anderen verfügt, weniger gut in der Lage ist, zwischen Abwesenheit und Existenzlosigkeit zu unterscheiden. Patienten wollen sich beim Urlaub ihres Therapeuten vorstellen können, wo er sich befindet, und ihre Angst geht bereits zurück, wenn sie ihn, schon in der symbolisierten Form der Landkarte, lokalisieren können. Oder es reicht, die Telefonnummer des Urlaubsortes mitzuteilen, die der Patient bei sich auf den Schrank stellen kann. Bisher habe ich es nicht erlebt, daß davon Gebrauch gemacht wurde. Auf diese Weise wird die noch schwache Repräsentanz des Therapeuten aktiviert, und das wirkt beruhigend.

Der Therapeut wird also abschätzen müssen, wie weit er in Situationen, in denen der Patient die Repräsentanz von ihm zu verlieren droht, partiell aus der Anonymität heraustritt und bestimmte Aspekte von sich sichtbar werden läßt. Läßt er sich auf diese Frage nicht ein und hält er an einem starren Abstinenz-Anonymitätskonzept fest, so greift der Patient bei dem Versuch, seinen Therapeuten zu orten und in der Welt seiner inneren Objekte ausfindig zu machen, ins Leere. Der über eine bessere Objektkonstanz verfügende Patient kann auch bei Abwesenheit seines Analytikers auf dessen Repräsentanz zurückgreifen. Manchmal wird aus der geringen Fähigkeit zur Objektkonstanz bei Borderline-Patienten auf eine geringere Fähigkeit zum Arbeitsbündnis geschlossen. Eine solche unkritische Gleichsetzung entspricht nach meiner Erfahrung nicht der Realität. Die Arbeitsbeziehung mit Borderline-Patienten ist oft genug außerordentlich gut, nicht selten wird intensiver gearbeitet als bei anderen Patienten. Man könnte sagen: die Beziehung ist trotz guten Arbeitsverhaltens inkonstant, und das ist ein Teil dessen, worum sich die therapeutische Arbeit dreht. Natürlich ist auch die innere Welt des Borderline-Patienten von Repräsentanzen anderer Personen bevölkert, einschließlich der seines Therapeuten. Aber diese werden aufgrund ihres mangelnden Integrationszustandes leicht ins Nichts gestoßen, und zwar dann, wenn der Therapeut sich enttäuschend verhält. Enttäuschend verhält er sich schon immer dann, wenn er abwesend ist.

Beim Borderline-Patienten bekommt der per Abstinenz-Anonymitätshaltung sich für die Übertragung bereithaltende Analytiker nicht das, worauf er wartet - die Übertragung eines Objekt- oder Selbstaspekts *mit* der Möglichkeit, diese Projektion auch in der Übertragung zu bearbeiten. Stattdessen erzeugt er durch eine zu rigide Verpflichtung zum Prinzip der Spiegelhaltung in seinem Patienten eine Verlustvorstellung in einem Ausmaß, das den Patienten überfordert. Da er sich nicht zeigt, ist er nicht da. Und ist er nicht da, gibt es ihn nicht. Nur hat er, der Therapeut, mit diesem zweiten, sich in seinem Patienten vollziehenden Schritt nicht gerechnet und wird daher auch Gefahr laufen, die Folgen seiner Nichtexistenz, über die er sich ja keine Rechenschaft ablegt, fehlzuinterpretieren.

Wie wird nun ein Patient, der leicht von Objektverlustängsten bedroht ist, in einer solchen Situation reagieren? Wenn er nicht bereits aufgegeben hat, überhaupt auf ein erreichbares Objekt zu hoffen, wird er versuchen, sein verloren geglaubtes Objekt wiederzufinden, es unter der Tarnkappe der Anonymität sozusagen wieder hervorzuholen.

Das folgende Beispiel stammt aus den Anfangsjahren meiner psychoanalytischen Tätigkeit, als ich noch meinte, ein guter Analytiker würde man dann, wenn man in der Anonymität ein strenges Gesetz und nicht eine wichtige, aber dennoch flexible Leitlinie sieht, die ihre Applikationsform aus dem gerade aktuellen analytischen Prozeß erfährt. Ich betone dies deswegen, weil mir die darin zum Ausdruck kommende Haltung typisch für eine Anfängersituation zu sein scheint, in der man Orientierung sucht. Man möchte die Dinge richtig machen und versucht, den Bogen so zu halten, wie der Geigenlehrer es einem zeigte. Aber es gibt verschiedene Weisen des Musizierens, und es wird dann gut klingen, wenn man eine gute Beziehung zu seinem Instrument gefunden hat. Auch wenn man im Sinn der klassischen Haltung alles richtig macht, bleibt immer noch die Frage des Tons, das heißt, wie die Beziehung sich entwickelt.

Es handelt sich um den bereits erwähnten Herrn L. In den Behandlungsstunden kam es zwischen diesem Patienten und mir über mehrere Wochen immer wieder zu Verstrickungen, in denen der Patient mich mit seiner Suizidalität kontrollierte und bedrohte. Nach einer solchen Sitzung ging ich am folgenden Tag wie gewohnt in die Klinik und machte mit dem Team die morgendliche Stationsbesprechung. Plötzlich hörten wir einen

Schuß. Das war im Kliniksgelände zwar keineswegs völlig unüblich (ländliche Umgebung, Jäger), und von den anderen Teammitgliedern dachte sich auch keiner etwas dabei. Für mich bedeutete dieser Schuß jedoch diesmal etwas anderes als sonst. Blitzschnell ging mir durch den Kopf: "Vielleicht hat er sich umgebracht, hier, in unmittelbarer Nähe deines Arbeitsplatzes, in unmittelbarer Nähe von dir." Ich konnte den Themen, die besprochen wurden, nur noch halbe Aufmerksamkeit schenken, konnte den Gedanken an einen möglichen Suizid nicht abschütteln, wagte aber auch nicht, nach draußen zu gehen, um diese Frage aufzuklären. Warum wollte ich keine Klarheit? Wenn er sich umgebracht hatte, würde ich es ohnehin in kurzer Zeit erfahren. Wenn nicht, warum wollte ich keine Erleichterung?

Erst später wagte ich, mir diese Frage dahingehend zu beantworten, daß offenbar ein Teil in mir die Vorstellung seines Todes wünschte und brauchte. Ohne eine solche Ambivalenz wäre ich hinuntergegangen und hätte die Ursache des Schusses geklärt. Von meinem bewußten Erleben her war es die Furcht vor einem möglichen Suizid, die mich davon abhielt, Klarheit zu suchen. Auf unbewußter Ebene aber spielte vermutlich etwas Gegenteiliges eine Rolle, nämlich der Wunsch "Soll er es doch endlich getan haben". Aufklärung in der Realität hätte aber unter Umständen die Bestätigung gebracht, daß sich dieser ambivalente und verbotene Wunsch realisiert hatte. Deshalb durfte ich mir keine Klarheit verschaffen. Ich verbrachte den Rest des Tages in dieser Unsicherheit und Angst. Am Nachmittag hatte der Patient seine nächste Therapiesitzung. Vor meinem Behandlungszimmer war ein Flur. Dort warteten meine Patienten. Dieser Patient pflegte regelmäßig einige Minuten zu früh zu kommen, sich noch eine Zigarette zu drehen und zu rauchen. Die Tür zu meinem Arbeitszimmer war alt und verzogen und hatte unten einen Spalt, durch den stets ein wenig Rauch, den ich im übrigen gern roch, hindurchzog, wenn er draußen wartete. Ich brauchte also nicht die Tür zu öffnen, um festzustellen, ob er draußen war oder nicht. An diesem Nachmittag wartete ich sehnlich auf den Rauch, in der Angst, daß er vielleicht ausbleiben könnte. Als mir schließlich der bekannte Tabakduft in die Nase strömte, wußte ich, daß er da war. Ein Stein fiel mir vom Herzen, und ich war dankbar, daß er rauchte und lebte. Er wußte nicht, was sich in den letzten Stunden bei mir abgespielt hatte, erfuhr aber indirekt in den folgenden Sitzungen und Wochen doch davon.

Nachdem ich mir klar gemacht hatte, was ich selbst zu dieser Entwicklung beigetragen hatte, begann ich, ein etwas anderes, weniger verkrampftes und weniger starres Verhältnis zum Spiegel-Anonymitäts-Prinzip einzunehmen. Ich war in meinen Interventionen und in dem, was ich von mir zeigte, sparsam, wie ich heute meine, zu sparsam gewesen. Die Phantasien des Patienten, in denen er mich zerstückelte und verspeiste, schreckten mich ab, und ich erkannte dadurch nicht, daß dies seine derzeitige Art war, sich seiner Beziehung zu mir zu versichern. Durch seine Suizidandrohungen fühlte ich mich in die Defensive gedrängt und hatte zunehmend das Gefühl, daß er sich das Feld eroberte und für mich immer weniger Spielraum blieb, Spielraum für meine Gedanken, meine Phantasien und schließlich für meine Interventionen. Ich hatte den Impuls, den Patienten zurückzudrängen, um mir selbst wieder mehr Bewegungsfreiraum für meine therapeutische Tätigkeit zu verschaffen.

Der Patient und ich verstanden zu diesem Zeitpunkt nicht, was geschah. Rückblickend meine ich, daß es ihm zunächst nicht darum ging, gefährliche, auf mich übertragene Selbst- und Objektaspekte zu kontrollieren, sondern darum, mich nicht zu verlieren, um dann in einem zweiten Schritt letzteres tun zu können. Oft hört man die Meinung, man müsse bei suizidalen Patienten besonderen Wert auf die Deutung der Aggression legen, da darin ein Hauptproblem beim Vorliegen von Suizidalität liege. Letzteres ist sicher richtig, aber es ist nicht immer das primäre Problem. TABACHNICK (1961a) warnt davor, zu früh die Aggression und die Feindseligkeit anzusprechen, da dadurch die ohnehin vorhandenen starken Schuldgefühle gesteigert würden, was in der Folge einen Wunsch nach Bestrafung nach sich ziehen könne. In einer Kasuistik einer suizidalen Patientin schreibt er: "My interpretative work with her had mainly been in terms of pointing out her demanding and hostile attitudes. This had tended to increase her guilt and to make her feel a greater need for punishment" (S. 576)

Mir wurde klar, daß ich diesen Patienten über längere Zeit in bestimmter Weise falsch behandelt hatte. Im Erleben des Patienten war ich nicht anonym, so wie ich es verstand, sondern hatte mich ihm *entzogen*. In dem guten Glauben, das Prinzip der Anonymität und der Abstinenz zu üben und zu nutzen, hatte ich mich unerreichbar gemacht. Sicher war es in der Beziehung zu mir zur Übertragung bestimmter Aspekte seines Selbst und seiner inneren Objekte gekommen, aber meine Haltung hatte nicht dazu beigetragen, diese Beziehung weiter zu klären, sondern sie zu verschärfen. Wenn er mich in manipulativ-sadistischer Weise behandelte, so nicht ausschließlich aus Gründen eigener Triebbefriedigung, sondern aufgrund des mit dieser Befriedigung verbundenen Ziels, in mir jemanden zu finden, der sich durch dieses Verhalten nicht abschrecken und vertreiben ließ, sondern darin den Versuch sieht, jemanden zu finden, mit dem er eine solche Beziehung herstellen und verstehen kann. Natürlich wäre es jetzt ein Mißverständnis zu meinen, daß sich der Therapeut in solchen Situationen bewußt freundlich und zugewandt verhalten sollte, etwa im Sinne einer korrigierenden emotionalen Erfahrung. Genau das wäre falsch, da es verhinderte, die Übertragung dieser problematischen, sadistischen Selbst- und Objektanteile in der Beziehung zur Darstellung kommen zu lassen. Bei der korrigierenden emotionalen Erfahrung ist es der Therapeut, der sich für ein bestimmtes Verhalten entscheidet, welches er in einem gegebenen Moment für förderlich hält. Bei dem hier gemeinten Vorgang geht der Druck auf das Verhalten des Therapeuten vom Patienten aus. Der Therapeut kann diesem Druck nachgeben, und es wird von seiner Fähigkeit und Toleranz für passagere Identifikationen mit den Selbst- und Objektaspekten seines Patienten abhängen, wie weit er es tut. Oder er kann sich dagegen wehren. Ich meine, daß es diesem Patienten zunächst darum ging, mich existent und sichtbar werden zu lassen, um auf dieser Basis seine sadistischen Triebziele bearbeiten zu können. Er wollte mich in eine zwischenmenschliche Beziehung zwingen, und er tat es mit allen ihm zur Verfügung stehenden Mitteln.

Projektive Identifikation und projektive Identifizierbarkeit

Die Bezeichnung "projektive Identifizierbarkeit" ist nicht üblich. Man sagt "projektive Identifikation" und versteht darunter die unbewußte und daher unfreiwillige Identifizierung des Therapeuten mit dem vom Patienten Projizierten. Mittlerweile scheint dieses Konzept zu einem der am häufigsten diskutierten in der klinisch-psychoanalytischen Literatur geworden zu sein. Die Definitionen der projektiven Identifikation sind mittlerweile so vielfältig, daß einige Autoren (z.B. MEISSNER 1980) bereits dafür plädieren, den Begriff ganz fallen zu lassen. Ich halte dieses Konzept für das Verständnis bestimmter schwieriger Therapiesituationen und Gegenübertragungskonstellationen weiterhin für außerordentlich nützlich, ich meine allerdings, daß man bei der Eingrenzung des Begriffs die Definition nicht auf einen Einwegvorgang beschränken sollte, etwa nach der Formel: Der Patient verlagert per projektiver Identifikation ihm eigenes psychisches Material in den Therapeuten. Dies wird dem Patienten nur dann gelingen, wenn eine entsprechende Bereitschaft zur Aufnahme des angebotenen Materials vorhanden ist, anders gewendet, wenn seitens des Therapeuten eine ausreichende Fähigkeit zur *projektiven Identifizierbarkeit*, wie ich es nennen will, besteht. Weiterhin wird man sich stets klarmachen müssen, daß auch in umgekehrter Richtung, also vom Therapeuten auf den Patienten, projektiv-identifikatorische Vorgänge wirksam sind. Das Stichwort "iatrogene Suizidalität" habe ich bereits in diesem Zusammenhang erwähnt (vgl. auch RACKERS Hypothese der Verlagerung des inneren sadistischen Objekts des Analytikers in den Analysanden).

Wenn man sich verdeutlicht, daß mit dem Begriff der projektiven Identifikation gemeint ist, daß eine Person etwas ihr ursprünglich Eigenes durch ihre Interaktionen mit einer anderen Person in dieser zum Aufscheinen bringt, so, als habe es eine Art "unsichtbare Transfusion" gegeben, so erweckt ein solches Bild sicherlich eine ganz andere Einstimmung auf den analytischen Prozeß als das Bild des Analytikers als Linienrichter bei einem Tennismatch, der "an der Grenze des Spielfeldes sitzt ... immun gegen Abstoßung und Anziehung" und "von dort seine Interventionen ins Feld [ruft]" (RANGELL, zit. nach Cremerius 1982 S.502).

Zwei einander entgegengesetzte Bilder psychoanalytischer Haltung? Immunität gegen Abstoßung und gegen Anziehung auf der einen Seite (was einen entsprechenden Antikörper im Analytiker, der diese Immunität gegenüber dem Patienten verleiht, voraussetzt) und die gegenseitige Beeinflussung von Patient und Therapeut mit der Bereitschaft zur Aufnahme patienteneigenen psychischen Materials, einschließlich der dadurch bedingten Abstoßung oder Anziehung auf der anderen? Man könnte und wird wahrscheinlich einwenden, dies sei ein unzulässiger Vergleich. Man könne nicht einen Abwehrmechanismus (die projektive Identifizierung) mit einer technischen Empfehlung (der anonym-abstinente Linienrichter) vergleichen. Das stimmt zwar, aber es stimmt nur formal. Jedenfalls fällt es schwer, sich vorzustellen, daß das Konzept der projektiven Identifizierung aus der Haltung eines Linienrichters heraus hätte entwickelt werden können. Und die Vorstellung, daß sich ein Analytiker, der es als Teil seiner Aufgabe sieht, die in ihm vom Patienten induzierten Affekte und Phantasien weiterzuentwikkeln, um sie nach diesem Recycling seinem Patienten in weniger destruktiver Form zur Identifikation wieder anzubieten, als Linienrichter versteht, fällt ebenfalls schwer.

Der Linienrichtervergleich dient aber auch dem Schutz vor der Einsicht, daß der Analytiker in umgekehrter Richtung zu seiner eigenen Entlastung ihm nicht bewußtes Material in den Patienten verlagert. In der Identität eines Linienrichters müssen solche Möglichkeiten nicht tangieren, da von dessen Seite unbewußte Einflüsse nicht ins Spielfeld gelangen.

Vielleicht hat das Konzept der projektiven Identifizierung hier die Entwicklung einer Gegenbewegung in der psychoanalytischen Haltung gefördert. Seine Verbreitung wäre dann nicht nur auf ein zunehmendes Interesse an sogenannten frühgestörten Patienten zurückzuführen, sondern auch auf ein Bedürfnis, die unipolare Spiegel-Chirurgen-Haltung durch ein mehr interaktionelles Verständnis der Beziehung zwischen Therapeut und Patient abzulösen. Ich halte das ursprünglich von MELANIE KLEIN (1946) entwickelte Konzept für das Verständnis von Patienten, denen es schwer fällt, bestimmte psychische Zustände zu kommunizieren, für außerordentlich hilfreich. Es kann da einen Zugangsweg eröffnen, wo man sonst nicht weiter wüßte.

BION hat mit dem Begriff der "Container-Funktion" auf eine bestimmte therapeutische Funktion hingewiesen. Sie besteht in der Aufnahme vom Patienten nicht mehr ohne Schaden tolerierbaren psychischen Materials, wie zum Beispiel destruktive Affekte. In einem zweiten Schritt versucht der Therapeut, diesen Affekten und Phantasien eine mildere Konnotation zu geben, was LANGS (1978) als "detoxification" bezeichnet hat. Vom Patienten als zerstörerisch erlebte Gier kann ihm so als Ausdruck seines Wunsches, zu leben und Leere zu füllen, interpretiert werden. Seine Phantasien, den Therapeuten zu zerstückeln und sich einzuverleiben, kann Ausdruck seines Wunsches sein, ihn nicht zu verlieren.

7. Abwehr im Behandlungsteam

Kollektive Abwehr[12]

Im Setting der stationären Psychotherapie ist es für das rechtzeitige Erkennen krisenhafter Entwicklungen wichtig, über die 2-Personen-Beziehung hinauszugehen und die Dynamik der Beziehungen zwischen Patient und gesamtem Behandlungsteam ins Auge zu fassen.

An einem Morgen nach der Klinikkonferenz berichtete mir der diensthabende Arzt den folgenden Hergang: "Übrigens, Frau X. (eine Patientin meiner Station) ist gestern abend von ihrem Späturlaub nicht zurückgekehrt. Ich habe auf der Station nachgefragt. Man hat mich beruhigt: Das sei schon mehrfach vorgekommen, die Patientin würde dann bei einer Freundin oder bei Bekannten übernachten."

Ich spürte bei diesem kurzen Bericht plötzlich ein merkwürdiges, schwer zu beschreibendes Gefühl in der Magengegend, eine Art "inneren Rucks", ein Gefühl, das ich auf dem Weg von der Klinikkonferenz zur Station sofort wieder beiseite schob. Später wurde mir klar, daß es sich um das einschießende Erschrecken "sie wird es getan haben - sie hat sich umgebracht" gehandelt hatte. Am Tag zuvor hatte ich ein schwieriges Gespräch mit dieser Patientin gehabt, aus dem ich mit dem berühmten "mulmigen Gefühl" herausgegangen war, also mit einem vielsagenden, aber in seinem Kern ungeklärten inneren Signal.

Die nächste Stunde verläuft folgendermaßen: Ich führe auf der Station mit dem Team in gewohnter Weise die Morgenbesprechung durch. Auch dort weiß man durch den Nachtwachenbericht bereits, daß Frau X. noch nicht zurück ist, räumt dieser Tatsache aber zunächst keine Vorrangigkeit ein.

In dieser Morgenbesprechung geht es zunächst um andere Dinge: Termine, Tagesplanung, organisatorische Fragen, aktuelle Patientenprobleme. Erst als dieses Pensum nach etwa 30 Minuten erledigt ist, kommt man wieder auf Frau X., und jetzt wird gefragt, wer sie denn gestern zuletzt gesprochen hat, was sie vorhatte, ob gestern etwas vorgefallen war, was sie beunruhigt haben könnte, u.a.m.

Die Teammitglieder fühlen sich mehr und mehr beunruhigt. Schließlich wird der Gedanke geäußert, daß die Patientin einen Suizidversuch unternommen haben könnte - es wäre ja nicht das erste

12 Den Terminus *kollektive Abwehr* übernehme ich von KREISCHE (1985).

Mal, sie kam mit mehreren Suizidversuchen in der Anamnese zur Aufnahme -, und plötzlich steht diese Möglichkeit im Raum, etwa eine dreiviertel Stunde, nachdem der diensthabende Arzt vom Fernbleiben der Patientin berichtet hat. Es entwickelt sich eine hektische Aktivität. Alle verfügbaren Telefone werden benutzt. In Eile versuchen wir herauszufinden, wo sich die Patientin aufhalten könnte. Schließlich gelingt es dem Rettungsdienst, sie in einem von innen verschlossenen Raum eines Wohnblocks ausfindig zu machen. Sie befindet sich in einem schwer intoxikierten Zustand, den sie nach Einleitung entsprechender Maßnahmen überlebt.

Später berichten Schwestern und Pfleger, daß sie, ebenso wie ich, in dem Gespräch mit dem diensthabenden Arzt und beim Lesen des Nachtwachenberichts ein "komisches Gefühl", vielleicht eine flüchtige Beunruhigung gespürt hätten, dieser aber keine weitere Bedeutung beigemessen hatten.

Was war vorgefallen? Die Berichte des diensthabenden Arztes und der Nachtwache lösten in mir und in den Teammitgliedern unmittelbare, aber nur flüchtige Empfindungen aus, eine *primäre Reaktion*, deren Bedeutung nicht erkennbar war, und die nicht weiter verfolgt wurde. Es verstrich eine gewisse Zeit, gefüllt von Routinearbeit, bis sich diese Empfindungen gegen Ende der Morgenbesprechung ein zweites Mal meldeten - diesmal als Beunruhigung und Angst um die Patientin - und zu entsprechenden Handlungen führten.

Ich vermute, daß in der dazwischen liegenden Zeit ein mächtiger Abwehrvorgang aktiv war, der ein sofortiges Umsetzen der primären Reaktion in die gebotene Handlung verhindert hat. Weiterhin vermute ich, daß dabei eine Gruppe von Gefühlen und Impulsen im Spiel gewesen ist, die äußerst scharf vom Ich und Über-Ich abgelehnt wurde.

Worum wird es sich gehandelt haben? Führen wir uns die Therapiephase vor dem Suizidversuch kurz vor Augen: Die Patientin wurde von einer psychiatrischen Klinik, in der sie längere Zeit wegen Depressionen hoch dosiert mit verschiedenen Psychopharmaka behandelt worden war, zu uns verlegt, da man Zweifel an der Diagnose einer endogenen Depression bekommen und neurotische Faktoren sowie chronische familiäre Verstrickungen wieder stärker bewertet hatte. Aus diesem Grunde hielt man eine Psychotherapie für angezeigt. Auf der Station entwickelte die Patientin nach einigen Wochen ein bestimmtes Verhalten:

Sie klagte darüber, daß nichts mehr zu machen sei, daß kein Medikament und keine Psychotherapieform ihr würde helfen können. Die Klinik sei jedoch trotzdem ihre letzte Hoffnung gewesen. Sie sei voller Zuversicht und in der Vorstellung gekommen, daß man ihr helfen würde, müsse jetzt aber erkennen, daß man auch hier mit ihrer Krankheit nicht zurechtkäme. Sie hätte uns immer wieder darauf aufmerksam gemacht, daß ihr so, wie wir die Therapie planten und durchführten, ganz sicher nicht zu helfen sei. Das sei kein Vorwurf, nur eine bittere Tatsache, mit der sie sich abfinden müsse. Ihr bliebe nur noch der Ausweg, sich umzubringen. Häufiger berichtete sie, daß sie gerade von der Autobahnbrücke käme, wo sie überlegt habe, hinunterzuspringen, daß jetzt diese Gedanken aber wieder verschwunden seien.

Die Patientin hielt sich für einen unheilbaren Fall und forderte von den Teammitgliedern, diese Einschätzung zu teilen. Diese hielten sie zwar für schwer krank, meinten aber nicht, daß es keinerlei Ausweg mehr gäbe. In Gesprächen sandte die Patientin zweierlei gegensätzliche Appelle aus: Einmal, daß man ihr bestätigen möge, daß es keine Hoffnung mehr für sie gebe; zum anderen, daß man sie doch aus ihrer hoffnungslosen Lage befreien möge. Auf Versuche, ihr Hoffnung zu machen, reagierte sie mit einer Mischung aus Angst und Protest. Sie schien Hoffnung nicht tolerieren zu können. Man würde das jetzt nur sagen, weil man im Grunde ihren Zustand nicht ernst nehme, weil man sie nur schnell wieder los sein wolle. Möglicherweise hat die Patientin hier vorbewußt etwas Richtiges erfaßt: Sie war zunehmend schwerer zu ertragen. Wir fühlten uns im Umgang mit ihr mehr und mehr gelähmt, hilflos und ohnmächtig. Da ihre Suizidalität nicht immer eindeutig einzuschätzen war, mußte gelegentlich die Verlegung in eine geschlossene Abteilung erwogen werden. Wurden ihr diese Überlegungen mitgeteilt, protestierte sie und drohte, sich wirklich umzubringen, wenn wir ihr das antäten. Wir sahen uns in der Situation, stets nur das Falsche tun zu können, ein im Umgang mit suizidalen Patienten typischer Zustand, der unter Umständen der Objektsicherung dient, was ich mir damals jedoch noch nicht klar machte.

Unschwer wird in diesem Fallbeispiel die Objektmanipulation - jetzt am globalen Objekt des Teams - erkennbar, und man würde sicher unter weiterer Verfolgung dieses Gedankens das Verständnis für die innere Welt der Objekt- und Selbstrepräsentanzen der Patientin vertiefen können. Ich will aber dieses Beispiel nutzen, um einen anderen Aspekt zu verdeutlichen und der Frage nachgehen, wie es zu verstehen ist, daß es zu der gefährlichen Verleugnung der Suizidalität der Patientin im gesamten Behandlungsteam kam.

Ich habe verschiedene Gegenübertragungsgefühle beschrieben (insbesondere Wut, Haß, Feindseligkeit, Ohnmacht, Auslieferung), die mit großer Wahrscheinlichkeit mehr oder weniger starke Abwehraktivitäten des Ich auszulösen pflegen. Weiterhin habe ich darauf hingewiesen, daß diese Gefühle über den Mechanismus der projektiven Identifikation teilweise als in den Therapeuten "verlagert" verstanden werden können, da der von Selbsttötungsimpulsen bedrängte Patient solche Gefühle allein nicht mehr handhaben kann und zur Entlastung einen externen Träger benötigt. Üblicherweise denkt man bei der Suche nach einem Träger der projektiven Identifikation zunächst wohl an eine Einzelperson, erfährt man doch den Identifikationsinhalt stets an sich selbst. Die Trägerfunktion kann aber auch durch eine Gruppe übernommen werden (vgl. HEIGL-EVERS und HEIGL 1983). Als neuer Träger, oder Rezipient, kann auch das Team einer Station dienen. Das Team erfüllt diese Funktion aber nur dann, wenn es sich gestattet und in der Lage ist, solche Impulse wahrzunehmen und auszuhalten. Stets ist damit zu rechnen, daß von seiten des Ich und des Über-Ich Einspruch gegen das Erleben dieser Inhalte erhoben wird. Das Ich kann in seiner Kondensatorfunktion, wie BALINT es einmal genannt hat, überfordert sein, derart hohe Spannungen aufzunehmen, ohne sie zu verdrängen oder per Aktion abzuführen. Weiterhin kann das Über-Ich über seinen Normenkodex Einspruch erheben und das Auftauchen solcher Gefühle als mit den Idealen des Therapieberufes unverträglich verhindern wollen.

Ich komme auf das Fallbeispiel zurück: Zwischen primärer, flüchtiger Reaktion und Handlungsbeginn hatte es eine Phase gegeben, in der die Patientin vergessen schien. Ich gehe davon aus, daß die zuvor genannten, im Umgang mit suizidalen Patienten zu erwartenden Gegenübertragungsreaktionen im großen und ganzen auch bei uns im Team vorhanden waren. Unter dieser Voraussetzung könnte man die primäre Reaktion auf die Mitteilung, "Frau X. ist noch nicht zurück", sozusagen als "Oberflächenbewegung" eines darunter liegenden Konflikts auffassen; eines Konflikts, der um schwer tolerierbare Feindseligkeit kreist, die in ihrer primären Wucht vom Ich abgehalten werden mußte. Dies geschah auf dem Wege der Verleugnung (wir gingen der primären Reaktion nicht weiter nach) und der Rationalisierung ("Frau X. ist schon öfter einmal weggeblieben").

Ich will nun noch einen Schritt weiter gehen und annehmen, daß unsere Aggression sich in einer unbewußten Phantasie verdichtet hat, die lauten könnte "dann soll sie sich doch umbringen!", daß also vom Unbewußten eine Art Beseitigungsphantasie geformt wurde. Es ist einleuchtend, daß eine solche Phantasie vom Ich auf Geheiß des Über-Ich abgewehrt werden muß. Was aber wird aus einem ins Bewußtsein drängenden, jedoch hartnäckig von diesem ausgesperrten Impuls? Üblicherweise ist das die Keimsituation für eine Symptombildung, also für die Bildung eines Kompromisses zwischen Impuls und Abwehr. Auf Gruppenebene entspricht dem Symptom die sogenannte psychosoziale Kompromißbildung, ein Mechanismus, wie er ausführlich von HEIGL-EVERS und HEIGL (1979) untersucht und beschrieben wurde.

Was heißt das für unseren Fall? Wenn wir annehmen, daß feindselige Impulse sich in einer unbewußten Beseitigungsphantasie verdichtet und Gestalt angenommen haben, müßte diese Phantasie in der psychosozialen Kompromißbildung als *eine* Komponente des Kompromisses Ausdruck gefunden haben und auffindbar sein. Dieser Teil der Kompromißbildung läßt sich in der durch die Wartezeit sich vertiefenden Intoxikation auffinden, die die Patientin dem möglichen Tod näher brachte.

Die andere Seite der Kompromißbildung zeigt sich im manifesten Verhalten des Teams: Man arbeitete so, wie man es von seinen therapeutischen Leitvorstellungen her von sich forderte, kümmerte sich in der Morgenbesprechung um die Stationsbelange und sprach Probleme von Patienten durch. Dieser Teil der Kompromißbildung könnte lauten: "Wir machen gewissenhaft unsere psychotherapeutische Arbeit. Uns trifft keine Schuld."

Teamspaltung: Zur Inszenierung des psychischen Innenraums im Realraum Klinik

Solche Einmütigkeit des Teams wie im eben genannten Beispiel, wenn auch aus Abwehrzwecken, ist keineswegs typisch. Im oben beschriebenen Fall war sie Folge eines das Team verbindenden Affekts, nämlich der Angst vor einem tatsächlich stattgefundenen Suizid. Der Gleichklang der Abwehr zerfällt, wenn der verbindende Affekt überwunden ist. In diesem Beispiel hatte die kollektive Phase der Abwehr eine Dauer von einer guten halben Stunde gehabt.

Weit häufiger als die Einmütigkeit finden wir die Gegensätzlichkeit der Standpunkte, bis hin zur Gegnerschaft. Manche Teamsitzungen, in denen über Patienten gesprochen wird, die in der Klinik viel inszenieren (was nicht selten fälschlicherweise als Agieren bezeichnet wird), ähneln Gerichtsverhandlungen, in denen über einen Angeklagten verhandelt wird. Es bilden sich Positionen heraus, die an die Organe eines Gerichtssaals erinnern: den Vertreter der Anklage auf der einen, die Verteidigung auf der anderen Seite.

Die Seite des Staatsanwalts vertritt die Interessen des Krankenhauses und seines Personals, sozusagen die von Staat und Bürger (Begrenzung der Verweildauer, Belastbarkeit des Stationspersonals u.a.m.). Diese Position sieht dann im Patienten überwiegend jene Seite, die Schwierigkeiten macht und den Betrieb stört. Es ist die Seite, die der Patient selbst in sich ablehnt und die auf dem Weg der Externalisierung als Ablehnung durch das Team wieder auftaucht. Gleichzeitig wird mit der Induktion der ablehnenden Position im Team aber auch deren Pendant hervorgebracht: Ein Teammitglied bildet sich heraus, das die Verteidigung übernimmt. Häufig ist es der Therapeut, der dann aufpassen muß, daß er seine negative Gegenübertragung, mit der er ja einen Teil des Patienten erfaßt, nicht verleugnet. Diese Gefahr besteht dann, wenn die Erfassung negativer Gegenübertragungsgefühle bereits von anderen Teammitgliedern in stärkerem Maße übernommen wird, so daß der Therapeut fürchten muß, daß für die Gewichtung positiver Gegenübertragungsaspekte im Team nicht mehr genügend Raum bleibt. Ähnlich wie im Gerichtssaal Anklage und Verteidigung sich zwar mit den Standpunkten und Argumenten der Gegenseite auseinandersetzen, sich aber nicht miteinander verständigen, nicht mit der Gegenseite identifizieren dürfen, auch wenn sie es wollten, ebenso scheint es zwischen den polarisierten Teammitgliedern eine Art Sperre zu geben, sich in den Standpunkt des anderen einzufühlen, aus der Befürchtung heraus, sonst vom Ziel abgedrängt zu werden.

Bei Teambesprechungen über Patienten mit einer Borderline-Persönlichkeitsstruktur, die in der Klinik viel inszenieren und dadurch viel Ärger, Arbeit und Angst machen, geraten die Teammitglieder häufig in diese Polarisierung und mühen sich oft vergeblich ab, ihre Standpunkte einander anzunähern. Warum ist eine solche Annäherung so schwierig? Ich meine deswegen, weil in solchen Teamkonstellationen auch die intrapsychische Struktur des Patienten mit zur Darstellung kommt: seine unversöhnten Selbst- und Objektaspekte. Beide über das Medium "Team" phänotypisch in Erscheinung tretende Parteien haben "recht", denn beide Seiten sind Ausdruck der inneren Wahrheit des Patienten: seiner abgelehnten Seiten, derentwegen er sich schlecht und ausgestoßen fühlt und durch die er auf projektivem Wege zu dem Schluß gelangt, daß auch die anderen Menschen ihn für schlecht und ablehnenswert halten, und seiner dem Leben und anderen Menschen zugewandten Seiten, die Kontakt suchen, und die ihn beispielsweise in die Behandlung führten.

Die Spaltung des Teams kann so als Ausdruck der Ambitendenz des Patienten betrachtet werden. Für das Team sind solche Situationen ein kritischer Punkt im Therapieprozeß des Patienten. Die vom Team zu bewältigende Aufgabe besteht dann darin, die in ihm zur Darstellung kommende Polarität durch Annäherung der Gegensätze zu reduzieren, und damit dem Patienten das bislang Geteilte in integrierterer Form zurückzugeben. Voraussetzung dafür ist die Einnahme einer Metaebene: man ist nicht nur Träger eines Selbstaspekts des Patienten, man muß auch darum wissen. Für den ersten Schritt sorgt überwiegend der Patient (auf dem Wege der projektiven Identifikation), für den zweiten muß man selbst sorgen.

In einer Teamsitzung ging es um eine chronisch suizidale Patientin. Sie fühlte sich an dem Tod ihrer Mutter schuldig, von der sie vermutete, daß sie sich suizidiert hatte. Schon einige Male war die Entlassung geplant, aber immer wieder verschoben worden, weil es der Patientin zu schlecht ging und sie wieder häufiger von der Möglichkeit eines Suizids sprach. Im Team wurde man langsam unruhig. "Was sollen wir noch alles mit ihr machen", wurde gefragt. "Wir sind mit unserem Latein am Ende. Schick' sie jetzt weg, entlasse oder verlege sie eben in ein Landeskrankenhaus", wurde dem Therapeuten nahegelegt. "Sie ist schon fast ein Jahr bei uns, und wenn es bis jetzt nichts gebracht hat, bringt es auch in der Zukunft nichts".

In Wahrheit waren sehr wohl Fortschritte erzielt worden, die aber von den Teammitgliedern in diesem Moment nicht gesehen wurden. Die Vorstellung, daß man mit dieser Patientin nicht arbeiten könne, hatte die gegenteiligen Erfahrungen überschattet und in sich aufgesogen. Der Oberarzt erklärte ebenfalls, daß das Team erschöpft sei und es nicht mehr ginge.

Es war eine Situation entstanden, in der es nicht mehr darum ging, herauszufinden, was für die Patientin am sinnvollsten sei. Eine solche gemeinsame Aufgabe und Zielsetzung des Teams war, wie ich noch ausführen werde, durch einen Regressionsvorgang des Arbeits-Ich des Teams zunächst in den Hintergrund getreten.

Üblicherweise arbeiten Teammitglieder mit ihren mehr oder weniger konfliktfreien Ich-Bereichen zusammen. Sie kooperieren. Zwar gibt es Konflikte und Kontroversen, aber die Arbeit wird ausgerichtet durch die Zielsetzung, den die Kontroverse bedingenden und die Arbeit möglicherweise weiterführenden Aspekt herauszufinden und zu nutzen. Üblicherweise identifiziert man sich passager mit der Meinung des anderen, nimmt vielleicht Aspekte in sich auf, die man so noch nicht gesehen hat und modifiziert seinen Standpunkt. In diesem Beispiel schien nun das Gegenteil eingetreten zu sein. Der Einzeltherapeut der Patientin war mehr und mehr in die Rolle eines Anwalts geraten, das Team in die der Staatsanwaltschaft. In den Patientenbesprechungen ging es nicht mehr um die Entwicklung eines Behandlungsplans, sondern um etwas, was an die Verhängung eines Urteils erinnerte. Entlassung oder Verlegung konnten nicht mehr unter dem Aspekt einer sinnvollen Indikation betrachtet werden, zu der man sich entscheiden oder auch nicht entscheiden konnte, sondern riefen Gefühle wie bei einer Urteilsverkündung wach. Der Verteidigung ging es um die Verhinderung eines solchen Spruches. Aus der *Ko*operation des Teams schien eine *Anti*operation geworden zu sein. Dieser neue Operationsstil des Teams hatte die typischen Merkmale der Borderline-Struktur: eine polarisierte Schwarz-weiß-Sicht unversöhnbarer Gegensätze, Vermeidung gegenseitiger Annäherung aus Angst, an Boden zu verlieren, das heißt aktives Auseinanderhalten der Gegensätze, wie es für den Spaltungsvorgang charakteristisch ist. Nachdem den Teammitgliedern diese Vorgänge deutlicher geworden waren, waren sie besser in der Lage, ihre polarisierten Standpunkte aufzugeben und eine mehr an objektiven Parametern orientierte Einschätzung zu finden.

Offensichtlich war im Team das aufgetaucht, was für die Patientin selbst galt. Sie erlebte sich entweder als gänzlich schlecht, schuldig und im Unrecht und deshalb verstoßenswert, jener Aspekt, der in der Staatsanwaltschaftsseite des Teams wieder auftauchte. Oder sie fühlte sich im Recht, verteidigenswert und erhob Anspruch auf Therapie, auf viel Therapie, derjenige Aspekt, den die Verteidigung aufgriff.

Es wäre aber falsch, daraus den Schluß zu ziehen, daß ein Team darauf achten sollte, nicht in solche polaren Interaktionen zu geraten, weil sie ja Ausdruck einer Regression seien und man das vermeiden sollte. Ein reifes Team, so könnte man argumentieren, habe sich immer auf der reifen, ich-gesteuerten Kooperationsebene zu halten. Das Gegenteil aber ist richtig. Solche Situationen wie die eben beschriebene sind wertvolle Schnittpunkte in der Arbeit mit Borderline-Patienten. Sie geben einem Einblicke in das intrapsychische Geschehen des Patienten, wie man sie sonst nicht so leicht bekommt. Der entscheidende Schritt, um die Frucht einer solchen Zuspitzung der Teamarbeit zu ernten und zu nutzen ist allerdings schwierig: Er fordert vom Team, von der Bühne, auf der seine polaren Einschätzungen über den Patienten entstanden waren, ins Parkett des Zuschauerraums zu treten, um von dort das von ihm Produzierte zu betrachten. Es ist der Schritt von der Interaktion zur Integration. Anders ausgedrückt, müssen die Teammitglieder zu ihrer konfliktfreien Ich-Tätigkeit zurückfinden und das gemeinsam Produzierte verarbeiten, etwa nach der Formel: Diese beiden Seiten, die bei uns so unvereinbar einander gegenüberstehen, sind, neben möglichen Realkonflikten unter uns, auch Ausdruck eines entsprechenden Geschehens im Patienten. So, wie wir es vermeiden, uns mit der Meinung des anderen zu identifizieren, um unseren eigenen Standpunkt vor einer Modifikation zu schützen, aus der Befürchtung heraus, vom anderen überrollt zu werden, so geht es möglicherweise dem Patienten mit seinen inneren Gegensätzen auch.

Regressions-Progressions-Bewegungen des Teams
beim Durchlaufen eines projektiven Identifikationszyklus

Wie lassen sich nun diese Vorgänge im Team verstehen, genauer gesagt, der Wechsel der Arbeitsebenen? Im aufgeführten Beispiel war das Team von einer reifen Kooperationsebene auf eine Borderline-Funktionsebene regrediert. Der Sinn dieses Regressionsvorgangs läßt sich darin bestimmen, daß auf diese Weise Material, das zum Verständnis der Patientin beitrug, gewonnen werden konnte.

Wenden wir jetzt das Konzept der projektiven Identifikation auf die einzelnen Arbeitsgänge des Teams an, werden wir sehen, daß es in einem Regressions-Progressions-Vorgang seine Arbeitsebenen wechselt und dabei die einzelnen Schritte der projektiven Identifikation durchläuft. Dies gilt nicht für jeden Patienten, der in Teamsitzungen besprochen wird, in so ausgeprägter Weise. Es gilt aber tendenziell für schwerere Persönlichkeitsstörungen, bei denen in stärkerem Maß der Mechanismus der projektiven Identifikation eingesetzt wird.

Bevor ich das Konzept der Regressions-Progressions-Bewegung des Teams auf das Fallbeispiel anwende, will ich die einzelnen Schritte der projektiven Identifikation kurz skizzieren. Ich halte mich dabei an die Gliederung dieses Mechanismus, wie sie von OGDEN (1979) vorgenommen wurde. OGDEN untergliedert die projektive Identifikation in 4 Schritte:

In einem ersten Schritt projiziert der Patient bestimmte Aspekte seiner inneren Objekte und Selbstbilder auf eine andere Person. Diese fungiert als sogenannter Rezipient der Projektion.

Der zweite Schritt besteht darin, den Rezipienten der Projektion anzugleichen. Es geht um den eigenartigen Vorgang, daß der andere nicht nur so *gesehen* werden soll (das entspräche noch der Projektion), sondern sich auch so *fühlen* soll, wie es dem Projizierten entspricht. Wir haben bereits gesehen, daß dieses Ziel auf dem Wege der Interaktion zwischen den beiden Partnern erreicht wird (vgl. KÖNIG u. TISCHTAU-SCHRÖTER 1982).

Danach wäre es die Aufgabe des Rezipienten in einem dritten Schritt, das in ihm Induzierte weiterzuentwickeln und weniger schädlich zu machen (metabolization, detoxification).

Erst dann kann sich der Patient in einem vierten Schritt mit dem im Rezipienten Gereiften identifizieren, und damit ist der Zyklus der projektiven Identifizierung durchlaufen.

Schema: Die Regressions-Progressions-Bewegung des Teams beim Durchlaufen eines projektiven Identifikationszyklus

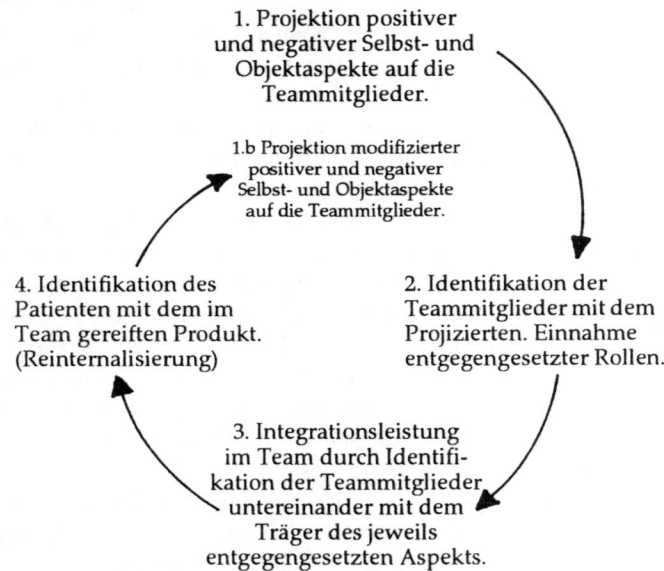

1. Projektion positiver und negativer Selbst- und Objektaspekte auf die Teammitglieder.

1.b Projektion modifizierter positiver und negativer Selbst- und Objektaspekte auf die Teammitglieder.

4. Identifikation des Patienten mit dem im Team gereiften Produkt. (Reinternalisierung)

2. Identifikation der Teammitglieder mit dem Projizierten. Einnahme entgegengesetzter Rollen.

3. Integrationsleistung im Team durch Identifikation der Teammitglieder untereinander mit dem Träger des jeweils entgegengesetzten Aspekts.

Auf unser Beispiel angewendet, waren auf die stärker das Realitätsprinzip "Klinik" vertretenden Schwestern und Pfleger die negativen Selbst- und Objektaspekte, auf den sich um diese Patientin in exklusiverer Weise kümmernden Einzeltherapeuten die positiven Seiten projiziert worden, je nach den dominierenden Übertragungsauslösern also.

In einem zweiten Schritt ging die Patientin entsprechend ihren Projektionen mit den Teammitgliedern um und brachte sie (natürlich immer in Abhängigkeit von deren mitgebrachten Bereitschaften) zur Identifizierung mit den projizierten Objekt- und Selbstaspekten. Dies ist die Situation, in der dann die Teammitglieder in ihren weiteren Sitzungen, ohne es zu bemerken, einen Gerichtssaal betreten und sich in den Rollen von Staatsanwalt und Rechtsanwalt wiederfinden. Es ist die per Regression erreichte *Phase der Materialsammlung*, ermöglicht durch eine passagere Identifikation mit den prägenden Strukturmerkmalen des Patienten.

Der Übergang zum dritten Schritt ist erfahrungsgemäß schwierig, denn nun soll das Team aus seiner intermediären Borderline-Struktur in einem Progressionsschritt auf die *Ebene der Integration* zurückfinden. Dies ist oft aus eigener Kraft nur schwer möglich. Ich sehe daher an dieser spezifischen Stelle des projektiven Identifikationszyklus, den die Teamarbeit durchläuft, eine der Indikationen für Supervision.

Durch seinen neuartigen Umgang mit dem Patienten leitet das Team den vierten Schritt ein: Der Patient wird (wenn es gut geht) einen Teil des vom Team in seinem Regressions-Progressions-Zyklus erworbenen Integrationsmaterials (beispielsweise die Moderation von Destruktivität in Aggression) internalisieren können.

Gelingt der dritte Schritt nicht, bleiben solche Patienten manchmal als "rotes Tuch" dem Team in Erinnerung. Nach Entlassung des Patienten aus einer Teamstruktur in der Phase 3 des oben beschriebenen Zyklus darf man das Gespräch häufig nicht mehr auf diesen ehemaligen Patienten lenken. Er muß vergessen werden. Möglicherweise wird auch überhaupt nicht mehr danach gefragt, wie es ihm geht. In extremen Situationen nimmt das Team die intermediäre Struktur des "Einer gegen Alle" an, der Einzeltherapeut gegen den Rest des Teams, der hoffnungslose Fall auf der einen, der hoffnungsvolle auf der anderen Seite, und es ist diese Polarisierung, die der Patient nur allzu gut von sich kennt.

8. Eine interaktionstypologische Systematisierung suizidalen Verhaltens

Als ich begann, mich mit objektbeziehungstheoretischen Fragen der Suizidalität zu beschäftigen, fiel mir auf, daß einige suizidale Patienten mich und die Station in besonders starkem Maße beschäftigten und in Atem hielten, während andere ihre Suizidalität sozusagen für sich behielten und den Therapeuten nicht viel mehr spüren ließen, als daß sie sich langsam von ihm und der Welt zurückzogen. Bei einer dritten Gruppe schien weder das eine noch das andere der Fall zu sein. Sie gaben sich nach außen hin so, als seien sie ungefährdet und als hätten sie eine durchaus positive Perspektive. Sie waren in ihrem Verhalten verbindlich, und man blieb, wenn man überhaupt den Verdacht auf eine kritische Entwicklung hatte, auf Vermutungen angewiesen.

Von der Beziehung zwischen Therapeut und Patient ausgehend, fielen mir drei Interaktionstypen auf, die ich in einer früheren Arbeit (KIND 1990) als

- interaktionsreichen Typ I,
- interaktionsarmen Typ II und als
- pseudostabilen Typ III bezeichnet habe.

Bei den folgenden Überlegungen zur Systematisierung der Suizidalität anhand der Interaktion tauchen die bei der entwicklungspsychologischen Systematisierung beschriebenen Formen wieder auf: Der interaktionsreiche Typ I entspricht der manipulativen, der interaktionsarme Typ II der resignativen Form. Der pseudostabile Typ III wurde hier in diesem Buch noch nicht besprochen.

Es ist ein wesentlicher Unterschied, ob ein Patient mit Suizidalität droht und dadurch seine Ansprüche an das Objekt interpersonell zur Geltung bringt (interaktionsreiche Form), ob er mit dem Bild eines resignativen Rückzugs sich aus der Beziehung löst und von seiner Suizidalität nicht mehr spricht, obwohl er möglicherweise in außerordentlich starkem Maße weiterhin von ihr bedroht sein kann (interaktionsarme Form), oder ob er innerlich den Suizid beschlossen hat und nach Beendigung eines verzweifelten inneren Kampfes äußerlich das Bild eines ruhigen und gefaßten, den eigenen Angelegenheiten und Bezugspersonen scheinbar zugewandten Menschen vermittelt (pseudostabile Form).

PÖLDINGER (1982) unterscheidet drei Stadien der suizidalen Entwicklung: 1. Erwägung, 2. Ambivalenz, 3. Entschluß. Im ersten Stadium wird der Selbstmord als mögliche Problemlösung in Betracht gezogen. Das zweite Stadium ist von Appellen, Notrufen und Drohungen gekennzeichnet. Im dritten Stadium, dem Entschluß, tritt eine Beruhigung ein, die auch als "Ruhe vor dem Sturm" bezeichnet wird und als Alarmzeichen gelten muß. PÖLDINGER erkennt so ebenfalls eine Änderung im Interaktionsverhalten des suizidalen Patienten: den Übergang von einem interaktionsreichen in ein mehr intrapsychisches, interaktionsarmes Stadium. Es ist wichtig, auf solche Änderungen suizidaler Interaktion zu achten, besonders dann, wenn der Druck auf den Therapeuten abnimmt und man vielleicht fälschlicherweise meint, erleichtert sein zu dürfen, weil der Patient nicht mehr in der bisherigen Form mit Suizidalität droht.

Die interaktionsreiche Form (Typ I)

Bei dieser Suizidalität geht es wohl um die am häufigsten anzutreffende Form überhaupt. Der Patient versucht, über seinen Therapeuten Kontrolle zu gewinnen, und es scheint die Angst vor Objektverlust zu sein, die ihn zu einer solchen Interaktionsform drängt. In der bedrohlichen Vorstellung, verlassen zu werden, kann Suizidalität helfen, eine Beziehung entstehen zu lassen, in der das suizidale Subjekt nunmehr über das Objekt verfügt. Aus der Analyse seiner Gegenübertragung kann der Therapeut Rückschlüsse auf die innere Situation des Patienten ziehen. Aus dem Gefühl, dem Patienten nicht entkommen zu können, läßt sich die diagnostische Schlußbildung ableiten, daß der Patient Angst hat, sein Objekt zu verlieren. Weiterhin führen die im Therapeuten mobilisierten Gefühle von Wut, Haß, Angst und Schuld zu der Frage, ob der Patient von gerade diesen Gefühlen überschwemmt zu werden droht und sie auf dem Wege der projektiven Identifikation in den Therapeuten verlagert.

Die interaktionsarme Form (Typ II)

Diese Suizidalitätsform wird nach meiner Erfahrung seltener diagnostiziert als der Typ I, vielleicht deswegen, weil sie seltener ist, was ich allerdings bezweifle. Wahrscheinlicher scheint mir, daß sie auf Grund ihrer Interaktionsarmut schlechter erkannt wird.

Eine Patientin kam zu mir in die Therapie, ohne sagen zu können, worunter sie eigentlich litt. Sie nahm unkontrolliert Tabletten und Alkohol, hatte mehrere Suizidversuche unternommen, brachte sich durch ungeschicktes Verhalten in körperlich gefährliche Situationen und nahm fieberhafte Infekte gleichgültig hin. Es schien keinen Menschen zu geben, der ihr wichtig war, und sie hatte umgekehrt den Eindruck, keinem Menschen wirklich wichtig zu sein.

Während der Therapie blieb sie über lange Zeit suizidal, wobei in der ersten Phase der Behandlung ihre Suizidalität schwer zu erkennen und zu beurteilen war. Manifest spielte sie in der Beziehung zu mir kaum eine Rolle. Ich konnte sie nur vermuten. Manchmal fühlte ich mich überflüssig und hatte den Eindruck, daß es keine Verbindung zwischen ihr und mir gab.[13] In solchen Phasen bat ich sie, zwischen den Terminen anzurufen. Erst später wurde ihr deutlich, daß diese Aufforderungen wichtig gewesen waren und sie vor Suizidhandlungen geschützt hatten. Als ihr ihre große Bedürftigkeit nach einem verläßlichen Objekt bewußter wurde, nahm die Suizidalität eine andere Qualität an. Bei bevorstehenden Therapiepausen fühlte sie sich nicht nur suizidal, sondern machte auch unmißverständlich deutlich, daß eine solche Pause eine Gefährdung für sie darstellen würde und ich das eigentlich nicht verantworten könne. Die Suizidalität war von der interaktionsarmen Form des Typ II in die interaktionsreiche Form des Typ I übergegangen - ein prognostisch günstiges Zeichen.

Im Gegensatz zum Typ I wird beim Typ II die Suizidalität als interaktionelles Mittel kaum eingesetzt. Der Patient droht nicht mit Suizidalität. Wenn man Glück hat, läßt er den Therapeuten die Suizidalität vielleicht eben noch spüren. Man fühlt sich nicht eng mit ihm verwickelt, er scheint vielmehr weit entfernt. Anders als

---

13 WINNICOTT (1982) antwortete einmal auf die Frage, wann er einen Patienten für gefährdet hielte: "Wenn jemand kommt und mit Ihnen spricht, und Sie haben beim Zuhören das Gefühl, daß er Sie *langweilt*, dann ist er krank und braucht psychiatrische Behandlung" (S. 5). Man könnte fortfahren und sagen: *Entscheidend ist, daß Sie das Gegenübertragungsgefühl der Langeweile als Symptom einer gefährdeten Beziehung bewerten.*

beim Typ I fehlt die Sorge, den Patienten zu vernachlässigen und zu wenig Zeit für ihn zu haben. Eher meint man, vom Patienten nicht oder nicht mehr benötigt zu werden. Er entschwindet, ohne daß man ihn halten kann. Diese Gegenübertragung scheint ein Reflex auf die innere Leere, Resignation und Apathie des Patienten zu sein. Gelingt es, diesen Mangel an Forderung als Alarmzeichen zu interpretieren, wächst im Therapeuten sowohl Angst als auch Sorge, und das bringt ihn dazu, etwas zu tun, wozu der Patient von sich aus nicht mehr in der Lage ist: sich aktiv um eine Beziehung zu bemühen. Während es beim Typ I der Patient ist, der meint, den Therapeuten halten zu müssen, da er dessen Verlust fürchtet, liegt bei dem interaktionsarmen Typ II diese Aufgabe in expliziterer Form beim Therapeuten. Er muß versuchen, den Patienten zu halten, da er ihm sonst entgleiten kann. Auch hier wieder bietet das Konzept der projektiven Identifikation eine Verständnismöglichkeit: Wenn ein Patient nicht mehr ausreichend in der Lage ist, Selbstschutz und Sorge um sich selbst aufrechtzuerhalten, besteht eine Möglichkeit, diese Funktionen nicht völlig zu verlieren, darin, sie vorübergehend in einen anderen Menschen zu verlagern.

Es geht hier um eine Patientengruppe, die ohne Hoffnung ist, von sich aus eine Objektbeziehung herstellen und halten zu können. Im Gegensatz zum Typ I sind interpersonelle, auf das Objekt gerichtete Verhaltensweisen daher kaum noch feststellbar. Dennoch lassen diese Patienten deutlich erkennen, daß es ihnen schlecht geht und daß sie gefährdet sind. Sie geben damit dem Therapeuten ein Signal, das Sorge und Angst um den Patienten auslöst. Dadurch unterscheidet sich Typ II von Typ III.

Die pseudostabile Form (Typ III)

Bei einer über eine gewisse Zeit im interpersonellen Feld auffälligen Suizidalität mit viel Beunruhigung und Aktivität auf seiten des therapeutischen Personals kann eine "Entspannung" und "Beruhigung der Situation" ein gefährliches Zeichen sein. Diese Beobachtung wurde von Psychiatern schon vor langer Zeit gemacht. Das "Schwinden" der Suizidalität ohne ersichtlichen Grund, das scheinbar gelöste Verhalten eines zuvor depressiv-suizidalen Patienten muß als Alarmzeichen gelten. Unter libidotheoretischen Gesichtspunkten läßt sich vermuten, daß bei einem solchen Patienten ein vollständiger Abzug der Besetzung äußerer und innerer Objekte eingetreten ist. Die Ruhe und Ausgeglichenheit des Patienten kann dann Folge seiner Entschlossenheit zum Suizid sein. Ich will diese Zusammenhänge an einem Fallbeispiel verdeutlichen:

Ein 25jähriger Patient kam wegen Selbstunsicherheit, Minderwertigkeitsgefühlen und Durchsetzungsängsten zur stationären Aufnahme. In den ersten Wochen seiner Behandlung zog er sich zurück und ließ kaum Kontakt zu. Eine vom therapeutischen Team anfangs geäußerte Befürchtung, daß dieser Patient sich umbringen könnte, ohne vorher irgendetwas anzudeuten, trat später, als sich sein Verhalten deutlich änderte, wieder in den Hintergrund. Auffällig war, daß es auf der Station immer eine Person zu geben schien, die skeptisch und um den Patienten in Sorge war. Ein bis zwei Tage vor seinem Suizid jedoch war auch bei dem letzten noch skeptischen Teammitglied diese Sorge zerstreut. Der Patient schien in der vorangegangenen Woche wieder besseren Kontakt zu den Mitpatienten gefunden zu haben, setzte sich entgegen seiner sonstigen Gewohnheit in den Tagesraum und beteiligte sich an Gesprächen. Zwei Tage vor seinem Suizid bekam er Besuch und berichtete danach der Stationsschwester voller Stolz und Zuversicht über sich abzeichnende berufliche Perspektiven. Er tat das so überzeugend, daß auch bei dieser letzten "Trägerin" von Skepsis und Besorgnis die Zweifel an seiner Stabilität verschwanden. Am folgenden Morgen stürzte er sich von einer Brücke und erlag seinen schweren Verletzungen. Er hinterließ keinen Abschiedsbrief, so daß unbekannt bleibt, was in den letzten Tagen und Stunden in ihm vorgegangen war. Ein unmittelbar krisenauslösendes Ereignis konnte nicht gefunden werden.

Eine andere Patientin sagte: "Man bekommt so ein Gefühl, daß einen nichts mehr angeht, die Umwelt, die Menschen. Man ist dann etwas heiter, nicht euphorisch, aber so gelassen. Wenn der Suizid beschlossene Sache ist, ist man erleichtert."[14]

Diese Suizidalität gehört deswegen zu den gefährlichsten Formen, weil sie kaum erkennbar ist. Phänomenologisch ist sie dem Stadium 3 (Entschluß) von PÖLDINGER (1982) zuzuordnen. Der Suizidimpuls wird vom Ich nicht mehr als fremder, Gegenkräfte mobilisierender Drang erlebt. Die Auseinandersetzung mit ihm

---

14 MUSIL schreibt in einer Rezension, KAFKAS Stil charakterisierend: "...eine freundliche Sanftheit wie in den Stunden eines Selbstmörders zwischen Entschluß und Tat" (CORINO 1988, S. 215).

ist abgeschlossen, seine Integration ins Ich hat stattgefunden. Das Ich wird vom Suizidimpuls nicht mehr geängstigt und in Unruhe versetzt. Im Zuge dieser Auseinandersetzung, deren Abschluß schließlich zu einer "Ruhe *nach* dem Sturm" führt, können Bemühungen, das Leben doch noch zu planen, in kürzester Zeit mit Suizidvorbereitungen wechseln. Manchmal entledigt sich das Ich dieser quälenden Ambivalenz durch einen raptusartigen Suizid.

Beim Typ III ist der Suizidimpuls ich-synton geworden und hat seinen Impulscharakter verloren. Parallel mit seiner Integration ins Ich wird die Paktfähigkeit schrittweise aufgehoben, muß sich doch das Ich nicht mehr gegen eine Gefahr wehren, bei der der Therapeut ein Bündnispartner sein könnte. Die Suizidalität hat ihren bedrohlichen Charakter gegen einen entlastenden und stabilisierenden ausgetauscht. Eine Gefahr wird nicht mehr erlebt.

Die Ruhe, die häufig mit dem Gefühl von Erleichterung und Gelassenheit einhergeht, kann triebdynamisch als Ausdruck der Ablösung libidinöser Objektbesetzungen betrachtet werden, einhergehend mit einer konsekutiven Überbesetzung des Selbst. Eine Patientin berichtete, daß ihr in einem solchen Zustand alle Menschen klein und armselig vorkamen, Menschen, die in blinder Weise ihren banalen Beschäftigungen nachgingen und sich durch kleinliche Freuden am Leben hielten. Sie selbst brauchte niemanden, und niemand brauchte sie.

Wenn nach KERNBERGs Internalisierungshierarchie (1981) auf der untersten Ebene Einheiten aus Objektrepräsentanz und Selbstrepräsentanz verbunden durch einen Affekt internalisiert werden, so ist es diese affektive Achse zwischen Subjekt und Objekt, die hier zu fehlen scheint. Die Objektrepräsentanz bleibt bestehen, aber der zu ihr führende, sie belebende Affektbetrag, wie auch immer er gestaltet gewesen sein mag, ob mehr libidinös oder mehr aggressiv, ist nicht mehr aktivierbar.

Diese Form der Suizidalität ist schwer erkennbar. Hinweise sind häufig nur aus der genauen Überprüfung der vom Patienten angegebenen Begründungen für seine Zuversicht und Gelassenheit möglich. In der Gegenübertragung wäre daher nach Anzeichen von Skepsis zu forschen.

Tabelle: Drei Formen der Suizidalität

	Typ I	Typ II	Typ III
Form der Suizidalität	interaktionsreich	interaktionsarm	pseudostabil
Zustand des inneren Objekts	bedroht	aufgegeben	entwertet, reaktive Besetzung des Größen-Selbst
Art der Interaktion	heftig, Kampf des Pat. um und mit Therapeut	gering, im günstigen Fall Kampf des Therap. um Patient	scheinbar ungetrübt
Gegenübertragung	Gefühl des Manipuliertwerdens, Ohnmacht, Haß, Wut, Schuldgefühle, Sorge, Angst	Gefühl des Überflüssigseins u. Stehengelassenwerdens, Sorge, Angst	Erleichterung, bestenfalls Skepsis
Hauptaffekte des Patienten	Verzweiflung, Enttäuschungswut, Ohnmacht, Rachegefühle	Apathie, Resignation, innere Leere	Gelassenheit, Tod als rationale Entscheidung, "Ruhe nach dem Sturm"
Gefühl für die eigene Gefährdung	vorhanden	beginnt zu erlöschen	fehlt
Suizidalität: dys- bzw. synton	dyston	Übergang zur syntonen Stufe	synton
Bündnisfähigkeit für Suizidpakt	meist vorhanden	fraglich	nicht vorhanden
Grad der Suizidalität	ernst, aber meist handhabbar	bedrohlich	kaum abwendbar

Typ I: Die *interaktionsreiche Form* zeichnet sich durch den Kampf des Patienten um seine Hauptbezugsperson aus. In der therapeutischen Situation finden wir eine auf Verstrickung zustrebende Interaktion, bei der es dem Patienten um *Objektsicherung* geht. Die Bezeichnung "Suiziddrohung" hat hier ihren eigentlichen Platz. Das Gefühl, manipuliert zu werden, verbunden mit Ohnmachtsgefühlen, kann beim Therapeuten reaktiv Wut und Haß hervorrufen und eine Tendenz, den Patienten abzustoßen. Die Suizidalität ist weitgehend ich-dyston und wird vom Patienten als Gefährdung erlebt. In der Regel können ein Suizidpakt vereinbart und die entsprechenden therapeutischen Themen der Suizidalität bearbeitet werden.

Typ II: Charakteristisch für die *interaktionsarme Form* ist die fehlende aktive Beziehungsaufnahme seitens des Patienten als Ausdruck seiner resignativen *Objektaufgabe.* Im Therapeuten werden Tendenzen aktiviert, seinerseits den Patienten aufzusuchen und Kontakt zu ihm herzustellen. Das stärkere Ausmaß solcher Tendenzen kann dem Therapeuten Anzeichen für einen zunehmenden Abzug der Objektbesetzungen des Patienten sein. Der Therapeut wertet die Gegenübertragungsgefühle des Überflüssig- und Stehengelassenseins nicht vordergründig als Desinteresse und mangelnde Motivation des Patienten, sondern als das Erleben eines Menschen, der sich überflüssig und stehengelassen fühlt und deshalb in Resignation und Apathie zu versinken droht.

Typ III: Eine der gefährlichsten Formen von Suizidalität, die *pseudostabile Form,* liegt dann vor, wenn sie ihren interaktionellen Charakter (Hauptkriterium für Typ I) verloren hat und sich in keiner Weise mehr zu erkennen gibt. Dies geht über den Besetzungsabzug und die folgende Interaktionsarmut des Typ II hinaus. Der Patient kann weiterhin Beziehungen unterhalten, aber die Menschen scheinen ihm nichts mehr zu bedeuten. Man muß vermuten, daß er sich innerlich von den ihm bedeutsamen Bezugspersonen gelöst hat und emotional nicht mehr wirklich unter anderen Menschen lebt. Vielleicht muß der Patient dieses Gewand der Unbeeindruckbarkeit wählen, da er nur dadurch vorausgegangene Kränkungen, Enttäuschungen und Ängste abwehren kann. In dieser Situation kann Skepsis ein möglicherweise letzter Gegenübertragungshinweis auf die lebensbedrohliche Lage sein.

9. Suizidpakt

Unter Suizidpakt versteht man Vereinbarungen mit dem Patienten zum Umgang mit seinen Suizidgedanken und Suizidimpulsen (vgl. z.B. MODESTIN 1989; WOLFERSDORF et al. 1984; WEDLER und KALLENBERG 1984).

Üblicherweise entwickelt sich die Therapie unter dem Schutz der vereinbarten Rahmenbedingungen, und innerhalb dieses Rahmens entsteht das Arbeitsbündnis und entfalten sich die therapeutischen Themen. Auf den ersten Blick scheint es sich auch beim Suizidpakt um eine spezielle Form des Arbeitsbündnisses zu handeln. Man trifft mit dem Patienten, in dessen Leben Suizidalität bisher eine wichtige Rolle spielte, eine bestimmte Vereinbarung, um unter diesem Schutz die Therapie durchzuführen.

Doch dann entwickeln sich die Dinge anders: der Patient hält den Pakt nicht ein. Er sammelt trotz gegenteiliger Vereinbarungen wieder Tabletten, kauft sich Rasierklingen, läuft zur Autobahn oder zur Bahntrasse, fügt sich Schnittwunden zu oder bringt seinen Kaliumspiegel durcheinander. Er macht bei einer stationären Psychotherapie anderen Patienten Andeutungen, daß er sich umbringen könnte, und kehrt am selben Abend von einem Späturlaub nicht zurück. In seinem Zimmer findet man im Papierkorb blutige Papiertaschentücher. Personal und Therapeut sind alarmiert, Suchmeldungen werden herausgegeben. Ausgangsbeschränkungen oder eine Verlegung auf eine geschlossene Station werden erwogen. Dann beruhigt sich die Situation wieder für einige Tage oder Wochen. Doch es genügen kleinste auslösende Situationen, um diese Inszenierungen wieder in Gang zu setzen.

Hat der Patient nun den Suizidpakt als einen Bestandteil des Arbeitsbündnisses gebrochen, oder ist hier ein anderer Umgang mit dem Arbeitsbündnis erforderlich?

Während bei der Vereinbarung des Rahmens, in dem die Therapie stattfinden und sich entfalten soll, in der Regel nicht über spezielle Symptome verhandelt wird, wird beim Suizidpakt ein bestimmtes Symptom zum Kernstück des Arbeitsbündnisses erhoben. Der Patient soll ein Verhalten, das für ihn wichtige Funktionen erfüllt, nicht mehr in der bisherigen Weise nutzen. Während Suizidalität dem Patienten auch dazu dient, dem anderen eine bestimmte Rolle zuzuweisen, dient der Suizidpakt im Erleben des Patienten dem Therapeuten dazu, diese Rolle von sich fernzuhalten. Man muß davon ausgehen, daß der Patient durch Suizidalität seinen Therapeuten in vielfältiger Weise funktionalisiert:

- zur Regulation der Ich-Grenzen durch Verschmelzungsphantasien oder durch Distanzierung;
- zur Bekämpfung der Angst vor Objektverlust durch Kontrolle des Objekts;
- in der Befürchtung oder Überzeugung, auf negative Weise im Therapeuten repräsentiert zu sein und deswegen von ihm abgewiesen werden zu müssen, ist Suizidalität gleichzeitig der Versuch, dieses Bild zum Positiven zu wenden: Der Therapeut soll über den möglichen Tod seines Patienten entsetzt sein und den ihm zugewiesenen Schuldanteil daran bereuen. Voraussetzung für die Initiierung dieses Vorgangs ist aber, daß der Therapeut den Tod seines Patienten für möglich hält.
- Im Sinn der projektiven Identifikation soll der Therapeut die für den Patienten unerträglichen Gefühle von Ohnmacht, Auslieferung, Bedrohtsein, Verlassenwerden, Selbstwertzweifel in sich selbst spüren, und zwar mit den beschriebenen kommunikativen und metabolischen Zielsetzungen.

All dies wird durch einen Suizidpakt in Frage gestellt. Dem Patienten wird gesagt: "Die Suizidalität stellt für Sie keine sinnvolle Funktion dar, sondern eine Gefährdung". Letzteres ist richtig, ersteres nicht.

Der Patient wird sich aber diese seiner Suizidalität entspringenden intrapsychischen und interpersonellen Regulationsmöglichkeiten nicht ohne weiteres nehmen lassen und kann es auch nicht. Er rebelliert gegen den Pakt, stellt ihn in Frage und bricht ihn. Das heißt nicht, daß man keinen Suizidpakt schließen sollte. Im Gegenteil, man soll es, zum Beispiel in dem Sinn, daß der Patient zusichern möge, zu versuchen, dem Therapeuten zu sagen, wenn seine Suizidgedanken und -impulse so stark würden, daß er meint, sie nicht mehr beherrschen zu können.

Aber man wird nicht davon ausgehen können, die Suizidalität damit gebannt oder gebremst zu haben, um sich nun den "eigentlichen" therapeutischen Themen zuwenden zu können. Durch einen Suizidpakt ist die Suizidalität aus der Therapie nicht ausgliederbar. Im Gegenteil, sie kommt dadurch in der Regel stärker in die Therapie hinein und wird in ihren verschiedenen Funktionen thematisierbar.

Während die Therapievereinbarungen Voraussetzung zur Therapie sind, wird der Suizidpakt zum Inhalt derselben. Gerade durch die Einbindung der Suizidalität in einen Pakt werden die mit ihr verbundenen Themen in der Beziehung zum Therapeuten aktualisiert:

- Der Therapeut tritt in gewisser Weise durch den Pakt dem Patienten zu nahe, bedroht seine Abgrenzungsbemühungen und seine Autonomie.
- Er versucht jenen Bereich, mit dem der Patient sich gefährdet, unter Kontrolle zu bringen, und aktualisiert dadurch die Auslieferungs- und Ohnmachtsgefühle des Patienten.

Das heißt, der Suizidpakt trifft den Patienten in Bereichen schwach ausgebildeter psychischer Funktionen, und zwar nicht im Sinne eines sich darüber Unterhaltens, sondern in konkret handelnder und auszuhandelnder Interaktion, und, wenn es gut geht, in der gemeinsamen Reflektion darüber. Schließt der Therapeut mit seinem Patienten einen Pakt, sagt er ihm, daß er Suizidalität in der bisherigen Weise nicht mehr nutzen solle, und aktualisiert dadurch all diejenigen Themen, die Suizidalität enthält. Eigentlich steht im Zentrum des Suizidpakts daher nicht so sehr seine Einhaltung, sondern der *Kampf* darum. In dieser Auseinandersetzung zwischen Therapeut und Patient zeigen sich die zentralen Funktionen der Suizidalität und entfalten sich die dazugehörigen Themen. Wer sich entschließt, einen Suizidpakt mit seinem Patienten zu vereinbaren, muß wissen, daß er gebrochen wird. Er muß gebrochen werden, damit die Suizidalität als Ausdruck einer grundlegenden Beziehungsstörung in der Beziehung zwischen Therapeut und Patient thematisiert werden kann. Wird kein Brechen des Suizidpakts bemerkt und wird so der Therapeut durch die Suizidalität des Patienten mit all ihren verschiedenen Interaktionsformen nicht involviert, muß man sich fragen, wo sie jetzt geblieben ist. Die scheinbare Ruhe muß skeptisch stimmen. Möglicherweise hat jenes Verhalten, das wir suizidal nennen, im Moment keine psychischen Funktionen zu übernehmen. Das wäre der günstigere Fall, und die Therapie kann sich dann tatsächlich in anderen, weniger dramatischen thematischen Feldern diesen Konflikten zuwenden (denen der

Selbst-Objekt-Abgrenzung, der Verschmelzungswünsche, der Ohnmachts- und Auslieferungsängste, des Gefühls, nicht gewünscht zu sein etc.). Es kann aber auch sein, daß die Suizidalität lediglich ihren Schauplatz verlagert hat und sich nun in einer anderen Beziehung manifestiert,[15] oder daß sie aus ihrem interaktionsreichen Typ I (für den ja im übrigen der Pakt auch nur vereinbart werden kann - die Typen II und III sind meist über einen Suizidpakt nicht mehr erreichbar) in eben einen dieser interaktionsarmen Typen übergegangen ist. Es ist dann jene Situation eingetreten, in der die *Fähigkeit zum Suizidpakt* zu schwinden beginnt. Im interaktionsarmen Typ II ist sie noch schwach vorhanden, im pseudostabilen Typ III ist sie praktisch aufgehoben.

Üblicherweise hat der Therapeut beim Schließen eines Suizidpakts vor allem den Schutz des Patienten im Auge. Wir können in dieser Hinsicht von einer *Schutzfunktion* des Suizidpakts sprechen.

Im Erleben des Patienten stellt es sich jedoch anders dar. Er sieht weniger den ihm geltenden Schutz, sondern mehr die Entlastung des Therapeuten. Für ihn kann es so aussehen, daß der Therapeut an nichts als seiner Ruhe interessiert sei. Deshalb würde er vom Patienten verlangen, sich bei drohender Suizidalität zu melden. In Wirklichkeit wolle er die Verantwortung von sich fern halten und sie dem Patienten überlassen. Dieser Aspekt bezieht sich auf das, was man als *Entlastungsfunktion* des Suizidpakts für den Therapeuten bezeichnen kann (wobei es natürlich richtig und erforderlich ist, dem Patienten seine Verantwortung für sich aufzuzeigen).

Nach meiner Erfahrung kommt es zwischen Therapeut und Patient in der Regel zu einer reziproken und einseitigen Bewertung dieser beiden Funktionen des Suizidpakts. Der Therapeut sieht vor allem die Schutzfunktion für den Patienten, der Patient die Entlastungsfunktion für den Therapeuten. Wichtig ist, daß

---

15 In der klinischen Psychotherapie kann man das Phänomen der Übertragungsspaltung gut beobachten: Die Übertragung bestimmter pathologischer Objektbeziehungen findet dann nicht auf den Therapeuten statt. Sie werden vielmehr in Beziehungen zu anderen Personen realisiert, z.B. zu anderen Patienten. Handelt es sich um suizidale Interaktionen, stellen solche "extratherapeutischen" Beziehungsformen u.U. eine gefährliche und schwer zu handhabende Konstellation dar. Zwar mag es angenehmer sein, nicht die Zielperson der Suizidalität seines Patienten zu sein, sich entwickelnde Krisen bleiben dann aber leicht unerkannt.

man beim Vereinbaren eines Pakts explizit auf *beide* Aspekte eingeht und betont, daß man auch sich selbst durch einen solchen Pakt schützen und entlasten will.

Ein stationär aufgenommener Patient konnte nicht ertragen, daß andere sich in ernstgemeinter Weise Sorgen um ihn machten. So etwas war lächerlich.

Dieser Patient hatte Angst vor seinen starken Wünschen nach einem sich wirklich um ihn sorgenden Menschen. Und dieser Wunsch (einschließlich der dazu gehörigen Angst) wirkten sich auch auf die Handhabung des Suizidpakts aus, der in den Augen des Patienten eine heuchlerische Einrichtung der Therapeuten war, durch die sie sich erleichtern und ihren Heimweg sorgenfrei gestalten wollten. Im Grunde aber war es ihnen einerlei, wie es um den Patienten stand. Die Mitteilung seines Therapeuten, daß er sich durch Abschließen einer solchen Vereinbarung tatsächlich entlasten wolle, und zwar dadurch, daß er ihn, den Patienten, mit in die Verantwortung nahm, wirkte befreiend auf diesen Patienten. Er lachte und meinte, daß er das auch irgendwie verstehen könne.

Zur Funktion des Suizidmittels

Eine in Kliniken, aber auch im ambulanten Bereich oft geübte Praxis besteht in der Einforderung des Suizidmittels. Wenn man mit dem Suizidpakt den Patienten auffordert, auf seine bisherigen, suizidalitätsgestützten Mechanismen der Krisenbewältigung zu verzichten und sie ad hoc durch andere, weniger gefährliche Funktionen zu ersetzen, so wird die damit abverlangte Ich-Leistung durch die Abgabe des Suizidmittels noch akzentuiert. Diese ist aber zunächst noch nicht möglich. Der Einwand, man verlange ja nicht von ihm, nicht mehr suizidal zu sein, also ließe man die damit zusammenhängenden Funktionen auch unangetastet, ist nur scheinbar richtig. Durch den Pakt will man ein gewisses Maß an Ich-Herrschaft über die Suizidalität erreichen und schwächt damit ihre interaktionelle Potenz. Man drängt den Patienten zu einer intrapsychischen Verarbeitung in Bereichen, in denen auf eine interpersonelle noch nicht verzichtet werden kann. Wenn man ihn nun darüber hinaus noch auffordert, sein Suizidmittel abzugeben, seine Tabletten, Rasierklingen, so kann man ihn damit überfordern. Der Verlust von Einflußmöglichkeiten ohne Ersatz macht Angst. Diejenigen Mittel, mit denen er seine Objekte unter Kontrolle bringen, mit denen er die Vorstellung von Verschmelzung oder das Erleben von Distanz erreichen konnte, werden ihm genommen.

Ein weiterer Aspekt besteht darin, daß der Patient sich nur so lang sicher sein kann, daß er dem Therapeuten nicht gleichgültig ist und daß dieser beginnt, eine gute Repräsentanz von ihm in sich auszubilden, so lang er, der Patient, wirklich gefährdet ist. Wirklich gefährdet ist er aber nur, wenn er sein Suizidmittel in der Hand hat. Gibt er es ab, muß er vermuten, daß es in den Augen seines Therapeuten nicht mehr ernst ist. Da es dem Patienten aber immer ernst ist, braucht er dafür eine ernste Situation, und diese hat er aus subjektiver Sicht nur dann, wenn er im Besitze seines Suizidmittels ist.

Eine Patientin, die nach einem Suizidversuch mit Schlaftabletten in die Behandlung kam, sagte, daß sie sich wieder Tabletten verschreiben lassen wolle, da sie nicht schlafen könne. Sie möchte wissen, wie ich dazu stünde. In mir steigt Ärger auf, da wir schon häufig über dieses Thema gesprochen hatten und die Patientin meine Einstellung - keine Tabletten für sie - kannte. Ich hatte keine Lust, wieder über die Tablettenfrage mit ihr zu verhandeln. Etwas ungeduldig fragte ich, warum sie dieses Thema jetzt wieder anschneide, da sie doch wisse, wie ich darüber denken würde. Sie läßt aber zum Glück nicht locker und möchte mir anscheinend etwas bestimmtes vermitteln, was sie selbst noch nicht weiß, und ich auch nicht. Nach und nach gelingt es, die Funktion der Tabletten in folgendem Zusammenhang zu sehen: Die Patientin ist sich nie ganz sicher, ob ich auch wirklich erkenne, wie schlimm es in einem gegebenen Moment um sie steht. Geht es ihr schlecht, bewegt sie die Frage: "Kann sich der auch wirklich vorstellen, wie es um mich steht, nämlich, daß ich nahe daran bin, mich umzubringen?". Sie hat das Gefühl, wirklich davon überzeugt, daß es ihr schlecht geht und sie bedroht ist, wäre ich erst, wenn ich wüßte, daß sie Tabletten in einer für einen Suizid ausreichenden Dosis zu Hause habe.

Zunächst denke ich - und wie sich herausstellt, habe ich die Patientin nicht verstanden -, daß es für sie wichtig sei, mir drohen zu können. Es zeigt sich aber, daß der Aspekt der Drohung die Situation nicht vollständig erfaßt. Die Drohung soll mir vielmehr den Ernst der Lage verdeutlichen, etwa nach der Formel: "Erst wenn Sie wissen, daß ich Tabletten habe, die für einen Suizid reichen, sind Sie von dem Ernst meiner Situation überzeugt. Habe ich diese Tabletten nicht, werden Sie sagen: "Naja, es wird schon noch gehen".

Der Besitz des Suizidmittels scheint für den Patienten zweierlei Funktionen zu haben:

1. dient es einem möglichen Suizid und gibt dem Patienten Sicherheit dadurch, daß er auf diese Weise in einer desolaten Situation einen Ausweg sieht. So betrachtet, hat es die Funktion, den Patienten dem Tod näher zu bringen;
2. hat es eine entgegengesetzte Funktion: Es dient dazu, den Therapeuten darauf hinzuweisen, daß der Patient gefährdet ist. Das Suizidmittel hat so eine *Verdeutlichungsfunktion* mit dem Ziel, Handlungen in Gang zu setzen, die dem Patienten helfen, am Leben zu bleiben, etwa dadurch, daß der Therapeut einen Zusatztermin anbietet, ein Medikament verordnet, oder eine stationäre Einweisung einleitet.

Auch dies heißt nicht, daß man dem Patienten unhinterfragt sein Suizidmittel überlassen solle. Im Gegenteil, man soll es von ihm fordern. Aber man muß auch wissen, daß man es nicht in jedem Fall bekommt, und diese Verweigerung der Herausgabe kann zum Ausgangspunkt wichtiger therapeutischer Themen werden. Man wird die Tabletten oder das Messer erst dann bekommen - ohne daß gleich für Ersatz gesorgt wird -, wenn über die oben angeschnittenen Fragen ausreichend gesprochen wurde. Dieser Aspekt von Suizidpakt und Suizidmittel bezieht sich auf deren *themengenerierende Funktion* für die Arbeit zwischen Patient und Therapeut.

10. Ein Tabu:
Der Todesfall in der Psychotherapie

Todesfälle sind in der Medizin mit der Tätigkeit des Arztes untrennbar verbunden, sei er Internist, Chirurg oder Angehöriger einer anderen Disziplin. Für den Psychotherapeuten scheint ein solches Ereignis aber eine andere Bedeutung zu haben als für Angehörige der organisch-medizinischen Fachrichtungen. Im allgemeinen haben Psychotherapeuten wohl die Einstellung, daß Todesfälle mit ihrem Beruf nichts zu tun hätten. KULESSA und BÖHME (1980) weisen diese Einstellung für die Psychiatrie allerdings zurück, wenn sie sagen, "daß der Tod durch die eigene Hand als Tod in der Psychiatrie schlechthin bezeichnet werden könnte" (S. 630). Das gleiche gilt für die Psychotherapie.

Mit dieser für die Psychiatrie und Psychotherapie typischen Todesursache wird in der Regel weniger offen umgegangen als mit Todesursachen und Todesfällen in der organischen Medizin. Angehörige psychotherapeutischer Berufe sind im Vergleich zu solchen aus der organischen Medizin in anderer Weise Belastungen ihrer Selbstwertregulation ausgesetzt, und ich vermute, daß dies mit der besonderen *Art des Wirkfaktors in der Psychotherapie* zusammenhängt. In der organischen Medizin ist die Wirkung der Heilmaßnahme besser sichtbar und leichter überprüfbar und außerdem mehr an technische Faktoren geknüpft.

In der psychoanalytischen Psychotherapie gibt es etwas ausgrenzbares Drittes nicht. Der Therapeut ist selbst das Instrument der Diagnostik und der Therapie, und dazu muß er seine Emotionalität bis zu einem gewissen Grad "instrumentalisieren" können, wie PAULA HEIMANN (1950) es nannte. Dem überwiegenden Objektcharakter des Wirkfaktors in der Medizin steht der Subjektcharakter in der Psychotherapie gegenüber. Daraus folgt aber fast zwangsläufig auch eine andere Einstellung zu mißglückten Therapien und zum Todesfall. Der Psychotherapeut wird eine gescheiterte Therapie stärker als subjektives Versagen erleben, als das in der Medizin der Fall ist. Er wird Behandlungserfolg und Mißerfolg mehr der eigenen Person zuschreiben.

Interessant ist, daß das Bedeutungsfeld von "iatrogen" stets etwas Schädigendes meint. Es gibt "iatrogene Krankheiten", unter denen PSCHYREMBEL (1977) "durch Handlungen und Äußerungen des Arztes hervorgerufene Krankheiten" versteht. "Iatro-gen", also vom "Arzt herrührend", scheint etwas Schädliches zu sein, bedingt zum Beispiel durch Kunstfehler. Das Nichtschädliche, das Heilende, ist nicht "iatrogen", kommt also nicht direkt vom Arzt. Es wird vielmehr lediglich durch ihn verabreicht oder eingeleitet. Diese Bescheidenheit bezüglich der ärztlichen Wirkung kann der Psychotherapeut nicht so ohne weiteres für sich in Anspruch nehmen. Die psychoanalytische Psychotherapie ist in ihrer Essenz "iatrogen", das heißt vom Therapeuten herrührend. Daß dieses nicht nur hilfreich und förderlich sein kann, sondern auch Schädigendes enthalten wird, ist unumgänglich, wird aber kaum diskutiert. ANDRIOLA (1973) spricht, wie ich erwähnt habe, von einer möglichen *Iatrogenität eines Suizids* ("possible iatrogenesis of suicide"). In eine ähnliche Richtung geht der weiter vorn referierte Gedanke RACKERS (1978) einer Verlagerung des "sadistischen inneren Objekts in den Analysanden".

Das Suizidproblem unterliegt einer merkwürdigen Berührungsangst. Wir spüren das, wenn wir in unserem Bekanntenkreis über jemanden sprechen, der einen Suizidversuch überstanden hat oder durch Suizid verstarb. Er litt offenbar an etwas anderem als an einer Erkrankung, nach der man sich mit Interesse erkundigen würde, und er schwebte in einer anderen Lebensgefahr als einer durch Herzinfarkt oder einen Verkehrsunfall.

Ein durch Suizid verstorbener Angehöriger macht schweigen. Während auf Familienfeiern über vieles gesprochen wird -, auch über andere Verstorbene - auf ihn kommt die Sprache nicht. Nicht, weil er vergessen wurde, sondern weil die Erinnerung an ihn so stark ist. Es ist, als dürfe man ihn nicht berühren.

Auf die Frage nach dem *Warum* dieses Berührungsverbots mit suizidierten Angehörigen, Bekannten oder in gewissem Grade auch Patienten gibt FREUD (1912) eine überraschende Antwort: "Der Mensch, der ein Tabu übertreten hat", schreibt FREUD, "wird selbst tabu, weil er die gefährliche Eignung hat, andere zu versuchen, daß sie seinem Beispiel folgen. Er erweckt Neid; warum sollte ihm gestattet sein, was anderen verboten ist? Er ist also wirklich *ansteckend* (im Original gesperrt), insofern jedes Beispiel zur Nachahmung ansteckt, und darum muß er selbst gemieden werden" (S. 43).

In "Totem und Tabu", dem diese Passage entnommen ist, legt FREUD sehr genau die engen Beziehungen zwischen Tabu und

194

zwangsneurotischer Symptombildung dar. Letztere könne man, meint FREUD, ebenso auch als "Tabukrankheit" bezeichnen. Der Zwangskranke belegt jene Bereiche, Tätigkeiten, Gegenstände und Vorstellungen mit einem Tabu, auf die sich besonders starke, jedoch verbotene Wünsche richten.

Bei einem Tabu haben wir es demnach mit zwei einander entgegengesetzten Kräften zu tun: einer nach Realisierung eines Wunsches strebenden und einer diesen Wunsch verurteilenden Kraft. Wenn wir also meinen, beim Suizidproblem eine Tabuzone ausmachen zu können, werden wir auch den Nachweis eines die Verhängung des Tabu begründenden verbotenen Wunsches führen müssen.

In der Tat sprechen zahlreiche Autoren im Zusammenhang mit Suizidalität und Suizid von einer Tabuierung. LITMAN (1965) geht in seinem Artikel "When patients commit suicide" der Frage der Verarbeitung eines Suizids durch den behandelnden Therapeuten nach. Er interviewte 200 Psychotherapeuten, kurz nachdem ein Patient sich suizidiert hatte, und fand deutliche Barrieren, über einen solchen Vorfall zu sprechen: "The question, 'How do you feel about the death of your patient?' breaks taboos and intrudes into highly personal reactions" (S.572). REIMER (1986) hat die "Einstellungen zur Suizidalität" untersucht und schreibt "die dritte Einstellung ist die *Verurteilung des Selbstmords* (im Original kursiv), die zur Verheimlichung und damit zur Förderung des bestehenden, über Suizidhandlungen liegenden gesellschaftlichen Tabus beiträgt" (S. 325). Nach TABACHNICK (1961a) kann der Arzt im Suizid seines Patienten einen insgeheim beneideten Akt (secretly envied act) erleben: Der Patient nimmt sich eine Freiheit, die der Arzt sich nicht zugestehen darf, und man meint, in diesem Gedanken FREUD wieder zu hören, der knapp 50 Jahre früher eine Funktion des Tabu in der Abwehr gefährlicher Neidimpulse sah: "Warum sollte ihm gestattet sein, was anderen verboten ist?".

Ein Grund für die Errichtung des Tabu der Suizidalität und des Suizids kann demnach in der Ansteckungsgefahr gesehen werden, in der Auslösung gleicher, bisher abgewehrter Impulse beim Therapeuten und bei den Angehörigen. Wenn aber bei Ärzten, insbesondere Psychiatern, die Suizidalität deutlich höher liegt als bei anderen Berufsgruppen, wird man auch mit einer entsprechend höheren Impulsstärke und einem entsprechend höheren Abwehraufwand rechnen müssen.

195

In "Totem und Tabu" finden wir aber noch einen weiteren Hinweis. FREUD untersucht dort die Beziehungen zwischen den Lebenden und den Toten und schreibt, sich auf einen anderen Autor beziehend: "Es gipfelt ... in der Überzeugung, daß die Toten mordlustig die Lebendigen nach sich ziehen. Die Toten töten; das Skelett, als welches der Tod *heute* (im Original gesperrt) gebildet wird, stellt dar, daß der Tod selbst nur ein Toter ist. Nicht eher fühlte sich der Lebendige vor der Nachstellung des Toten sicher, als bis er ein trennendes Wasser zwischen sich und ihn gebracht hat." (S. 75)

Wieder konfrontiert uns FREUD mit einem nicht ganz leicht zu verdauenden Befund. Wenn wir den uns bedrohenden Tod mit einem Skelett oder mit einem Totenschädel darstellen, sind wir offenbar der Meinung, daß die uns bedrohende Todesgefahr aus dem Reich des bereits Toten komme und nicht, wie in der Realität, von uns selbst. FREUD gibt für diese Verkehrung der Sichtweise eine ebenso einfache wie folgenschwere Antwort: Es geht um eine Projektion unserer eigenen, gegen das Objekt gerichteten Todeswünsche, die dieses uns nun zurückspiegelt. Es ist der bekannte, das Subjekt entlastende Mechanismus der Verkehrung von Täter in Opfer.

FREUD verweist in "Totem und Tabu" auf eine Zeit, in der die Berührung von Toten, selbst das Aussprechen von deren Namen, einem strikten Tabu unterworfen war. Es galt, eine möglichst große Entfernung zwischen sich und den Toten zu legen. Das war eine Schutzmaßnahme, deren Grund darin lag, daß der verstorbene Angehörige durch seinen Tod zu einem gefährlichen und rachsüchtigen Verfolger geworden war - selbst dann, wenn man alles in den eigenen Kräften stehende getan hatte, um ihn am Leben zu erhalten oder sein Sterben zu erleichtern. Auch eine vollauf liebevolle Beziehung in Gegenseitigkeit schützt vor der Feindseligkeit des Angehörigen nicht. Diesen Sinneswandel, der dem Verstorbenen unterstellt wird, erklärt FREUD damit, daß keine Beziehung frei von Ambivalenz sei. Wenn also ein solcher Angehöriger stirbt, wird es als Reaktion darauf nicht nur einen trauernden, nach außen vorzeigbaren Anteil in uns geben. Es wird auch einen Teil geben, "der mit dem Tode nicht unzufrieden war, und der ihn herbeigeführt hätte, wenn er im Besitze der Macht gewesen wäre" (S. 76). Und weiter heißt es: "Solche im Unbewußten versteckte Feindseligkeit hinter zärtlicher Liebe gibt es nun in fast allen Fällen von intensiver Bindung des Gefühls an eine bestimmte Person, es ist der klassische Fall, das Vorbild, der Ambivalenz menschlicher Gefühlsregungen." (S. 76) Solche Sätze werden im allgemeinen nicht gern gehört. Insbesondere dann nicht, wenn wir es als Psychotherapeuten mit Suizidalität und Suizid zu tun haben, einem Bereich, in dem wir so leicht mit in das Geschehen verwickelt werden und uns bis zu einem gewissen Grade verwickeln lassen müssen. Da wir hier unter einem hohen Druck stehen, uns Schuld am Tod des Patienten zuzuschreiben, werden wir nicht gern die Frage der eigenen Feindseligkeit gegen den Patienten untersuchen, insbesondere dann nicht, wenn in Aussicht steht, fündig zu werden. Und dennoch kommen wir nicht darum herum, wenn wir verhindern wollen, daß sie sich auf geheimen, unserer Kontrolle entzogenen Wegen dennoch durchsetzt.

Todeswünsche von Menschen untereinander und gegeneinander, ganz allgemein, das mag noch angehen. Aber wäre es nicht eine zu weitgehende Hypothese, anzunehmen, daß es Situationen gibt, in denen Ärzte und Therapeuten, Psychiater und Psychoanalytiker Todeswünsche gegenüber ihren Patienten haben können und daß ein Suizid vom Unbewußten her als die Erfüllung eines solchen Wunsches erlebt werden kann? Da die Wahl eines Berufes und die Zugehörigkeit zu einer Berufsgruppe nicht davor schützt, ein ganz gewöhnlicher Mensch zu sein, mit allen Bedingungen, denen dieser unterliegt, wird man diese Hypothese gelten lassen müssen. Sie ist nicht zu weitgehend; jedenfalls dann nicht, wenn man darauf verzichtet hat, den Menschen für primär gut und ausschließlich dem Leben zugewandt zu halten und im Arzt eine Zuspitzung dieser Qualitäten zu sehen. Manche Leute reagieren empört, wenn man den Menschen für *auch schlecht* hält, und schreiben gern alles Schlechte der Gesellschaft zu. Ich kann allerdings nichts Anrüchiges dabei finden, bei sich selbst auch mit einem guten Maß an Schlechtem zu rechnen, und denke, es ist schon viel gewonnen, wenn man sich nicht so verhält, wie man ist.

Einen weiteren Grund für den "Abstand zu den Toten" und damit für die Tabuierung des Suizidproblems finden wir somit in unserer eigenen Ambivalenz gegenüber der Suizidalität unserer Patienten und, als einen Teil derselben, in unserer verborgenen Tendenz zur Bejahung eines Suizids. Mit dieser Tendenz wird uns die Suizidalität eines Patienten immer wieder konfrontieren, ob wir es wollen oder nicht. Und wir können nichts anderes tun, als uns dieser Tatsache zu stellen, um uns unserer Ambivalenz in der Behandlung suizidaler Patienten bewußter zu werden, in der Hoffnung, daß keine zu großen Mengen unbewußter und unerkannter Feindseligkeit in unsere Behandlungen einfließen.

Literatur

ABEL, C. (1884): Über den Gegensinn der Urworte. Verlag von Wilhelm Friedrich, Leipzig.

ABELIN, E.L. (1975): Some further observations and comments on the earliest role of the father. Int. J. Psychoanal 56: 293-302.

ABELIN, E.L. (1986): Die Theorie der frühkindlichen Triangulation. Von der Psychologie zur Psychoanalyse. In: STORK, J. (Hg.), Das Vaterbild in Kontinuität und Wandlung. frommann-holzboog, Stuttgart-Bad Cannstatt, S. 45-72.

ABRAHAM, K. (1924): Versuch einer Entwicklungsgeschichte der Libido aufgrund der Psychoanalyse seelischer Störungen. In: Psychoanalytische Studien I. Fischer, Frankfurt a.M. 1971, S. 113-183.

ANDRIOLA, J. (1973): A Note on the Possible Iatrogenesis of Suicide. Psychiatry 36: 213-218.

BALINT, M. (1951): Über Liebe und Haß. In: Urformen der Liebe. Fischer, Frankfurt a.M. 1969, S. 133-149.

BALINT, M. (1960): Angstlust und Regression. Beitrag zur psychoanalytischen Typenlehre. Klett, Stuttgart.

BAUDRY, F. (1991): The Relevance of the Analyst's Character and Attitudes on his Work. J. Amer. Psychoanal. Assoc. 39: 917-938.

BERGMANN, M.S. (1966): The Intrapsychic and Communicative Aspects of the Dream. Int. J. Psychoanal. 47: 356-363.

BERNFELD. S. (1928/29): Selbstmord. Z. Psychoanal. Päd. 3: 355-364.

BIVEN, B.M. (1977): A Violent Solution. The Role of Skin in a Severe Adolescent Regression. Psychoanal. Study Child 32: 327-352.

BLACHLY, P.H.; DISHER, W.; RODUNER, G. (1968): Suicide by Physicians. Bull. Suicidol. 1-18.

BLOOM, V. (1967): An Analysis of Suicide at a Training Center. Amer. J. Psychiat. 123: 918-925.

BLOOM, V. (1970): Prevention of Suicide. Curr. Psychiatr. Ther. 10: 105-109.

BUCHHOLZ, M.B. (1990): Die unbewußte Familie. Psychoanalytische Studien zur Familie in der Moderne. Springer, Berlin/Heidelberg.

CORINO, K. (1988): Musil, Leben und Werk in Bildern und Texten. Rowohlt, Reinbek bei Hamburg.

CREMERIUS, J. (1982): Die Bedeutung des Dissidenten für die Psychoanalyse. Psyche 36: 481-514.

CREMERIUS, J. (1984): Die psychoanalytische Abstinenzregel. Vom regelhaften zum operationalen Gebrauch. Psyche 38: 769-800.

FAIRBAIRN, W.R.D. (1946): Objektbeziehungen und dynamische Struktur. In: KUTTER, P. (Hg.), Psychologie der zwischenmenschlichen Beziehungen. Wissenschaftliche Buchgesellschaft, Darmstadt 1982.

FEDERN, P. (1928/29): Selbstmordprophylaxe in der Analyse. Z. Psychoanal. Päd. 3: 379-389.

199

FISCHER, P. (1986): Familienauftritte. Goethes Phantasiewelt und Konstruktion des Werther-Romans. Psyche 40: 527-556.

FREUD, A. (1936): Das Ich und die Abwehrmechanismen. In: Die Schriften der Anna Freud. Kindler, München 1980.

FREUD, S. (1910): Die zukünftigen Chancen der psychoanalytischen Therapie. G.W. VIII.

FREUD, S. (1912): Totem und Tabu. G.W. IX.

FREUD, S. (1916): Trauer und Melancholie. G.W. X.

FREUD, S. (1920): Jenseits des Lustprinzips. G.W. XIII.

FREUD, S. (1923): Das Ich und das Es. G.W. XIII.

HARTMANN, H. (1972): Ich-Psychologie. Studien zur psychoanalytischen Theorie. Klett, Stuttgart.

HEIGL-EVERS, A.; HEIGL, F. (1979): Die psychosozialen Kompromißbildungen als Umschaltstellen innerseelischer und zwischenmenschlicher Beziehungen. Gruppenpsychother. Gruppendyn. 14: 310-325.

HEIGL-EVERS, A.; HEIGL, F. (1983): Die projektive Identifizierung - einer der Entstehungsmechanismen psychosozialer Kompromißbildungen in Gruppen. Gruppenpsychother. Gruppendyn. 18: 316-327.

HEIMANN, P. (1950): On Counter-Transference. Int. J. Psychoanal. 31: 81-84.

HENSELER, H. (1975): Suizidhandlung unter dem Aspekt der psychoanalytischen Narzißmustheorie. Psyche 29: 191-207.

HENSELER, H. (1984): Narzißtische Krisen. Zur Psychodynamik des Selbstmords. Westdeutscher Verlag, Opladen.

HENSELER, H.; REIMER, C. (1981): Selbstmordgefährdung. Zur Psychodynamik und Psychotherapie. frommann-holzboog, Stuttgart-Bad Cannstatt.

HOFFMEISTER, M. (1977): Michael Balints Beitrag zur Theorie und Technik der Psychoanalyse. Kindler, "Psychologie des XX. Jahrhunderts". Bd. III. Beltz, Weinheim und Basel 1982.

JACOBSON, E. (1974): Depersonalisierung. Psyche 28: 193-220.

KERNBERG, O. (1965): Notes on Countertransference. J. Am. Psychoanal. Assoc. 13: 38-56.

KERNBERG, O. (1978): Borderline-Störungen und pathologischer Narzißmus. Suhrkamp, Frankfurt a.M.

KERNBERG, O. (1981): Objektbeziehungen und Praxis der Psychoanalyse. Klett-Cotta, Stuttgart.

KIND, J. (1986): Manipuliertes und aufgegebenes Objekt. Zur Gegenübertragung bei suizidalen Patienten. Forum Psychoanal. 2: 228-239.

KIND, J. (1988): Selbstobjekt Automat. Forum Psychoanal. 4: 116-138.

KIND, J. (1990): Zur Interaktionstypologie suizidalen Verhaltens. Nervenarzt 61: 153-158.

KLEIN, M. (1946): Notes on Some Schizoid Mechanisms. Int. J. Psychoanal. 27: 99-110. [Dt.: Bemerkungen über einige schizoide Mechanismen. In: Das Seelenleben des Kleinkindes. Klett-Cotta, Stuttgart 1983].

KLEIN, M. (1957): Envy and Gratitude, London, Tavistock; New York, Basic Books [Dt.: Neid und Dankbarkeit. In: Das Seelenleben des Kleinkindes. Klett-Cotta, Stuttgart 1983].

KLEMANN, M. (1983): Zur frühkindlichen Erfahrung suizidaler Patienten. Peter Lang Frankfurt a.M.

KOHUT, H. (1973): Narzißmus. Suhrkamp, Frankfurt a.M.

KOHUT, H. (1977): Die Heilung des Selbst. Suhrkamp, Frankfurt a.M. 1979.

KÖNIG, K. (1992): Kleine psychoanalytische Charakterkunde. Vandenhoeck u. Ruprecht, Göttingen.

KÖNIG, K.; TISCHTAU-SCHRÖTER, R. (1982): Der interaktionelle Anteil der Übertragung bei Partnerwahl und Partnerveränderung. Z. Psychosom. Med. und Psychoanal. 28: 266-279.

KREISCHE, R. (1985): Kollektive Verleugnung und kollektive Ideologisierung als kombinierte Abwehrform. Gruppenpsychother. Gruppendyn. 20: 356-367.

KREUZER-HAUSTEIN, U. (1992): Schöngeister und Kleingeister. Klischeebildungen im Dialog zwischen "Kulturtheoretikern" und "Klinikern". Forum Psychoanal. 8: 47-62.

KULESSA, CH.; BÖHME, K. (1980): Ursprung und Entwicklung der Selbstmordverhütung in der deutschsprachigen Psychiatrie. Fortschr. Neurol. Psychiat. 48: 629-642.

LANGS, R. (1978): The adaptational-interactional Dimension of Countertransference. In: LANGS, R. (Hg.), Classics in Psychoanalytic Technique. Jason Aronson, New York 1981, S. 217-232.

LITMAN, R.E. (1965): When Patients Commit Suicide. Am. J. Psychother. 19: 570-576.

LOEWALD, H.W. (1951): Ego and Reality. Int. J. Psychoanal. 32: 10-18 [Dt.: Das Ich und die Realität. Psyche 36:769-787; auch in: LOEWALD, H.J. Psychoanalyse. Aufsätze aus den Jahren 1951-1979. Klett-Cotta, Stuttgart 1986].

MAHLER, M.S. (1979): Symbiose und Individuation, Bd. 1: Psychosen im frühen Kindesalter. Klett-Cotta, Stuttgart.

MALTSBERGER, J.T.; BUIE, D.H. (1974): Countertransference Hate in the Treatment of Suicidal Patients. Arch. Gen. Psychiat. 30: 625-633.

McDOUGALL, J. (1985): Plädoyer für eine gewisse Anormalität. Suhrkamp, Frankfurt a.M.

MEIER-SEETHALER, C. (1990): Abschied von den Polaritäts-Spekulationen in der Geschlechterpsychologie. Prax. Psychother. Psychosom. 35: 130-139.

MEISSNER, W.W. (1977): Psychoanalytic Notes on Suicide. Int. J. Psychoanal. Psychother. 6: 415-447.

MEISSNER, W.W. (1980): A Note of Projective Identification. J. Am. Psychoanal. Assoc. 28: 43-67.

MEYER, J.E. (1968; Hg.): Depersonalisation. Wissenschaftliche Buchgesellschaft Darmstadt.

MINTZ, T. (1981): Clinical Experience with Suicidal Adolescents. Adolesc. Psychiat. 9: 493-496.

MODESTIN, J. (1989): Zur Psychotherapie der akuten Suizidalität.. Psychother. Med. Psychol. 39: 115-120.

NERENZ, K. (1985): Zu den Gegenübertragungskonzepten Freuds. Psyche: 39: 501-518.

NEUMANN, E. (1987): Die große Mutter. Walter, Olten/Freiburg i. Br.

NEUN, H.; DÜMPELMANN, M. (1989): Depersonalisation. In: M. HIRSCH (Hg.), Der eigene Körper als Objekt. Springer, Berlin.

OGDEN, T. (1979): On Projective Identification. Int. J. Psychoanal. 60: 357-373 [Dt.: Die projektive Identifikation. Forum Psychoanal. 4 (1988): 1-21].

PÖLDINGER, W. (1982): Erkennung und Beurteilung der Suizidalität. In: REIMER, C. (Hg.), Suizid, Ergebnisse und Therapie. Springer, Berlin/Heidelberg/New York.

Pschyrembel (1977): Klinisches Wörterbuch. De Gruyter, Berlin.

RACKER, H. (1978): Psychoanalytische Technik und der unbewußte Masochismus des Analytikers. In: RACKER, H. (Hg.), Übertragung und Gegenübertragung. Studien zur psychoanalytischen Technik. Reinhardt, München, S. 202-208.

Reclams Lexikon der antiken Mythologie. Reclam Stuttgart 1984.

REIMER, C. (1981): Zur Problematik der Helfer-Suizidant-Beziehung. Empirische Befunde und ihre Deutung unter Übertragungs- und Gegenübertragungsaspekten. In: HENSELER, H.; REIMER, C. (Hg.), Selbstmordgefährdung. fromann-holzboog, Stuttgart-Bad Cannstatt.

REIMER, C. (1982): Interaktionsprobleme mit Suizidenten. In: REIMER, C. (Hg.), Suizid, Ergebnisse und Therapie. Springer, Berlin/Heidelberg/New York.

REIMER, CH. (1986): Risiken im Umgang mit suizidalen Krisen-Patienten. Prax. Psychother. Psychosom. 31: 320-331.

RICHMAN, J. (1978): Symbiosis, Empathy, Suicidal Behavior, and the Family. Suicide Life Threat. Behav. 8: 139-149.

RIEMANN, F. (1959): Die Struktur des Therapeuten und ihre Auswirkung in der Praxis. Psyche 13: 150-159.

RINGEL, E. (Hg.; 1969): Selbstmordverhütung. Huber, Bern/Stuttgart/Wien.

ROHDE-DACHSER, CH. (1979): Das Borderline-Syndrom. Huber, Bern/Stuttgart/Wien.

ROHDE-DACHSER, CH. (1986): Ringen um Empathie. Forum Psychoanal. 2: 44-58.

ROSHCO, M. (1967): Perception, Denial and Depersonalisation. J. Am. Psychoanal. Assoc. 15: 243-260.

ROTMANN, M. (1978): Über die Bedeutung des Vaters in der "Wiederannäherungs-Phase". Psyche 32: 1105-1147.

SACHSSE, U. (1987): Selbstbeschädigung als Selbstfürsorge. Zur intrapersonalen und interpersonellen Psychodynamik schwerer Selbstbeschädigungen der Haut. Forum Psychoanal. 3: 51-70.

SADGER, J. (1929): Ein Beitrag zum Problem des Selbstmords. Z. Psychoanal. Päd. 3: 423-426.

SANDLER, J. (1987): Projection, Identification, Projective Identification. International Universities Press. Madison.

SANDLER, J.; DARE, CH.; HOLDER, A. (1973): Die Grundbegriffe der psychoanalytischen Therapie. Klett, Stuttgart.

SEARLES, H.F. (1966): Feelings of Guilt in the Psychoanalyst. Psychiatry 29: 319-323.

SPERLING, E. (1980): Suizid und Familie. Gruppenpsychother. Gruppendyn. 16: 24-34.

SPITZ, R.A. (1973): Die Entstehung der ersten Objektbeziehungen. Klett, Stuttgart.

STENGEL, E. (1952): Enquiries into Attempted Suicide. Proc. R. Soc. Med. 45: 17-24.

STENGEL, E. (1961): Selbstmord und Selbstmordversuch. Psychiatrie der Gegenwart, Bd. III, hg. v. H.W. GRUHLE; R. JUNG; W. MAYER-GROSS; M. MÜLLER. Springer, Berlin/Göttingen/Heidelberg.

TABACHNICK, N. (1961a): Countertransference Crises in Suicidal Attempts. Arch. Gen. Psychiat. 4: 64-70.

TABACHNICK, N. (1961b): Interpersonal Relations in Suicidal Attempts. Arch. Gen. Psychiat. 4: 16-21.

THOMÄ, H. (1981): Schriften zur Praxis der Psychoanalyse. Vom spiegelnden zum aktiven Analytiker. Suhrkamp, Frankfurt a.M.

VERNES, J. (1872): Reise zum Mittelpunkt der Erde. Diogenes, Zürich 1971.

WEDLER. H.; KALLENBERG, C. (1984): Kommunikationstheoretische Bemerkungen zum Umgang mit Suizidpatienten im Rahmen der somatischen Erstversorgung in der Klinik. In: FAUST, V.; WOLFERSDORF, M. (Hg.), Suizidgefahr. Hippokrates, Stuttgart.

WEGEHAUPT, H. (1981): Umgang mit Abwehr gegen Psychologie und Psychotherapie bei Medizinstudenten unter besonderer Berücksichtigung ihres Krankheitsverständnisses. In: Der Krankheitsbegriff in der Psychoanalyse, hg v. H. BACH, Vandenhoeck u. Ruprecht, Göttingen.

WILLI, J. (1975): Die Zweierbeziehung. Rowohlt, Hamburg.

WINNICOTT, D.W. (1949): Hate in the Countertransference. Int. J. Psychoanal. 30: 69-74 [Dt.: Haß in der Gegenübertragung. In: Von der Kinderheilkunde zur Psychoanalyse. Fischer, Frankfurt a.M. 1983].

WINNICOTT, D.W. (1971): Objektverwendung und Identifizierung. In: Vom Spiel zur Kreativität. Klett-Cotta, Stuttgart 1985, S. 101-110.

WINNICOTT, D.W. (1982): Bruchstück einer Psychoanalyse. Klett-Cotta, Stuttgart.

WOLFERSDORF, M.; METZGER, R.; KOPITTKE, W.; RESTLE, H.; STUDEMUND, B.; STUDEMUND, H.; STRAUB, R.; WITZNICK, G.; HOLE, G.; FAUST, V. (1984): Hospitalisierte depressive Patienten und Suizidalität - Erfahrungen und praktische Hinweise zum Umgang mit stationären suizidalen Depressiven. In: FAUST, V.; WOLFERSDORF, M. (Hg.), Suizidgefahr. Hippokrates, Stuttgart.

ZAGERMANN, P. (1988): Eros und Thanatos. Wissenschaftliche Buchgesellschaft, Darmstadt.

Wenn Sie weiterlesen möchten ...

Elmar Etzersdorfer / Georg Fiedler /
Michael Witte (Hg.)
Neue Medien und Suizidalität
Gefahren und Interventionsmöglichkeiten.
Unter Mitarbeit von Jürgen Schramm und Jürgen Kratzenstein

Die völlig neuartigen Kommunikationswege durch Internet, E-Mail, SMS, Chat eröffnen sowohl erweiterte Möglichkeiten des Austauschs als auch zusätzliche Gefahren. In der Presse war von Verabredungen via Internet zum gemeinsam durchgeführten Suizid zu erfahren. Suizidforen könnten trotz präventiver Intention Ansteckungscharakter haben. Das bisherige Wissen um Suizidprävention scheint nicht mehr auszureichen. Die Konzepte der Beratung und Krisenintervention müssen sich auf die neue Medientechnologie mit ihren Auswirkungen auf suizidgefährdete Menschen ausrichten.
Die Beiträge diskutieren positive wie negative Erfahrungen mit bereits bestehenden Angeboten wie Psychotherapie über das Internet, Suizidforen, Chat-Angebote für Suizidgefährdete, SMS-Beratung. Vorschläge zum konstruktiven Einsatz des Internets für die Suizidprävention schließen eine psychoanalytische Betrachtungsweise der spezifischen Beziehungsformen im Netz ein. Klinische Beispiele illustrieren den Umgang mit den neuen Medien in der Suizidprävention.

Erik Wenglein / Arno Hellwig / Matthias Schoof (Hg.)
Selbstvernichtung
Psychodynamik und Psychotherapie bei autodestruktivem Verhalten

Die Zahl der Menschen nimmt zu, die Hilfe benötigen, weil ihr Verhalten zur Selbstschädigung und Selbstvernichtung führt. Ihre Lebenspartner, Familienangehörigen und Arbeitskollegen müssen meist hilflos zusehen, wie sie Handlungen und Lebensweisen fast zwanghaft wiederholen, die zur Selbstzerstörung und zum Tod streben.

Die Vielfalt der Erscheinungsformen verwirrt: Neben den meist
depressiven Suizidgefährdeten sind es vor allem psychosomatisch
Kranke, Patienten mit psychischen Frühstörungen, mit schweren
Eßstörungen (Anorexie, Bulimie), Abhängigkeitskranke, Artefakt-
Patienten, Operationssüchtige, masochistische Persönlichkeiten
und solche mit selbstverletzendem Verhalten, die dieser Gruppe
der Autodestruktiven zuzurechnen sind.
Die große Bandbreite selbstzerstörerischer Handlungen, ihre Ver-
laufsformen, ihre Diagnostik und Fortschritte in der Therapie werden in diesem Handbuch anschaulich und kompetent dargestellt.

Thomas Haenel
Suizid und Zweierbeziehung

Wenn ein Mensch sich das Leben nimmt, erschüttert das Angehörige und Freunde. Begehen zwei Menschen in gemeinsamer Ent-
schiedenheit Suizid, ist die Fassungslosigkeit noch größer, und
weitaus mehr Fragen verlangen nach Antwort.
Thomas Haenel beschäftigt sich seit geraumer Zeit mit dieser speziellen suizidalen Psychodynamik und legt nun einen Forschungs-
überblick vor. Anhand zahlreicher historischer, prominenter wie
auch namenloser Beispiele zeigt er die psychische Entwicklung
auf, die zu diesem Schritt jeweils geführt haben mag. Die Konstel-
lationen der am Suizid Beteiligten sind vielfältig: Ehepaare, eine
Zufallsbekanntschaft, Zwillinge oder – beim erweiterten Suizid –
die immer wieder in den Schlagzeilen zu findende Tötung des Part-
ners oder der ganzen Familie mit anschließender Selbsttötung.
Auch die komplizierte Beziehung zwischen dem Arzt oder Psychotherapeuten und seinem suizidgefährdeten Patienten wird erörtert,
wobei die hohe Suizidrate ausgerechnet unter den Ärzten selbst
eingehende Berücksichtigung findet.
Präventive und therapeutische Aspekte beschließen den Band.

Benigna Gerisch
Die suizidale Frau
Psychoanalytische Hypothesen zur Genese

Suizidales Erleben und Verhalten ist bei Frauen und Männern unterschiedlich. Spezifisch weibliche Identitätskonflikte sind maßgeblich beteiligt an der weiblichen Suizidalität. Die inneren Reifungsprozesse von Frauen vollziehen sich in grundsätzlich konfliktträchtigen Separations- und Individuationsprozessen. Misslungene Separationsbemühungen werden in bestimmten Entwicklungsabschnitten aktualisiert und können dann zu suizidalen Krisen führen, etwa in der Adoleszenz, nach der Geburt eines Kindes, beim Eingehen einer Liebesbeziehung.
Fallmaterial psychoanalytisch orientierter Kurzpsychotherapien mit suizidalen Patientinnen zeigt den Zusammenhang von Suizidalität und scheiternden weiblichen Individuationsprozessen. Dieser Ansatz eröffnet neue, zentrale Verständnisdimensionen.

Regula Freytag / Thomas Giernalczyk (Hg.)
Geschlecht und Suizidalität

Die Verschiedenartigkeit von Männern und Frauen ist uns zwar ständig präsent, es ist jedoch schwierig, ihr bewusst und gezielt sowohl in der Forschung als auch in der Praxis Rechnung zu tragen. So sprechen die Suizidzahlen seit Jahrzehnten von auffälligen Unterschieden bei Männern und Frauen. Häufigkeitsverteilung, Selbsttötungsarten, Suizidmotive variieren geschlechtsabhängig; bei Frauen kommt es offensichtlich mehr zu Suizid*versuchen*. Die Ursachen dieser Unterschiede wurden bisher kaum nach geschlechtstypischen Kriterien untersucht und gedeutet. Das liegt sicher auch daran, dass es keinen geschlechtsneutralen Standort gibt. Jede Aussage ist geschlechtsspezifisch gefärbt.
In diesem Buch werden erstmalig Beiträge aus verschiedenen Bereichen der Forschung zusammengebracht: analytische, biologische, medizinisch-klinische, soziologische, psychologische sowie beratungsorientierte. In ihnen wird bewusst nicht nur das unterschiedliche suizidale Verhalten von Männern und Frauen aus dem jeweiligen fachlichen Blickwinkel untersucht, sondern die Verfasserinnen und Verfasser stellen auch ihren eigenen geschlechtsspezifischen Anteil ihrer Aussagen mit in Rechnung.

Hamburger Beiträge zur Psychotherapie der Suizidalität

Band 5: Ines Kappert /
Benigna Gerisch /
Georg Fiedler (Hg.)
**Ein Denken, das zum
Sterben führt**
Selbsttötung – das Tabu und
seine Brüche
2004. 200 Seiten, kartoniert
ISBN 3-525-45903-3

Den Freitod zu wählen, bedeutet eine enorme Provokation für die Überlebenden. Die Selbstauslöschung eines Menschen zeigt in dieser radikalsten und doch ohnmächtigsten Selbstermächtigung dem Kollektiv – der Familie, den Freunden, dem Staat – und sich selbst die Grenzen auf. Der Suizid weist die Selbsterhaltung als oberstes menschliches Ziel zurück und erschüttert damit unsere Denkordnungen zutiefst. Wie also die Selbsttötung verstehen? Wie über sie sprechen? Wie das traurige und bedrohliche Phänomen der so genannten Selbstmordattentate einordnen?
Dieser Band skizziert, wie das Skandalon des Freitods in der Psychologie, Philosophie, Literaturwissenschaft, Soziologie bis hin zu den Islamwissenschaften diskutiert wird.

Band 4: Benigna Gerisch /
Ilan Gans (Hg.)
**So liegt die Zukunft
in Finsternis**
Suizidalität in der psycho-
analytischen Behandlung
2003. 162 Seiten, kartoniert
ISBN 3-525-45902-5

Im vierten Band der *Hamburger Beiträge zur Psychotherapie der Suizidalität* stehen sowohl entwicklungsspezifische Aspekte der Suizidalität bei Jugendlichen und Frauen als auch die chronische und akute Suizidalität bei schweren Persönlichkeitsstörungen im Mittelpunkt. Anhand differenzierter Falldarstellungen werden unterschiedliche theoretische Grundannahmen und behandlungstechnische Schwierigkeiten – zum Beispiel Gegenübertragungshass oder unbewusst agierte Suizidalität – veranschaulicht. Erstmalig wird der Fokus auf den stationären und poststationären wie auch auf den erweiterten Suizid gelegt.

V&R
Vandenhoeck
& Ruprecht

Hamburger Beiträge zur Psychotherapie der Suizidalität

Band 3: Benigna Gerisch / Ilan Gans (Hg.)
Ich kehre in mich selbst zurück und finde eine Welt
Autodestruktivität und chronische Suizidalität
2001. 148 Seiten, kartoniert
ISBN 3-525-45901-7

Schwere Traumatisierungen führen bei den Betroffenen unter Umständen dauerhaft zu suizidalen Neigungen oder anderen selbstzerstörerischen Verhaltensweisen. Die Arbeiten des dritten Bandes der Reihe beschäftigen sich mit diesem schwierigen Feld der Psychotherapie.

Band 2: Paul Götze / Monika Richter (Hg.)
Aber mein Inneres überlaßt mir selbst
Verstehen von suizidalem Erleben und Verhalten
2000. 172 Seiten, kartoniert
ISBN 3-525-45900-9

Der Band greift Themen auf, die in der Suizidforschung bisher selten oder nur am Rande behandelt worden sind und doch für das Verständnis und für die Behandlung suizidalen Erlebens und Verhaltens von zentraler Bedeutung sind. Die Autorinnen und Autoren beschäftigen sich unter anderem mit der Suizidalität von Frauen, der Beziehung von Selbstschädigung und Suizidalität, der Bedeutung präödipaler Störungsanteile, suizidalem Agieren in der Behandlung sowie mit Problemen der ambulanten Kurzpsychotherapie.

Band 1: Georg Fiedler / Reinhard Lindner (Hg.)
So hab ich doch was in mir, das Gefahr bringt
Perspektiven suizidalen Erlebens
1999. 190 Seiten mit 4 Abb., kartoniert
ISBN 3-525-45837-1

Aus unterschiedlichen psychoanalytischen Perspektiven beleuchten die Autorinnen und Autoren Aspekte suizidalen Erlebens und Verhaltens. Anhand von Fallvignetten werden die theoretischen Ansätze in der psychotherapeutischen Anwendung illustriert.

V&R
Vandenhoeck & Ruprecht